Bettina Al-Sadik-Lowinski
Alpha-Mann und Alpha-Frau

Bettina Al-Sadik-Lowinski

Alpha-Mann und Alpha-Frau

Internationale Topmanager über Strategien zu mehr
Gender Diversität und gemischten Führungsspitzen

DE GRUYTER
OLDENBOURG

ISBN 978-3-11-105064-5
e-ISBN (PDF) 978-3-11-105218-2
e-ISBN (EPUB) 978-3-11-105282-3

Library of Congress Control Number: 2022950028

Bibliografische Information der Deutschen Nationalbibliothek
Die Deutsche Nationalbibliothek verzeichnet diese Publikation in der Deutschen
Nationalbibliografie; detaillierte bibliografische Daten sind im Internet über
http://dnb.dnb.de abrufbar.

© 2023 Walter de Gruyter GmbH, Berlin/Boston
Einbandabbildung: Fabia Matveev c/o kombinatrotweiss.de
Druck und Bindung: CPI books GmbH, Leck

www.degruyter.com

Inhalt

1 Einleitung: Global Top Unternehmenserfolge – Wenn Frauen und Männer ihre Stärken harmonisieren —— 1

2 Erklärungsmodelle der Männer für das Ungleichgewicht der Beteiligung von Frauen am Topmanagement —— 21

3 Konflikte der Männer im Umgang mit Alpha-Frauen —— 62

4 Boys-Clubs und Business Meetings- die natürliche Spielwiese der Männer —— 85

5 Männliche Topmanager über Charakteristika und Leadership erfolgreicher Frauen —— 102

6 Strategien von Alpha-Männern für mehr Gender Diversität in den Führungsetagen —— 129

7 Über die globale Forschung zum Buch —— 159

Literaturverzeichnis —— 163

Abbildungs- und Tabellenverzeichnis —— 173

1 Einleitung: Global Top Unternehmenserfolge – Wenn Frauen und Männer ihre Stärken harmonisieren

Der Stereotyp des Alpha-Mannes ist vielen bekannt. Der erfolgreiche, gutverdienende, wettbewerbs- und durchsetzungsstarke Mann mit Charisma, der in Wirtschaft oder Politik dominiert und brilliert. Oftmals umgibt ihn ein Hauch von Bewunderung, manchmal auch Distanz. Alpha-Frauen gibt es bisher wenige. So wenige, dass schon der Begriff Verwirrung stiftet. Die mit Alpha-Frauen verbundenen Assoziationen sind ambivalent und in der Regel eher kritischer als anerkennend. Das Spektrum reicht von karrierebezogenen, egoistischen Frauen, die sich nach oben durchgebissen haben, oft ohne Kinder oder auf Kosten von Kindern und Familie bis hin zu Opferfrauen, die von Männern diskriminiert werden. Bewunderung kommt erst in jüngster Zeit auf, für ihre Eigenständigkeit und ihren Mut.

Im Folgenden sollen die traditionellen Rollenmuster beiseitegelassen werden und die Geschlechterrollen neu betrachtet werden. Alpha-Mann und Alpha-Frau stehen hier zuallererst für sehr erfolgreiche Männer und Frauen in Wirtschaftsunternehmen. Bestimmte Merkmale sind für beide notwendig, um an die Unternehmensspitzen zu gelangen. Bisher war Alpha-Mann dort oft Alleinherrscher und Alpha-Frau kommt erst seit einigen Jahren in seinen Machtbereich. Noch sind Frauen in vielen Teilen der Welt im Topmanagement eine Ausnahmeerscheinung. Für den Erfolg von Unternehmen sind jedoch gemischte Führungsspitzen, in denen Alpha-Männer und Alpha-Frauen ihre Stärken harmonisieren, die Geheimwaffe. Wie kann es also gelingen, dass Mixed Leadership in globalen Wirtschaftsunternehmen Normalität wird?

Die für dieses Buch in ausführlichen wissenschaftlichen Tiefeninterviews befragten männlichen CEO und Top Executives aus elf Nationen, in der Mehrheit Väter von Töchtern, haben zu dieser Frage einen enormen Erfahrungsschatz anzubieten. Sie vermitteln ihre Wahrnehmung darüber, wie es gelingen kann, dass mehr Frauen in die Unternehmensleitungen aufsteigen und dort erfolgreich sein können. Die, in die globale Forschung zum Buch involvierten, männlichen Führungskräfte stehen auf der Seite ihrer weiblichen Kolleginnen, wollen qualifizierte Frauen unterstützen und sind sich einig, dass Frauen mit ihren Fähigkeiten stärker in den Unternehmensleitungen vertreten sein sollten. Sie geben Einblicke in ihre Gedankenwelt zum Thema gendergemischte Führung und teilen auch ihre Konflikte, die sie manchmal mit Frauen im Management erleben. Die Topmanager geben ihre Sicht darauf, was Frauen, die Karriere machen wollen, aus ihrer Sicht „anpacken sollten". Sie beobachten als Ursache für das Ungleichgewicht, dass viele kompetente Frauen in ihren Karriereambitionen zögern oder ihre Interessen in den Machtgefügen nicht durchsetzen können. Die Männer fürchten Gesichtsverlust und Bloßstellung durch starke Kolleginnen. Sie wünschen sich weibliche Anerkennung statt Aggressionen. Sensible Themen wie der Umgang mit #MeToo oder der Einfluss von erotischem Kapital kommen zur Sprache, genauso wie die

https://doi.org/10.1515/9783111052182-001

vieldiskutierten „Boys Clubs" sowie die Frage nach typisch männliche bzw. eher weibliche Leadership Qualitäten. Die Stärke der Frauen sehen die Topmanager unter anderem in ihrem positiven, befriedenden Einfluss auf männliche Führungskräfte zum Beispiel in Meetings. Die Männer befinden sich, genau wie die Frauen, die im Management aufsteigen wollen, in einer Lernkurve zu veränderten Rollenverständnissen. Sie beobachten auch die Dissonanzen bei ihren Kollegen zwischen dem eigenen Anspruch, Frauen zu fördern und dem Stillstand. Die authentischen Zitate im Buch zu den Einstellungen der Alpha-Männer werden vervollständigt durch die andere Perspektive von Topmanagerinnen.

Alpha-Mann und Alpha-Frau ist ein Beitrag für mehr Gendergleichheit in den Leitungsfunktionen globaler Unternehmen und für mehr gemischte Führungsspitzen, besetzt mit qualifizierten Männern und Frauen in einer globalen Wirtschaft. Das Buch hebt die bisherige Betrachtung von männlicher Dominanz- und weiblicher Opferrolle auf und betrachtet die Geschlechterrollen neu. Es vermittelt interessierten Frauen die Wahrnehmung der Männer und den ein oder anderen Tipp für die eigene Karriereentwicklung. Es vermittelt Entscheidern und Entscheiderinnen aus den Unternehmen Wege, um Diversität zu stärken und mehr erfolgreiche gemischte Führungsteams aufzubauen. Und, last but not least, können interessierte Männer, sich die Erfahrungen ihrer internationalen Kollegen zu eigen machen, um das Thema in ihrem Einflussbereich zu unterstützen.

Warum eine Forschung mit männlichen Führungskräften zu diesem Thema?

Betrachtet man die Überzahl von Publikationen und Forschungen, die vor allem Frauen in der Frage von Gendergleichheit im Management involvieren, scheint es geradezu notwendig, den Blickwinkel des erfolgreichen internationalen Spitzenmannes in das Visier zu nehmen. Die Sicht des Alpha-Mannes in einer Phase zwischen Alleinherrschaft und gemischten Führungsspitzen, eröffnet Perspektiven zu dem wichtigen Thema und bietet Raum für die Entwicklung eines partnerschaftlichen Verständnisses und Miteinanders der Geschlechter im gehobenen Management.

Geht man von der Notwendigkeit der Harmonisierung typisch männlicher und weiblicher Stärken aus, um Unternehmen für die Zukunft erfolgreich und tragfähig zu machen, ist ein partnerschaftliches Miteinander der Geschlechter, so wie aller anderen Gruppen im Topmanagement, unerlässlich. Dafür müssen vielerorts weiterhin Brücken gebaut werden, um das gegenseitige Verständnis unterschiedlicher Stile und Konfliktlösungen zu erleichtern. Die Positionsinhaber, Männer, müssen den Vorteil gemischter Führungsspitzen erkennen und gleichzeitig eigene Bedenken darüber abbauen, dass Frauen ihnen ihre Identitätsgrundlage und vielleicht sogar Daseinsberechtigung nehmen. Frauen müssen bei allem wohlgemeinten Kampf zur Durchsetzung von mehr Geschlechtergleichheit im Management nicht vergessen, dass es nur miteinander und nicht gegeneinander funktionieren wird. Sie können ihre Stärke, ihre Empathie, zum

Verständnis der männlichen Sichtweisen schärfen und sich mit neuen Erkenntnissen über den männlichen Standpunkt besser positionieren.

> *CEO, Hong Kong: Ich will es nicht überbetonen. So nach dem Motto „Das Übersehen der Geschlechterfrage ist gleichbedeutend mit einem fatalen Versagen einer Führungskraft". Das zu sagen, ist für mich übertrieben. Aber, wenn männliche Führungskräfte den Beitrag von Frauen zu ihrem Geschäft nicht verstehen, haben sie definitiv den Anschluss verpasst. Wenn dies der Fall ist, ist die Wahrscheinlichkeit, dass sie scheitern, definitiv höher als bei denen, die die Bedeutung von Vielfalt verstehen.*

Unsere Wirtschaftswelt ist international eng verflochten. Auf der Weltkarte sind die Chancen für Frauen im Topmanagement unter dem Einfluss sozio-kultureller Rahmenbedingungen weiterhin unterschiedlich verteilt. Die Erfahrungen der interviewten Topmanager beleuchten das Thema auch vor dem Hintergrund zahlreicher Auslandsstationen und bringen die globale Perspektive ein. Welche Strategien fördern aus der Sicht von erfahrenen Männern nachhaltig mehr Gender gemischte Führungsspitzen in international tätigen Unternehmen? Welche Faktoren bestimmen das Miteinander von männlichen und weiblichen Führungskräften aus Sicht von Männern? Diese und weitere Fragen werden im Buch analysiert.

Gemeinsam zum Erfolg: Perspektive Alpha-Mann

Wenn es um das Thema Männer und Frauen in Führungsspitzen von Wirtschaftsunternehmen geht, dominieren in der Literatur verschiedene Perspektiven.

Die erste Perspektive, die wissenschaftlich breit untersucht wurde, zeigt auf, dass die Harmonisierung der Führungsstärken von guten Männern und qualifizierten Frauen zu mehr Erfolg in den Unternehmen führt, sie zukunftsstärker macht und ein Umfeld für Mitarbeiter schafft, in dem diese gern arbeiten, da sie sich gleichermaßen repräsentiert fühlen. Eine vom Peterson Institute for International Economics durchgeführte Umfrage in 21.980 börsennotierten Unternehmen in 91 Ländern ergab, dass ein höherer Anteil weiblicher Führungskräfte in Unternehmen zu einer höheren Rentabilität dieser Unternehmen führt (Noland 2016). Untersuchungen von McKinsey und Women Matter (2012), Catalyst (2005) und Noland (2016) zeigen, dass höhere Frauenanteile in den Unternehmensleitungen zu höheren Gewinnen und Umsatzrenditen sowie einer besseren allgemeinen Unternehmensperformance führen. Allein diese hier exemplarisch gewählten Forschungen fassen zusammen, was weitere Untersuchungen weltweit belegen. Diese Perspektive weist einen positiven Weg in eine beide Geschlechter repräsentierende Unternehmenswelt auf, die zur Erfolgssteigerung führt.

Die Defizitperspektive dagegen untersucht, woran es Frauen für den Aufstieg in Wirtschaftsunternehmen fehlt. Sie sucht Antworten auf Fragen wie, ob es Frauen an Motivation oder Fähigkeiten mangelt, um in Top Leitungsfunktionen aufzusteigen. Die wissenschaftlichen Untersuchungen untersuchen Hypothesen, nach denen Frauen den Anforderungen im Management nicht gewachsen sind, nicht richtig führen können oder eigentlich keine Topmanagement Karrieren anstreben. Zum großen Teil werden Frauen in diesen Forschungen an den über Männer definierten Leadership- und Managementcharakteristika gemessen und in eine Unternehmenswelt gestellt, die in ihren Karriereregeln auf Männer ausgerichtet sind. In ihrem Buch „Das dämliche Geschlecht" ging Bierach bereits 2011 hart mit ihren Geschlechtsgenossinnen um und fragte, warum Frauen sich begnügen. Ihr Fazit war damals, dass deutsche Frauen nicht wirklich an die Topspitzen von Unternehmen wollen und selbst schuld sind, wenn sie sich von Männern die Rosinen vom Brot nehmen lassen- sei es in der Karriere, beim Gehalt oder bei der gerechten Verteilung häuslicher Pflichten.

In der Literatur finden sich weiterhin relativ wenige wissenschaftliche Auseinandersetzung mit weiblichen Rollenvorbildern im internationalen Vergleich, die den Aufstieg in Unternehmensleitungen erfolgreich gemeistert haben. In dem Buch „Der Aufstieg der Topmanagerinnen" von Al-Sadik-Lowinski (2020) wurde bewusst die Perspektive gewählt, nach der Frauen weltweit besser von anderen Frauen lernen können, als sich ausschließlich an rein männlichen Management- und Führungsprinzipien zu orientieren. In der wissenschaftlichen Forschung wurden daher Aufstiegswege und -muster von über 110 internationalen Spitzenmanagerinnen aus verschiedenen Industrienationen analysiert.

Im Kontrast dazu stehen Perspektiven der Verhinderung von Frauenkarrieren, durch Besitzstandswahrung der Männer. Danach verhindern männliche Führungskräfte systematisch den Aufstieg guter Frauen. Sie ist auch eine Perspektive von Opfern und Beschuldigten. In dieses Feld gehören Themen wie Diskriminierungen und Vorurteile gegen Frauen im gehobenen Management, wobei letzteres auch Frauen einbezieht, die weiblichen Top Mangerinnen aufgrund von traditionellen Rollenbildern ablehnen bzw. deren Aufstieg erschweren oder gar verhindern. Erfolgreiche Führungskräfte entsprechen männlichen Charakteristika und werden an diesen gemessen. „*Women do not need to be fixed, men do not want to be blamed*" bietet die Autorin Wittenberg-Cox (2010) zu dieser Perspektive als möglichen Lösungsgedanken an. Andererseits wird in vielen Medien der „*weiße ältere Mann*" als neuer Stereotyp und Synonym für die Ausgrenzung von Frauen aus männlich dominierten Machtkreisen kommuniziert.

Sehr selten tauchen im Zusammenhang mit der Genderdebatte wissenschaftliche Analysen zu den Erfahrungen und Gedanken von männlichen Topführungskräften auf, die heute noch in den meisten Unternehmen und Ländern die Mehrheit der Positionsinhaber darstellen. Die neue wissenschaftliche Untersuchung zu diesem Buch ändert den Blickwinkel und stellt die männliche Sichtweise in das Zentrum. Es wird ein Perspektivenwechsel gewählt, der das Thema Geschlechtervielfalt im Management voranbringen soll. Im Folgenden geht es um die Erfahrungen und Sichtweisen erfolgreicher Männer zum Thema Frauen in Führung und gemischte Führungsspitzen. Was denken erfolgreiche männliche CEO und Senior Exekutives über erfolgreichen Frauen und das Zusammenspiel der Geschlechter in gemischten Führungsspitzen des Managements? Wie erleben sie erfolgreiche und weniger erfolgreiche Frauen? Welche Konflikte erleben die erfolgreichen Männer im Umgang mit weiblichen Kolleginnen in Top Führungspositionen? Und, welche konkreten Lösungen halten die Männer in Unternehmen für wirksam? Die Analysen zu den Sichtweisen der Männer werden ergänzt um die Erfahrungen von Frauen, die es in die Vorstände von Wirtschaftsunternehmen geschafft haben. Sie führen zu Wegen und Strategien, die es aus Sicht der internationalen männlichen Entscheider erleichtern, mehr Frauen den Aufstieg in die Unternehmensleitungen zu ermöglichen.

Das Ziel des Buches ist, die Diskussion um gendergemischte Führungsspitzen zu unterstützen, in denen Männer und Frauen ihre Stärken partnerschaftlich mit dem Ziel der Erfolgssteigerung harmonisieren und dazu beizutragen Wege aufzuzeigen, damit mehr Frauen in Spitzenpositionen der Wirtschaft eintreten. Dieses Ziel wird in vielen Ländern der Welt weiterhin nicht erreicht, unter anderem nicht in Deutschland. Deutschland liegt im Jahr 2022 weiterhin im unteren Bereich des Weltranking der Beteiligung von Frauen an den Top Führungsfunktionen und nähert sich im weltweiten Ranking im unteren Drittel eher Japan als den Spitzenländern der Beteiligung von Frauen in Topmanagementpositionen an. Allerdings kommt auch hier Bewegung in die Partizipation von Frauen, wie in vielen anderen Ländern auch.

Das Global Women Career Lab: Wissenschaftliche Forschung und Beratung für mehr Diversität in Unternehmen weltweit

Für die dem Buch zugrunde liegende wissenschaftliche, empirische Untersuchung wurden achtundzwanzig männliche Spitzenführungskräfte aus elf Ländern in qualitativen, vertraulichen Tiefeninterviews interviewt. Die Besonderheit der Präsentation der wissenschaftlichen Erkenntnisse in diesem Buch ist, dass die Alpha-Männer hier selbst zu Wort kommen. Die authentischen Zitate der Topmanager geben sehr persönliche Einblicke in ihre Erfahrungen und Gedankenwelten zu den Themen Diversität, Frauenförderung und gemischte Führungsspitzen. Die interviewten Männer wussten beim Beitritt zu dieser Forschung, dass das primäre Ziel ist, Frauen und den partnerschaftlichen Ansatz gemischter Führungsspitzen mit den Erkenntnissen zu unterstützen. Ein weiteres Ziel der Forschung ist, anderen Männern Informationen und Hintergründe zu vermitteln, die sie bei ihren Überlegungen zu diesem wichtigen Thema unterstützen. Alle hier befragten Männer sind als Führungskräfte in leitenden Funktionen von global tätigen Unternehmen beschäftigt, zum überwiegenden Teil als CEO, und wurden in einem vorher festgelegten Selektionsprozess nach theoretischem Sampling ausgewählt. Bei der Auswahl der Länder wurde darauf geachtet, die wichtigen Industrienationen abzubilden. Unter den elf Ländern sind die USA, UK, Australien, China, Russland und weitere Länder in Asien und Europa zu finden. Die Männer bilden durch ihre Auslandskarrieren und Versetzungen Erfahrungen in weiteren Ländern ab. Sie sind in der Mehrheit zwischen fünfundvierzig und achtundfünfzig Jahre alt, neunzig Prozent von ihnen sind Väter von Töchtern. Die Zustimmung zu den anonymisierten Tiefeninterviews, die aufgezeichnet und transkribiert wurden, zeigt, dass die Interviewteilnehmer dem Thema Gender Diversität positiv gegenüberstehen. Die Auswertung und Analyse der empirischen Daten erfolgte wissenschaftlich mithilfe der qualitativen Inhaltsanalyse. Die gesammelten Daten gehen ein in eines der umfangreichsten weltweiten Forschungsprojekte zum Thema Diversität, Leadership und Führungskarrieren von Frauen ein, dem Global Women Career Lab. Die Analyse greift zurück auf das FemCareer-Model, welches die Einflussgrößen auf Frauenkarrieren und weibliche Führung strukturiert (Al-Sadik-Lowinski, 2017). Das Modell, welches im Schlussteil näher erläutert wird, dient richtungsweisend als Leitfaden für die qualitative Befragung und deren Auswertung und zeigt die Perspektive, mit der hier auf dieses komplexe Thema geschaut wird. Unterstützung erhält das Model durch bekannte Erkenntnisse der internationalen Forschung, die hier genutzt werden, um die Erfahrungen der männlichen Führungskräfte in den Kontext bereits bekannter Wissenschaft zu setzen. Im Zentrum der Forschung zu diesem Buch sind Männer und Frauen in Managementfunktionen, ihre Interaktionen und Zusammenarbeit. Andere Gruppierungen wurden nicht untersucht. Der Fokus der Forschung und des Buches ist bewusst auf dem Thema der Gender Diversität, bindet aber Fragen einer generellen Diversität im Unternehmen mit ein.

Gender Diverses Leadership: Überwindung von Rollenerwartungen und Gender Konflikten

Männer haben über Jahrhunderte bis auf wenige Ausnahmen allein die Unternehmenswelten dominiert. Sie definierten sich traditionell über ihre Dominanzrolle als Ernährer der Familie. Frauen waren für Haushalt und Familie zuständig und in einer untergeordneten Rolle, von männlichen Beschützern abhängig. Soziale Stereotype, hervorgerufen und eingebettet in einen sozio-kulturellen Kontext, prägen Rollenbilder, die in Gesellschaften verankert sind. Die geschilderte Aufteilung entspricht klassischen Rollenbildern, wie sie bis in die heutige Zeit überall auf der Welt anzufinden sind, in denen der Mann in der Außenwelt für Familieneinkommen, Wirtschaft und Politik und Frauen in der Innenwelt für Familie und Haushalt zuständig waren. Sie wirken weiter, abhängig vom gesellschaftlichen Kontext in der Wahrnehmung von Geschlechterrollen, auch im Management von Unternehmen.

Viele Frauen verinnerlichen weiterhin sozio-kulturelle Rollenerwartungen und bauen sie in ihr professionelles Selbstbild ein, auch in das der Managerin. Die daraus resultierenden Überzeugungen bestimmen Karriereentscheidungen und Verhalten am Arbeitsplatz. Andere Frauen haben ihr Selbstbild bereits stark von traditionellen Erwartungen gelöst und dringen in den Hoheitsbereich der Männer ein. Viele von ihnen benötigen sehr viel Energie dafür, ihren Platz in einem rein männlich geprägten Leadership zu halten.

Männer definieren sich trotz der Veränderungen der letzten Jahrzehnte in der Mehrzahl weiterhin über ihre angestammte Rolle und ihr Leadership Stil ist Ausdruck von Überzeugungen, die aus einem an männlichen Stereotypen orientierten Selbstbild resultieren. Diese traditionellen Rollen wirken in vielen Gesellschaften auf der Welt weiter und rücken den Mann weiterhin in das Zentrum von Unternehmensleitungen.

Männer überall auf der Welt identifizieren sich also nach wie vor mit ihrer klassischen Rolle oder befinden sich in einer Art Übergang zu einem veränderten Männerbild, was bisher weder gefestigt noch in der Breite gesellschaftlich akzeptiert ist. Ihr Selbstverständnis ist über den Erfolg in der Außenwelt geprägt. Einige haben Sorge, ihre bisherige Kernrolle zu verlieren oder in einem Wettbewerb mit veränderten Spielregeln zwischen den Geschlechtern, oder aufgrund gesetzlicher Vorgaben zugunsten von Frauen, verdrängt zu werden. Äußerungen zu Sorgen seitens Männer kommen nicht nur aus Ländern mit noch stark getrennten Geschlechterrollen wie Japan, sondern auch aus Ländern, von denen angenommen wird, dass die Rollen sich bereits angenähert haben, wie den USA oder den Niederlanden. Sie verdeutlichen die Dissonanzen, in denen viele andere Männer stecken, zwischen dem Wunsch Frauen zu unterstützen, einem modernen neuen Männerbild zu entsprechen und dem Stillstand.

Die Rollenverständnisse unterliegen jedoch einem Wandel, der sich je nach kulturellem Kontext langsamer oder schneller vollzieht. Beide Geschlechter befinden sich in einem Lernprozess. Frauen brechen bis auf Ausnahmen erst seit einigen Jahrzehnten aus diesen traditionellen Rollen aus und erobern die ursprünglich überwiegend männlich dominierten Herrschaftsgebiete. Sie lernen abhängig von ihrer Sozialisierung ihre Rollen in der Familie und im Beruf zu vereinbaren. Männer lernen, mit veränderten Spielregeln gendergemischter Arbeitsteams umzugehen und, wenn auch manchmal nicht ganz freiwillig, ihren traditionellen Machtbereich zu öffnen. In einigen Kulturkreisen ist diese Entwicklung fortgeschritten, in anderen sehr langsam.

> *Japanischer CEO: Ja, davor habe ich auch Angst. Das sich auf einmal die Rollen komplett drehen. In meiner Ehe ist meine Frau Hausfrau. Ich würde sehr eifersüchtig werden, wenn sie erfolgreicher wäre als ich. Das würde bedeuten, dass ich nicht erfolgreich bin, ein Verlierer. Wenn sie dann auf einmal mehr verdient, würde sie erwarten, dass ich meinen Job aufgebe und zu Hause alles mache. Davor habe ich Angst.*

Beide Seiten handeln, im Management beeinflusst von den sozio-kulturell geprägten Selbstbildern, oftmals aus diametral gegenüberliegender Sozialisierung heraus. Die traditionelle Rollenvorstellungen wirken weiterhin auf beiden Seiten und die männlich geprägten Regeln des Wettbewerbes haben Einfluss auf die sich neuformierenden gemischten Führungsspitzen. Beide Seiten befinden sich in einem Veränderungs- und Lernprozess, der oftmals mit Konflikten zwischen den Geschlechtern einhergeht.

Die Generationen heutiger Positionsinhaber in den Unternehmen aber auch die vieler Frauen, zumeist in der Mitte der Hierarchie, bleiben mehr oder weniger stark von alten Mustern geprägt. Veränderungen bringen generell erst dann Fortschritt, wenn initiale Irritationen und Widerstände überwunden sind. Die Unterschiede bergen Potential für Konflikte oder aber Chancen für diverses Leadership, je nachdem wie diese Unterschiede angenommen werden. Damit es zu einer Harmonisierung männlicher und weiblicher Stärken kommen kann, ist zuallererst ein Bewusstsein für die Unterschiede notwendig. Erst danach kann Wertschätzung erwachsen. Voraussetzung dafür ist gegenseitiges Verständnis. Dazu soll dieses Buch einen Beitrag leisten. Diverses Leadership profitiert von den Unterschieden aller Gender und optimiert diese partnerschaftlich zu einer stärkeren Führung.

> *Spanischer CEO: Ich denke, dass es zwei grundlegende Argumente gibt. Ein Argument betrifft eher die Ethik. Wir wollen eine gerechte Welt haben. Wir brauchen eine Welt, in der Geschlechtervielfalt Realität ist. Es ist nur eine Frage der Fairness, nicht die Hälfte der Menschheit zu einer untergeordneten Rolle zu verurteilen, nur weil sie Frauen sind. Es geht zunächst um Ethik. Dann die Tatsache, dass es bewiesen ist, dass Organisationen, die vielfältig sind, effektiver sind und eine bessere Rentabilität erzielen. Vielleicht glaubst Du nicht an Ethik, vielleicht glaubst Du nicht an diese Idee der Gleichheit, aber Du wirst überzeugt von besseren Geschäftsergebnissen, die vielfältigere Organisationen erzielen.*

Den jüngeren Generationen gelingt es scheinbar leichter, mit den Veränderungen umzugehen. Junge Männer wollen sich verstärkt in das Familienleben einbringen. Die Relevanz von Karriere im klassischen Sinn wird hinterfragt. Wie sehr sich dieser veränderte Umgang mit den alten Rollenmustern auf das Miteinander von Männern und Frauen in der Zukunft auswirken könnte, versuchen Forscher in ihren Arbeiten zu antizipieren.

Die Führungsspitzen von Wirtschaftsunternehmen waren also in der Vergangenheit fast ausschließlich männlich besetzt und sind es international betrachtet vielerorts auch heute noch. Das zeigt sich insbesondere, wenn man die Anteile von Frauen an den CEO Funktionen betrachtet. Doch es kommt Bewegung in die Situation. Allein im Jahr 2021 konnte ein Anstieg um sechs Prozentpunkte bei der Besetzung von CEO Positionen mit Frauen im Weltdurchschnitt beobachtet werden. Weltweit sind erstmals sechsundzwanzig Prozent der CEO Positionen mit Frauen besetzt, ein Anstieg von vierzehn Prozentpunkten seit 2015 (Thornton 2021). Der weltweite durchschnittliche Anteil von Frauen an gehobenen Führungspositionen, die auch die Ebene unter dem oder der CEO involvieren, liegt laut der weltweiten Studie, die seit 1992 in neunundzwanzig Ländern und mit 10.000 Führungskräften durchgeführt wird, im Jahr 2021 bei einunddreißig Prozent. Im Jahr 2004 lag diese Zahl noch bei neunzehn Prozent und der Anstieg auf einunddreißig Prozent benötigte rund siebzehn Jahre, in denen die Zahlen teilweise stagnierten. Der Zuwachs im Jahr 2021 war also beachtlich. In der breiten Mitte der Unternehmenshierarchien haben sich Frauen heute in vielen Ländern etabliert, wenn auch längst nicht in allen. So bleiben in Japan den Frauen sogar Funktionen im mittleren Management weiterhin verschlossen. Oder aber japanische Frauen wählen den Einstieg in das Management nicht und positionieren sich freiwillig in klassischen Assistenzrollen. Weltweit gesehen wollen jedoch immer mehr Frauen in den globalen Wirtschaftsunternehmen, wie auch in allen anderen Bereichen des gesellschaftlichen und politischen Lebens, über die Mitte hinausgehen und ganz oben partizipieren.

> *Australischer CEO: Wir brauchen mehr Kerle, die Frauen die Tür öffnen. Wenn in einem Raum mit einhundert Leuten achtzig davon Männer sind, ist es natürlich einfacher, einen Typen zu finden, der die Tür öffnet, als sich auf die wenigen Frauen zu konzentrieren.*

Damit das Ziel, Unternehmen erfolgreich und tragfähig in die Zukunft zu führen, gelingen kann, ist der Aufbau gendergemischter Führungsteams und eines diversen Leaderships eine der erfolgsversprechenden Strategien. Die für dieses Buch interviewten Männer sehen überwiegend Vorteile. Die Erfahrungen und Meinungen von erfolgreichen männlichen Unterstützern ist für diesen Prozess unerlässlich, damit er nachhaltig wird und auf dem gesamten Globus weiter voranschreitet. Nur wenn Männer die Türen weiter öffnen in die Frauen heute drängen, kann ein partnerschaftliches Miteinander in den Unternehmensspitzen gelingen. Dazu gehört auch, dass Frauen verstehen, wie sie mit Reaktionen auf diese Veränderungen seitens der Männer umgehen können. Dabei helfen die hier interviewten Männer.

Was sich in den Kapiteln versteckt:

Die Männer vermitteln zu Beginn ihre Sicht zu den Ursachen der weiterhin ungleichen Beteiligung von Frauen an Topführungspositionen und teilen dazu ihre internationalen Erfahrungen aus unterschiedlichen sozio-kulturellen Kontexten. Sie geben dann ihre Sicht zu typischen Konflikten zwischen Mann und Frau im Management und teilen dabei ihre Wahrnehmung zu sensiblen Themen wie der #MeToo Debatte und dem Einsatz „weiblicher Waffen" im Business. Die vieldiskutierten Boys-Clubs, die oftmals als Bataillone der Macht gegen Frauen beschrieben werden, werden in der Folge diskutiert. Die Topmanager berichten weiterhin über Leadership Fähigkeiten und die besonderen Stärken erfolgreicher Frauen, aber auch welche Kompetenzen sie aus ihrer Sicht vermissen. Topmanagerinnen spiegeln die Beobachtungen der Spitzenmanager mit ihren Erfahrungen. Die Analyse mündet in den Empfehlungen der Topmanager dazu, was zu tun ist, um mehr Gender Diversität in den Unternehmensleitungen zu erreichen.

Kapitel zwei startet mit der Frage an die Alpha-Männer, warum weltweit immer noch weniger Frauen in den Spitzen von Unternehmen sind, obwohl junge Frauen heute mit zum Teil besseren Abschlüssen in ihr Berufsleben starten. Das Thema ist komplex. Die Forschung betrachtet in diesem Zusammenhang verschiedene Faktoren, die Karrieren von Frauen ermöglichen oder erschweren. Dazu gehören neben dem gesellschaftlichen Kontext und Fragen der Familienvereinbarung, individuellere Faktoren auf Seiten der Frauen, wie ihre Karriereorientierung und -planung, sowie Faktoren des Leaderships.

Die befragten Topmanager richten ihren Blick bei der Suche nach Ursachen spontan in die Vergangenheit und auf historische Rollenmuster. Sie schildern Unterschiede in verschiedenen Nationen, die sie aufgrund ihrer langen internationalen Laufbahnen durch gemachte Erlebnisse beurteilen und in den jeweiligen kulturellen Kontext einordnen können. Dann geht der Blick zu den Frauen selbst und schaut auf Unterschiede in der Berufswahl, der Karriereplanung und der Karriereorientierung. Diskriminierungen, Bias und Stereotype werden als Erklärungsansätze diskutiert. Schließlich bewerten die Spitzenmänner die Frage, warum Frauen, die den Aufstieg geschafft haben, sich oben nicht halten.

CEO, USA: Es besteht kein Zweifel, dass Sie als weißer Mann wesentlich privilegierter sind und Ihre Möglichkeiten in der Vergangenheit zweifellos größer waren.

Die interviewten Männer sehen eine Fortführung der traditionellen Rollenmuster als einen der Gründe für die weiterhin geringeren Anteile von Frauen in den Unternehmensleitungen, auch wenn sie in diesem Punkt bei der jüngeren Generation die genannten Veränderungen beobachten. Sie erklären es wie folgt: In ihren ursprünglichen Rollen waren Frauen mehrheitlich auf die Versorgung von Familien und den Haushalt fokusziert und sind es in weiten Teilen der Welt weiterhin. Die Rolle von Männern veränderte sich im Zeitablauf kaum und blieb traditionell in ihrer Verantwortung für die Ernährung der Familie verhaftet. Diese Rollenmuster ändern sich, so die Beobachtungen der Männer, auf einzelne Länder bezogen je nach sozio-kulturellem Kontext schneller oder langsamer, weltweit gesehen aber mit Blick auf jüngere Generationen besonders stark.

Das gesellschaftliche Umfeld prägt Frauen und Männer und wirkt hinein in die Unternehmen. Frauen verinnerlichen aus Sicht der Interviewten stereotype Rollenbilder und trauen sich, je nach soziokulturellem Kontext, Spitzenpositionen nicht zu. Im Management sind Vorurteile präsent, die sogenannten Bias, die männliche Entscheider beeinflussen aber auch stereotype Ansichten bei Frauen gegenüber Karrierefrauen fördern. Die Zeit und die gesellschaftlichen Veränderungen, die in der jüngeren Generation deutlich sichtbarer werden als zuvor, arbeitet, davon sind die Männer überzeugt, für die Frauen. Sie sehen damit die Dringlichkeit des Kampfes von Frauen nicht gegeben, da die Veränderungen als unausweichliche Tatsache im Gang sind und für Frauen mit Aufstiegswünschen eine neue Basis bereiten.

Einige der Schilderungen beschreiben, wie männliche Kollegen weiterhin bewusst oder unbewusst ihre archetypischen Rechte und ihre kollektiv überlieferte Domain des Machtanspruches verteidigen, in der sie bisher unter ihresgleichen agieren konnten. Sie fürchten das Eindringen von immer mehr Frauen in den ureigenen Agitationsbereich der Männer, das Eindringen in die oberen Führungsfunktionen von Unternehmen. Das löst Unverständnis bei vielen Männern aus, schürt Sorgen um die eigene Zukunft bis hin zur Ablehnung.

Deutscher COO: Ich glaube, dass insbesondere in Deutschland ein nach wie vor sehr, sehr konservatives Gesellschaftsbild vorherrscht. Ein konservatives Bild der Rolle der Familie, welches dazu führt, dass gesellschaftlicher Druck auf der Frau liegt.

Aber nicht nur die traditionelle Rollenverteilung zwischen Mann und Frau spielt bei der Ursachensuche der interviewten Männer eine Rolle. Sie beschreiben wie sich das Ungleichgewicht von Frauen und Männern in den Unternehmensleitungen unterschiedlich auf der Weltkarte verteilt. In einigen Ländern mit Schwerpunkten in Nordeuropa, Osteuropa und Asien sind mehr Frauen in den Führungsspitzen anzutreffen als beispielsweise in Deutschland und Japan, aber auch den USA. Neben den historisch kulturellen, politischen und soziologischen Unterschieden in den Ländern gibt es verschiedene Erklärungsmuster. Die Alpha-Männer haben im Laufe ihrer Karrieren in weit über fünfundzwanzig Ländern gearbeitet und bringen somit vielfältige internationale Beobachtungen zu dieser Frage ein. Sie sehen zwischen den Ländern Unterschiede in der Selbstverständlichkeit mit der Frauen ihren Karrieren nachgehen. Die Zitate der Spitzenmänner werden in Kapitel zwei eingebettet in eine kurze Weltreise durch ausgewählte führende Industrienationen, mit Blick auf das soziokulturelle Umfeld und die unterschiedlich kulturell geprägten Rollenverständnissen. Von den führenden Industrienationen liegen laut Thornton (2017) Russland und China weit oben im weltweiten Ranking der Beteiligung von Frauen am Seniormanagement. Im Mittelfeld folgen Frankreich, die USA, Australien und UK. Deutschland und Japan bildeten in diesem Vergleich den unteren Bereich der Beteiligung von Frauen an oberen Managementfunktionen unter den Wirtschaftsnationen ab. Anders als oft vermutet sehen die Topmanager in China größere Gleichberechtigung von Frauen im Management als beispielsweise in den USA oder Deutschland. Dieses machen sie an der beobachteten Anzahl von Frauen im Management fest, sowie an der Karriereorientierung der chinesischen Frauen. Ein Grund wird unter anderem in der Geschichte der Kulturrevolution gesehen, die neben allen kritischen Aspekten viel für die Sache von Frauen hervorgebracht hat. Die Männer beobachten Auswirkungen auf die Stärke und das Selbstbewusstsein von Frauen in China auch im Vergleich zu beispielsweise den Französinnen oder Deutschen.

Französischer GM in China: Starten wir mal mit China. Wir haben hier eine große Anzahl von Frauen in Toppositionen. Nicht nur in den operationalen Management Bereichen sondern auch in den technischen, in sehr schwierigen Jobs. Ich denke, dass das gut ist, denn bei uns kommen die CEO typischer Weise aus dem technischen Bereich. Da ist China dem Rest der Welt sehr weit voraus, denke ich.

Japan dagegen bleibt trotz frauenzentrierter Vergangenheit bis weit in das vierzehnte Jahrhundert abgeschlagen das Schlusslicht der Industrienationen. Die Spitzenmänner sehen das Hauptproblem in der starken Mutterzentrierung japanischer Frauen und der gesamten Gesellschaft. Damit liegt Japan nicht weit entfernt von Deutschland. Die deutschen Alpha-Männer erleben Unterschiede zu anderen Nationen vor allem im Hinblick auf das Thema Karriere mit Kind und dem gesellschaftlichen Druck auf Frauen traditionellen Rollenbildern weiterhin zu entsprechen.

Japanischer CEO: Ja, ich komme auf Ihre Frage zurück, warum es so wenige weibliche Führungskraft in Japan gibt. Das ist, glaube ich, völlig historisch. Die Führungskraft muss über einige Jahrzehnte Erfahrung verfügen. In meiner Altersklasse gab es kaum Kandidatinnen, um das zu erreichen, aber jetzt sind sie gleichberechtigter. Wenn man sich die Zahl im Moment ansieht, stellt man fest, dass die Anzahl von Frauen nicht schnell erhöht werden kann, trotz der Anstrengungen der Regierung. Die Gründe für die ungleiche Beteiligung von Frauen im Management sind historisch- gesellschaftliche und weniger die Diskriminierung von Kandidatinnen.

Folgt man den Statistiken von Thornton (2017), liegt Russland an der Spitze des Weltrankings der Beteiligung von Frauen an den Unternehmensleitungen. In Russland ist es seit langem selbstverständlich, als Frau in Vollzeit berufstätig zu sein. Der Frauenanteil an der Industrie- und Dienstleistungsbeschäftigung lag Anfang der neunziger Jahre bei einundfünfzig Prozent. Vollzeit Hausfrauen dagegen waren in der sozialistischen Gesellschaft ein Modell, was nicht existierte. Die Zeit der Auflösung des Sowjetstaates waren allerdings geprägt von der politischen Stärkung geschlechtsspezifischer Rollen und drängte Frauen aus dem Arbeitsmarkt. Die Umwandlung des Systems zur Marktwirtschaft bot aber auch Chancen für Frauen. Die russischen Alpha-Männer beschreiben, dass es die Frauen waren, die das Land mit ihrer Agilität und Proaktivität aus den Chaos befreiten.

Anders als in Russland, waren Frauen in den 1960er bis 1970er-Jahren in Frankreich überwiegend Hausfrauen. In den letzten vierzig Jahren hat es im Land wesentliche Bewusstseinsentwicklungen gegeben, die durch von den Frauen hart erkämpfte gesetzliche Regelungen flankiert wurden. Das zeigt sich in der zunehmenden Selbstbestimmung und Autonomie der Frauen. Trotzdem erreichen die Französinnen in den Beschreibungen der Männer nicht dieselbe Stärke in Bezug auf Karriere wie beispielsweise die Chinesinnen oder Russinnen. Die Erwerbstätigkeit der Frauen wird heute in Frankreich als etwas Normales, gar Selbstverständliches gesehen. Damit ist es dem Nachbarn Deutschland in diesem Bereich immer noch voraus. Frankreich weist heute einen Anteil von Frauen im gehobenen Management aus, der sich China annähert und über den USA liegt.

Auch in den USA war die primäre Rolle von Frauen vor und auch nach dem zweiten Weltkrieg die der Hausfrau. Während des Krieges wurden Frauen erstmals bewusst in Männerdomänen eingesetzt. Nach Beendigung des Krieges kehrte man jedoch schnell zu alten Rollenverteilungen zurück. Trotzdem kam in den USA in dieser Zeit erstmals Bewegung in die Wahrnehmung der Position der Frau. Das Bild der Frau in der Gesellschaft hat sich während dieser Zeit stark gewandelt. Obwohl heute viele Paare in den USA Doppelverdiener sind, haben Frauen weiterhin den Hauptanteil der Familienarbeit, was zu Vorurteilen hinsichtlich ihrer Karrieremotivation führt. Gesetzliche und unternehmensinterne Maßnahmen zielen darauf starke Diskriminierungen, unter anderem von farbigen Frauen, zu beseitigen. Dieses sind nur einige der Beispiele, die in Kapitel zwei vertieft werden.

Holländischer CEO: Tatsache ist, dass viele Frauen in Teilzeit arbeiten, wir sind Weltmeister in Teilzeit und das ist nicht gut für eine Karriere. Das ist auch in der Pandemie so, dass immer noch viele Frauen die Arbeit zu Hause übernehmen und in dieser Situation immer noch eine ziemlich traditionelle Rolle spielen.

Neben den soziokulturellen Faktoren sehen befragten Spitzenmänner Erklärungen zur Frage des weltweiten niedrigen Anteils von Frauen im gehobenen Management drei Gründe: eine geringere Motivation von Frauen in hierarchischen Strukturen aufzusteigen, ein stärkerer Fokus auf familiäre Interessen und ein Wunsch nach Balance von Karriere und anderen Lebensbereichen. Daraus resultiert ihrer Meinung nach ein

„Pipeline-Problem" in den Unternehmen, bei dem einfach weniger Frauen für Beförderungen zur Verfügung stehen.

Nach Meinung der Interviewten wählen Frauen für ihren Werdegang außerdem bestimmte Branchen bevorzugt aus, die sich mit ihren Interessensgebieten decken. Andere Branchen werden von Frauen per se vernachlässigt. Aus Sicht der interviewten Männer ist es ein Wahlproblem der Frauen. Dazu kommen diskriminierende Elemente, die auf Frauen stärker wirken als auf die Grundgesamtheit der Männer. Die Männer geben zu, oftmals selbstähnliche Personen zu fördern. Dabei spielt jedoch nicht nur das Geschlecht, sondern auch die Zugehörigkeit zu bestimmten Gruppen wie den Elitehochschulen eine Rolle.

> *Spanischer CEO: Das ist wirklich wahr. Ich denke, dass wir alle dazu neigen, zu glauben, dass wir fantastisch sind – ich meine, jeder von uns. Dann versuchen wir, uns in den Teams, die für uns arbeiten, zu replizieren. Das ist sehr menschlich.*

In Kapitel drei beschreiben die Spitzenmänner ihre Herausforderungen und Konflikte mit Frauen im Management. Sie beobachten bei Kolleginnen und Mitarbeiterinnen, dass Frauen sich in Konflikten anders verhalten als ihre männlichen Kollegen. Sie begrüßen den befriedenden Einfluss von Frauen, der in reinen Männerteams fehlt. In Meetings und Teams, die nur mit Männern besetzt sind, müssen sie als CEO oftmals, so die Beschreibungen, zwischen *„wildgewordenen Jungen"* moderieren. Hier bringen Frauen ein ausgleichendes Element und durch ihre reine Anwesenheit, so die Interviewten, wandeln sich *„kämpfende Jungs zu produktiveren Männern"*.

Die Alpha-Männer fürchten in der Interaktion mit Frauen im Management nichts mehr als den Gesichtsverlust durch Bloßstellung durch kompetente Frauen. Bestimmte Forscher gehen in diesem Zusammenhang so weit zu sagen, dass es für die erfolgreiche Zusammenarbeit der Geschlechter am Arbeitsplatz unerlässlich ist, sich mit den Ängsten von Männern auseinanderzusetzen (Hollstein 2004). Auch Männer im Management, das wird deutlich, wünschen sich Anerkennung der Frauen und nicht den gleichen aggressiven Kampf, den sie mit ihresgleichen ständig kämpfen.

> *Holländischer CEO: Was wir besprechen könnten, wären die Sorgen der Männer. „Oh, ich fühle mich nicht wirklich wohl mit Frauen in der Gruppe, ich fühle mich angegriffen, überholt, bloßgestellt outsmartet".*

Sensible Themen folgen. Die hier interviewten Männer fühlen sich durch die „Me too" Bewegung zu Unrecht an den Pranger gestellt. Sie sind unter anderem als Väter von Töchtern, Unterstützer von Frauen und wollen Frauen fördern. Durch die Bewegung, die zum Ziel hat, Übergriffe vor allem von vorgesetzten Männern gegenüber Frauen zu bekämpfen, fühlen die Spitzenmänner sich zu Unrecht in eine Art Gruppenhaftung gedrängt. Sie beschreiben auch, wie aus ihrer Sicht harmloses Verhalten unter Männern nun in einem anderen Kontext bewertet wird und gleichgestellt wird mit tatsächlich übergriffigem Verhalten von vorgesetzten Männern auf Frauen. Letzteres lehnen alle Männer, die an dieser Studie beteiligt sind, eindeutig ab. Und doch fühlen sie sich eingeschränkt in ihrem Wunsch, sich unter Männern frei zu benehmen und fürchten eine ständige Überwachung ihres Verhaltens. Besonders Führungskräfte aus den südlicheren Regionen schildern das sehr offen.

> *Französischer CEO: Da ist immer das Risiko der Verführung. Es ist ein glitschiger Pfad, wo es leicht Probleme geben kann. Probleme, die man nicht auslösen wollte, es ist ein Risiko. Mehr mit Frauen als mit Männern.*

> *US CEO: Ich glaube der Schlüssel zu vielem ist, dass die Männer sich nicht wohlfühlen. Sie denken zum Beispiel, jetzt können wir nicht mehr offen reden, Witze machen. Die Witze müssen verändert werden.*

Es folgt die Diskussion eines Tabu-Themas. Aus der Forschung gibt es hierzu wenig fundierte Untersuchungen. Die Spitzenmänner diskutieren ihre Beobachtungen zu dem von der Soziologin Hakim (2010) geprägten Begriffes des „erotischen Kapitals". Sie definiert es über sechs Komponenten, in denen sich dieses Kapital entlädt. Die Provokation der Arbeiten der Wissenschaftlerin liegt darin, eher aus dem privaten Kontext gezogene Erkenntnisse im Zeitalter der Frauenquoten-Debatten auf das Berufsleben anzuwenden. Setzen Frauen ihr erotisches Kapital ein, um auf der Karriereleiter aufzusteigen? Es ist ein sensibles Thema für die Männer, da sie Frauen unterstützen wollen und nicht in eine negative Ecke geraten wollen. Die zahlenmäßig wenigen Beiträge bleiben in einem Spannungsfeld von differenziert positiven Kommentaren, Bewunderung und Ablehnung des vermeintlich weiblichen Vorteils. Nur einmal wird erwähnt, dass sich auch Männer dieses Kapitals bedienen können.

> *Russischer CEO: Das ist jetzt nur meine Vorstellung, keine Realität. Eine tolle, schöne Frau kommt in die Verhandlung und alle Männer werden den Mund offen haben und denken „Oh ja. Schön, dass Du hier bist". In einigen Unternehmen funktioniert das prima, weil sie gut aussieht. Sie bekommt die besseren Verträge, weil sie eine schöne Frau ist. Ich aber denke, Frau hin oder her. Es kommt darauf an, wie professionell man ist im Job.*

Was wünschen sich die Alpha-Männer von Kolleginnen? Die Antwort liegt in dem, was sie als Loyalität erläutern. Männer erwarten auf Basis gelernter Rollenmuster, in denen sie traditionell die dominierende Position einnahmen, dass Frauen im öffentlichen Raum ihre Autorität anerkennen. Gerade weil sie die Empathie und Sensibilität von Frauen schätzen, erwarten männliche Führungskräfte von Frauen Rückhalt und Loyalität, vor allem in Meetings und vor Dritten. Wenn Frauen bewusst oder unbewusst Sachargumente vor ihre Loyalität zu ihren Vorgesetzten und männlichen Kollegen stellen, führt das zu Unverständnis und löst Ablehnung aus. Dazu gehört es zum Beispiel, wenn Frauen öffentlich Sachfragen kritisieren, die die Männer als bereits einvernehmlich entschieden betrachten. Zwar sprechen die Männer in den Interviews die Konsequenzen solchen Verhaltens nicht aus, aber man kann vermuten, dass sie Frauen in diesem Fall keine Unterstützung mehr zukommen lassen bzw. sie so behandeln, wie sie mit einem Mann im Konflikt agieren würden. Hart.

Spanischer CEO: Ich habe beobachtet, dass Männer dem Anführer eher blind folgen, als dass bei Frauen der Fall ist. Anders formuliert, Männer sind nicht so kritisch. Wenn ich nur im Kreis von Männern agiere, gehen die Dinge einfach schneller. Weniger Diskussionen und weniger Argumente sind nötig. Unter Männern ist die Konsensbildung nicht so sehr wichtig.

Das Ziel von Frauenquoten für das Management ist, durch Vorgaben eine gleiche Beteiligung von Frauen und Männern für die Leitungsebenen in Wirtschaftsunternehmen zu erreichen. Wie stehen die Alpha-Männer aus den verschiedenen Nationen zu diesen Quoten? In verschiedenen Ländern in Europa gibt es gesetzliche Quoten, die allerdings sehr unterschiedlich ausgestaltet sind. Andere Länder haben Empfehlungen für ausgewählte Unternehmen. Vom Gesetzgeber vorgegebene Frauenquoten werden von den Männern ambivalent und tendenziell eher negativ beurteilt. Dahinter steht auch die Beobachtung, dass jüngere weiße Männer heute teilweise in ihren Chancen begrenzt werden. Andererseits verstehen die Männer die Intention der Quoten und sehen den Vorteil darin, kurz- und mittelfristig dort den Frauenanteil zu erhöhen, wo dieses bisher aussichtslos war. Diese Ambivalenz kommt später in Kapitel sechs besonders zum Vorschein, wenn einige dann doch Quoten zumindest als zeitweises Mittel zur Stärkung des Frauenanteiles erwägen. Alpha-Männer fordern in diesem Zusammenhang, dass Frauen, die aufsteigen wollen, sich aus der Opferrolle herausbegeben und sich gleichwertig den Regeln des Karriereaufstieges sowie der Erfolgsmessungen anpassen.

Französischer CEO: Es ist ein kultureller, politischer und gesellschaftlicher Trend in Europa, bei dem Minderheiten als Opfer dargestellt werden. Egal über welche Minderheit wir reden. Der Fokus ist auf den Opfern und auf der Diskussion um Diskriminierung. Dabei wird nichts gemacht, sondern nur diskutiert. In China zum Beispiel gibt es viele Frauen, die im Topmanagement sind und es wird nicht mehr so viel geredet.

Die Männer stehen selbstgesteckten Zielvorgaben positiver gegenüber als gesetzlichen Quoten. Gesetzliche Quoten werden ambivalent bewertet, besonders japanische und deutsche CEOs sehen in ihnen jedoch wirkungsvolle Maßnahme. Allerdings betonen sie die Notwendigkeit diese an eindeutige Qualitätsanforderungen und Leistungskriterien zu binden, damit die Ziele und Quoten nicht in einen Selbstzweck mit negativen Effekten für die Gesamtsache der Diversität führen.

Ein wichtiges Thema im Zusammenhang mit dem Aufstieg im Management ist das Thema der Netzwerke und Verbindungen, um welche es in Kapitel vier geht. In diesem Zusammenhang blickt die Forschung auch auf das Thema Macht und die damit verbundene mikropolitische Kompetenz von Führungskräften. In Teamspielen lernen Jungen und Männer früh, miteinander zu kooperieren und gleichzeitig Konkurrenten zu sein. Pierre Bourdieu (1982) nennt dies die *„ernsten Spiele des Wettbewerbs"*, die Männer unter sich austragen. Die Wettbewerbsspiele, die Bourdieu anführt, werden in verschiedenen Handlungsfeldern gespielt, wie beispielsweise der Wirtschaft, der Politik, Wissenschaft und weiteren Bereichen. Frauen im Management sind von dem Ausschluss oder fehlenden Zugang zu karriererelevanten Netzwerken besonders häufig betroffen.

In Kapitel vier berichten die Spitzenmänner, welchen Stellenwert der Aufbau tragfähiger Beziehungen für ihre Karrieren hatte und wie sie die sogenannten Boys-Club einordnen. Nicht alle männlichen Führungskräfte denken, dass Boys-Clubs wichtig waren für ihren Aufstieg. Sie differenzieren unternehmensinterne Netzwerke, enge Beziehungen zu wichtigen Entscheidungsträgern und ihre Verbindungen außerhalb des Unternehmens, im Markt. Wenn eher männlich besetzte Netzwerke innerhalb von Unternehmen Frauen bewusst ausschließen, werden sie von ihnen negativ beurteilt. Die Alpha-Männer stehen dann zu ihren Boys Clubs und den Vorteilen, die aus ihnen resultieren, wenn es sich um unternehmensexterne Netzwerke handelt. Die Spitzenmänner denken, dass Frauen in ihren eigenen Frauen-Clubs gleiche Vorteile erzielen könnten, sehen aber das Problem noch geringerer Reichweiten.

Meetings sind die modernen Arenen der Unternehmen, in dem Teilnehmer zusammenkommen, um Sachverhalte zu diskutieren. Daneben geht es aber vor allem um Eigenpositionierung, Sichtbarkeit und Macht. Wissenschaftliche Untersuchungen verdeutlichen die zentrale Rolle der Geschlechterkonstruktion in organisatorischen Kontexten, insbesondere in Meetings (Baines 2010). Männer verbünden sich in Meetings mehr mit anderen Männern und dabei spielen alte Bindungen eine wichtige Rolle, die von außen in Meetings getragen und dort gefestigt werden. Neue Verbindungen zu Frauen werden dadurch erschwert. Stereotype Konstrukte in Meetings wirken sich dabei negativ auf Teilnehmerinnen aus und erschweren für sie die Teilnahme.

Die Spitzenmänner wünschen sich von Frauen in den Meetings einen Spagat. Sie sollen in Meetings sichtbarer werden und zugleich das Aggressionsverhalten von Männern befrieden. Sie erkennen die positive Wirkung der Anwesenheit von Frauen auf Männergruppen an. Männer werden in Meetings, in denen Frauen anwesend sind, so die Beobachtungen, konstruktiver, reifer und verhalten sich besser. Dafür müssen die Frauen sich auf eigene Stärken, die aus Sicht der Männer in der Kommunikation und Beziehungspflege liegen, konzentrieren und gleichzeitig ihre Zurückhaltung aufgeben. In diesem Punkt sollten Frauen aus Sicht der Männer ihren positiven Einfluss geltend machen. Die Interviewten verdeutlichen Dissonanzen auf Seiten der Männer, in dem sie einerseits ihre Bewunderung für die Stärken der Frauen ausdrücken und andererseits selbst von stereotypen Mustern, die auf das wirken, was ihrer Meinung nach im Management männlichen Normen entsprechend notwendig ist, beeinflusst bleiben.

> *Deutscher Regionen Leiter: Ich glaube einfach, wenn Frauen mal wirklich Frauen sein würden und Männer mehr Rücksicht nehmen würden, würden wir zu einer besseren Welt kommen. Wir kommen da hin, aber natürlich noch viel zu langsam. Dafür müssen Frauen, aber Frauen bleiben und in Leitungsfunktionen nicht zu Kopien von uns werden.*

Was beobachten Alpha-Männer an besonders erfolgreichen Frauen? Welche Kompetenzen und Persönlichkeitsmerkmale wünschen sie sich bei Frauen, die aufsteigen wollen? Darum geht es im Kapitel fünf. In der überwiegenden Managementforschung sind Erfolgsparameter und Charakteristika, die Managern zum Aufstieg verhelfen, an männlichen Leadership Normen, Verhaltensweisen und Persönlichkeitsmerkmalen orientiert. Das „Think-manager, think male" Phänomen von Schein beschreibt, wie traditionelle Sichtweisen auf die Geschlechter sich am Image des Managers entladen. Die Alpha-Männer belohnen ein Entscheidungsverhalten bei Frauen, welches ihrem eigenen ähnelt, mit Unterstützung und gezieltem Sponsoring. Alpha-Männer beobachten schnelle Entscheidungsstärke, die mit einer Risikobereitschaft einhergeht, jedoch eher bei Männern und nur selten bei Frauen. Diese Kombination, die aus ihrer Sicht für Führungskräfte besonders wichtig ist, fehlt ihnen bei den meisten Frauen. Frauen, die in ihrem Leadership diese Kombination beherrschen und einsetzen, werden von den Alpha-Männern besonders geachtet und gefördert.

Neben den wichtigen Faktoren Entscheidungsstärke und – schnelligkeit, sind aus Sicht der Männer unter anderem mehr Selbstvertrauen und die klare Kommunikation von Karrierezielen Faktoren, die Frauen ausbauen sollten. Oftmals fehlt es Frauen, so die Männer, an Ambition und Entschlossenheit, die für eine hohe Führungsposition oder letztendlich die Rolle des oder der CEO notwendig sind. Die genannten Faktoren müssen aus Sicht der Männer eingebettet sein, in das Verstehen von Machtstrukturen im Unternehmen und der Fähigkeit tragfähige Beziehungen aufzubauen. Auch hier sehen sie bei den Frauen Nachholbedarf. Die Alpha-Männer sehen einen Schlüssel zum Erfolg von Frauen in einem hohen Selbstbewusstsein gepaart mit Ambition und klaren Karrierezielen, die sie auch selbst kommunizieren. Diese Faktoren vermissen sie bei einer Vielzahl von Frauen. Dem Wunsch der Männer steht eine selbstgewählte Strategie vieler Frauen gegenüber lieber unsichtbar zu bleiben, um vor Diskriminierung geschützt, Einfluss auszuüben.

> *Französischer CEO: Es ist dieses „Ich bin nicht gut genug", „Ich werde das nicht schaffen" oder diesen Komplex nicht so gut wie andere zu sein. Frauen denken immer, nicht so gut wie andere zu sein und in den meisten Fällen ist das nicht wahr. Wenn sie kein Selbstvertrauen haben, können sie andere Menschen nicht führen.*

Welche konkreten Maßnahmen schlagen die Alpha-Männer vor, um für mehr Frauen in den Führungsrunden zu sorgen? Was können, die heutigen Entscheider in den Unternehmen tun, damit Gender Diversität keine unerfüllte Absichtserklärung bleibt? Und wie kann es gelingen, erfolgreich geschlechtergemischte Führungsspitzen zu etablieren? Darum geht es in Kapitel sechs. Der Unternehmenskultur kommt bei der Frage, wie mehr Frauen in Top Leitungsfunktionen gefördert werden können, eine bedeutende Rolle zu. Das Unternehmen kann als Mikrokosmus, auch in sozio-kulturellen Umfeldern mit eher schlechten Rahmenbedingungen, für aufstrebende Frauen viel tun, um dem Ziel einer gendergemischten Führungsspitze näher zu kommen. Zentrales Element, welches es Unternehmen ermöglicht spezielle Maßnahmen zur Rekrutierung und Entwicklung von Frauen langfristig umzusetzen, ist aus Sicht der Männer die Schaffung einer gendersensiblen Unternehmenskultur. Hauptbestandteile einer gendersensiblen Unternehmenskultur ist eine Leitvision, die Frauen mit ihren immanenten Stärken neben allen anderen Gruppierungen im Unternehmen einen festen Platz einräumt und zu einem offenen, abbauenden Umgang mit Bias und Stereotypen ermuntert. An der

Spitze der Kaskade der gendersensiblen Unternehmenskultur steht der oder die CEO. Daneben ist jedoch eine Involvierung aller Mitarbeitenden notwendig. Hauptvoraussetzung ist die Information aller Beteiligten über die Vorteile gemischter Führungsspitzen und darauf aufbauend die Überzeugung aller, die Vorteile für die eigene Organisation zu nutzen. Erst dann kann eine nachhaltige Implementierung gelingen.

Was aber motiviert männliche Entscheidungsträger, die bisher keine Verfechter der Vorteile gemischter Führungsteams sind und Frauen eher selten oder gar nicht fördern? Männer, so die übereinstimmende Überzeugung, lassen sich am besten über den eigenen Vorteil, der sich aus guten Unternehmensergebnissen ergibt, überzeugen.

> *CEO USA: Am Ende des Tages kommt es für einen Mann darauf an, zu gewinnen oder zu verlieren. Ich glaube nicht, dass das was tausende von Jahren galt, grundlegend ändern werden, weil ich denke, dass es eine evolutionäre Sache ist, aber ich würde es versuchen. Was hilft dem männlichen CEO, bessere Ergebnisse zu erzielen?*

Nicht alle ihrer männlichen Kollegen sind bisher von den Vorteilen Gender gemischter Führungsteams überzeugt bzw. haben die notwendigen Informationen zu den Chancen, die die Förderung guter Frauen im Hinblick auf ihre persönliche Zielerreichung haben. Die Spitzenmänner halten also die Information über harte Fakten und die Gewinne, die diverse Führungsteams Unternehmen langfristig bringen werden, für das schlagfähigste Argument.

Sie möchten das Thema breiter anlegen, indem über die Vorteile von Diversität insgesamt berichtet wird. Chancengleichheit für alle Gruppierungen im Unternehmen anzustreben, ist aus Sicht der CEO der richtige Weg, um den Herausforderungen der Gender Diversität zu begegnen. Diese Erweiterung des Wahrnehmungshorizontes reduziert die Sicht auf die Problematik der Frauen, da die Problematik systemübergreifend wird. Eine Lösung der Gesamtproblematik, minimiert dann, so die Männer, die Genderproblematik im Management automatisch.

> *Australische Führungskraft: Die große Frage ist, haben männlichen Führungskräfte ein echtes Verständnis dafür, was Vielfalt wirklich ist? Es ist kein Zahlenspiel mit Männern und Frauen, sondern Vielfalt bedeutet verschiedene Herangehensweisen an Situationen, diverses Denken, unterschiedliche Erfahrungen und verschiedenstes Wissen und es geht vor allem um die Frage, wie man die unterschiedlichsten Gruppen zusammenbringt, um das beste Ergebnis zu erzielen.*
> *Ich denke nicht, dass Sie eine hochrangige Führungskraft sein sollten, wenn Sie nicht glauben, dass nur vielfältige Team Ihnen die besten Ergebnisse liefern.*

Welche weiteren Maßnahmen schlagen die Alpha-Männer vor, um für mehr Frauen in den Führungsrunden zu sorgen? Die Antworten fokussieren in zwei Bereichen- dem Schaffen von weiblichen Rollenvorbildern und einem gezielten Sponsoring. Die Männer sind sich einige, dass mehr erfolgreiche weibliche Rollenvorbilder den Aufstieg anderer Frauen im Unternehmen nach sich ziehen werden. Je mehr sichtbare Erfolgskarrieren es in einem Unternehmen oder Industriezweig gibt, umso leichter fällt Frauen die Identifizierung mit machtvollen Positionen. In Japan sollen mehr Männer Frauen als

Vorgesetze erleben, damit sie sich von der Qualität und den Vorteilen weiblicher Führung überzeugen können. Vor allem in China und einigen anderen asiatischen Ländern sehen die Führungskräfte bereits eine ausreichende Anzahl von Frauen in Entscheidungsfunktionen. In Industrien, in denen STEM Fähigkeiten nachgefragt sind, ist die Pipeline mit qualifizierten Frauentalenten nur unzureichend gefüllt. Die Männer sehen gerade hier konkrete Chancen mehr Frauen anzuwerben und zu fördern. Gezieltes Sponsoring weiblicher Talente ist aus Sicht der Alpha-Männer die wohl effizienteste Maßnahme, von deren Wirkung sie überzeugt sind. Dabei sehen sie sich selbst am Steuer und können ihren Einfluss geltend machen. Durch geschickte Positionierung von Frauen, die wie vorher dargelegt, den Anforderungen der männlichen CEO an gute Führung entsprechen, in den entscheidenden Gremien, wollen sie zur Beförderung beitragen. Das ist bisher in einigen Unternehmen noch mit persönlichen Risiken verbunden, die die Männer jedoch sehr kalkuliert eingehen, da sie von der Führungsqualität und Loyalität der Frauen überzeugt sind.

Alpha-Männer bestätigen: Es ist das Jahrhundert der Frauen

„Es gibt einen besonderen Platz in der Hölle für Frauen, die sich nicht gegenseitig helfen!" diese Worte von der ehemaligen Außenministerin Albright hatte eine große Resonanz in der Weltpresse. Welchen Platz bekommen Spitzenmänner aus der Wirtschaft zugewiesen, wenn sie talentierte Frauen im Management nicht unterstützen und nicht dafür sorgen, dass eine ausgewogene Diversität ihr Unternehmen in die Zukunft trägt? Einer der hier zitierten Forschungsteilnehmer, ein CEO aus den Niederlanden sagt dazu *„Sie werden ihr Unternehmen zukünftig an die Wand fahren und einen Platz auf der Loser Bank haben".*

Im Jahr 2021 erreichen in einer internationalen Studie von neunundzwanzig Ländern bereits dreiundachtzig Prozent eine Beteiligung von dreißig Prozent Frauen in den Executive Teams (Thornton, 2021). Dieser Wert ist wichtig, da erst darüber Frauen nach und nach in allen Topmanagement Rollen als Norm angesehen werden. Im Jahr 2004 lag diese Zahl noch bei neunzehn Prozent. Die „Hälfte des Himmels" mit fünfzigprozentiger Frauenbeteiligung scheint in Bezug auf C-Level Rollen nur in ganz wenigen Länder fast erreicht, wie zum Beispiel Russland oder den Philippinen (Thornton 2017). In einigen Ländern wie China, Litauen, Frankreich oder Malaysia ist die dreißig Prozent Marke schon überschritten. Deutschland hinkt in Bezug auf die Beteiligung von Frauen an oberen Führungsrollen international hinterher und das Ziel gemischter Führungsspitzen würde bei gleichem Fortschritt maximal im Jahr 2047 erreicht (Ankersen 2021).

Bei einer gleichen Beteiligung von Frauen an den Topleitungsfunktionen befürchten einige der Männer, die in diesen Bereichen bisher fest in den Chefsesseln sitzen, dass sie etwas aufgeben müssen. Vielleicht können sie aber auch etwas hinzugewinnen. Auch dazu äußern sich die Alpha-Männer, denn sie haben für den Erfolg auf andere Dinge verzichtet. Keiner von ihnen konnte bei der Erziehung der eigenen Kinder zeitlich so viel präsent sein, wie sie es sich gewünscht hätten. Keiner konnte sich Auszeiten oder mehr Unabhängigkeit von den Normen eines klassischen Aufstieges erlauben, um das Ziel zu erreichen.

Eine stärkere Partizipation von Alpha-Frauen bedeutet, dass gesellschaftliche Normen und Rollenverständnisse in vielen Nationen weiter verändert werden müssen. Es braucht für die Zukunft mehr gesellschaftliche Akzeptanz von Frauen, die wie ihre männlichen Kollegen in die Unternehmensspitzen aufsteigen. Es braucht die Unterstützung der Politik, die diese gesellschaftlichen Umbrüche durch sinnvolle Rahmenbedingungen lenken kann, die es Frauen leichter machen. Es braucht moderne Unternehmensführungen, die erkannt haben, dass es ohne die Hälfte der Menschheit nicht geht. Sei es aus ethischen Gründen, sei es mit Blick auf Umsatzerfolge, sei es um die besten Talente zu gewinnen, um Konsumentenmehrheiten zu binden oder einfach, weil sich die Erkenntnis durchsetzt, dass es gemeinsam in den Unternehmensleitungen einfach besser geht.

Und last but not least braucht es auf Seiten der Frauen einen klaren Karrierewillen, das Wissen, ihre eigenen Stärken komplementär zu positionieren, Verständnis für die Hintergründe auf Seiten der Männer und die Bereitschaft mit der Mehrzahl der Positionsinhaber Brücken zu bauen.

Holländischer CDO in Asien: Ich denke, das größte Problem sitzt wirklich auf zwei Seiten. Es sitzt auf der männlichen Seite, aber auch auf der weiblichen Seite. Die beiden treffen sich anscheinend nicht in der Mitte, denn wahrscheinlich bedeutet es auf der Männerseite, wenn sie an Vielfalt denken, dass sie mehr Frauen in ihre Ecke holen und die Frauen auf der anderen Seite des Spektrums vielleicht denken: „Ich brauche mehr Möglichkeiten auf meiner Seite.“ Beide, gewollt oder unwillig, bewusst oder unbewusst, halten die Kluft aufrecht. Anstatt zu sagen: „Wie schlagen wir eine Brücke von dir zu mir!“

Die Mission, mehr Frauen in die Spitzen von Unternehmen zu bekommen und diese damit tragfähig für die Zukunft zu machen, geht weiter. Ziel ist es, mehr geschlechtergemischte Führungsteams in den Unternehmen zu etablieren, in denen männliche und weibliche sowie alle diversen Stärken harmonisiert werden, damit sie ihre Erfolge langfristig ausweiten können. Darüber steht eine Vision, nach der sich qualifizierte Frauen mit Ambition überall auf der Welt mit gleichen Chancen in Unternehmensleitungen gemeinsam mit ihren männlichen Kollegen einbringen können.

Spitzenmänner aus elf Nationen, deren Karrierewege mehr als fünfundzwanzig Länder umspannen, berichten über ihre Beobachtungen zu Frauen im Management. Es ist ein unterstützender, wohlwollender Blick, den die Alpha-Männer auf ihre Kolleginnen werfen. Viele von ihnen sind Väter von Töchtern und zeichnen ein selbstkritisches und zum Teil auch selbstironisches Bild ihrer eigenen Rollen. Die Beobachtungen sind kritisch und auf den Punkt gebracht. Und bieten allen Lesern Raum für Reflektionen.

2 Erklärungsmodelle der Männer für das Ungleichgewicht der Beteiligung von Frauen am Topmanagement

Warum haben wir weltweit immer noch weniger Frauen in den Spitzen von Unternehmen, obwohl junge Frauen heute mit zum Teil besseren Abschlüssen in ihr Berufsleben starten? Das Thema ist komplex, denn verschiedene Faktoren ermöglichen oder erschweren die Karrieren von Frauen. In diesem Kapitel schildern die männlichen CEO und Führungskräfte ihre Wahrnehmungen zu den Ursachen des Ungleichgewichtes in den Spitzen der Wirtschaft. Dabei richtet sich ihr Blick in die Vergangenheit und auf historische Rollenmuster. Unterschiede in verschiedenen Nationen werden betrachtet, die sie aufgrund ihrer langen internationalen Laufbahnen durch gemachte Erlebnisse beurteilen können. Dann geht der Blick zu den Frauen selbst und schaut auf Unterschiede in der Berufswahl, der Karriereplanung und der Karriereorientierung. Diskriminierungen, Bias und Stereotype werden als Erklärungsansätze diskutiert. Schließlich bewerten die Spitzenmänner die Frage, warum Frauen, die den Aufstieg geschafft haben, sich oben nicht halten.

Historische Rollenverteilungen in sich veränderndem gesellschaftlichen Kontext

Aus soziologischer Sicht wird zwischen Rollenverhalten und Rollenerwartungen an beide Geschlechter unterschieden. Mann und Frau, so die gesellschaftlichen Erwartungen im jeweiligen kulturellen Kontext, haben ihre Rolle durch angemessenes Verhalten zu erfüllen (Eagly 2012). Dabei liegt eine Vorstellung über bestimmte Eigenschaften der Geschlechter zu Grunde, die sich von Kultur zu Kultur unterscheiden können. Diese Prägungen bestimmen auch das Verhalten von männlichen und weiblichen Führungskräften. Die interviewten Männer suchen die Ursachen für die ungleiche Beteiligung von Frauen am Topmanagement genau hier. Sie haben aus ihrer Sicht eine große Bedeutung für die Analyse der Situation. Sie beschreiben auch die Veränderungen, die sie gerade in den letzten Jahren beobachten und die für die Frauen arbeiten.

CDO Australien: Ich denke, man sieht erst in der letzten Generation, dass sich das wirklich ändert. Ich denke, es wird sich weiter verschieben, denn wenn ich mir die Bildung und die Universität anschaue und wenn ich den Erfolg von Männern zu Frauen auf Universitätsebene betrachte, dann zeigen die Daten, dass junge Frauen im akademischen Bereich erfolgreicher als junge Männer sind. Wir bauen einen besseren Kern von wirklich guten zukünftigen weiblichen Führungskräften auf. Wenn man ein oder zwei Generationen zurückgeht, gab es ja noch eine stärkere Präsenz von Männern an den Universitäten.

https://doi.org/10.1515/9783111052182-002

Traditionelle Rollenzuschreibung gehen davon aus, es gebe strikt voneinander getrennte, natürlich gegebene Geschlechterrollen, die das Verhalten der Geschlechter prägt. Männer waren danach Ernährer und Oberhaupt der Familie, zuständig für die Kontakte nach außen. Primäre Merkmale der Männerrolle sind Stärke, Rationalität, Durchsetzungsfähigkeit, Kampfgeist und Aggressivität. Der Mann mit traditioneller Sozialisierung erwartete von Frauen seine Autorität anzuerkennen und sich ihr zu beugen. Frauen sind in dieser Betrachtung abhängig vom Mann, einem männlichen Beschützer unterworfen. Das Bild der Frau, die zu Hause ihrem Mann den Rücken stärkt, während er in der Außenwelt seinen Mann steht, verdeutlicht diese traditionelle Sicht. Die primäre Frauenrolle war es, den Mann zu befrieden, der von Reisen oder Kriegen oder den täglichen Geschäften in die Familie zurückkehrte. Ihre Aufgabe war es neben der Familienorganisation, ihn immer wieder in die häusliche Familie zu integrieren. Sie waren zuständig für die sozialen Bindungen innerhalb der Partnerschaft und Familie. Merkmale die Frauen vor diesem Hintergrund zugeordnet werden sind Emotionalität, Passivität, ein ausgleichendes Wesen und Schwäche. Obwohl es Frauenarbeit auch außerhalb des häuslichen Bereiches schon immer gab, war diese über viele Jahrhunderte in den Kontext der Unterordnung des Vaters oder Ehemannes zu bewerten. Ihre primäre Rolle in der Familie wurde besonders dann erweitert, wenn Kriege oder gesellschaftliche Umbrüche den Einsatz von Frauen in den eigentlichen Männerdomänen erforderlich machten. Die Rolle von Männern verändert sich im Zeitablauf weniger und bleibt traditionell in ihrer Verantwortung für die Versorgung der Familie verhaftet. Damit waren sie für den erwerbstätigen Bereich zuständig, sei es in der Wirtschaft, bei der Landarbeit oder in den Armeen. Frauen kamen in Unternehmen bis auf wenige Ausnahmen, nur in Mangelzeiten und ausführenden Tätigkeiten vor. Die Sekretärin, Arbeiterin oder Schreibkraft prägen über viele Jahre das Bild von Frauen in den Unternehmen. In Ausnahmefällen gesellt sich die Erbin dazu. Frauen konnten also in der Vergangenheit bis auf Ausnahmen nur dann Unternehmen leiten, wenn in Unternehmerfamilien ein männlicher Nachfolger fehlte oder der Ehepartner der Tochter, der angestrebten Rolle nicht gerecht werden konnte. Diese traditionellen Rollen wirken in unterschiedlicher Ausprägung und abhängig von nationalen kulturellen Gegebenheiten auf der Welt weiter und rücken den Mann weiterhin stark in das Zentrum von Unternehmensleitungen. Männer überall auf der Welt identifizieren sich weiterhin mit ihrer klassischen Rolle. Ihr Selbstverständnis ist über den Erfolg in der Außenwelt geprägt.

Die traditionelle Männerrolle schreibt auch vor, dass Männer in erster Linie starke emotionale Bindungen zu anderen Männern haben. Obwohl diese Mann-Mann-Bindung oft ritualisierte Formen annimmt, die ihre Intimität einschränken, sind diese Bindungen dennoch wichtig und oft stärker als die Beziehungen von Männern zu Frauen (Pleck, 1975). Der modernere Mann erwartet Kameradschaft und Intimität in seinen Beziehungen zu Frauen. Er sieht Beziehungen zu Frauen als Quelle der emotionalen Unterstützung, welche er in seinem täglichen Kampf braucht. Im Vergleich zu den traditionellen Erwartung, bei denen Frauen sich seiner Autorität in der Familie beugen, sind die die Erwartung des modernen Mannes, dass Frauen seine Wunden lindern und seine

emotionalen Reserven aufzufüllen. Männer werden weiterhin in der Kindheit überwiegend für eine traditionelle männliche Rolle sozialisiert, aber in der späten Adoles-
zenz und im Erwachsenenalter werden sie gemessen am Standard einer modernen
Männerrolle. Wo in der Kindheit Jungen körperliche Stärke und sportliche Fähigkeiten
vermittelt wurden und dass sie Mädchen meiden sollten, konfrontiert das Erwachsen-
sein Männer mit dem Anspruch einer Beziehungsfähigkeit mit Frauen als Arbeitskol-
leginnen und emotionalen Vertrauten. Diese modernen Anforderungen von Männern
an Frauen unterscheiden sich also von den Anforderungen in der Vergangenheit, sind
aber mindestens ebenso bedeutsam.

> *Deutscher CEO: Es ist einfach eine gesamtgesellschaftliche Herausforderung. Da sind sehr viele Fak-
> toren drin. Denn es sind ja nicht nur die Männer bei der Arbeit, die das Frauen- oder Männerbild
> prägen. Du hast ja auch noch eine ganze Generation von Eltern, von Freundinnen, von Verwandten,
> Schwestern, Brüdern und so weiter. Das kommt sehr stark auch häufig aus dem familiären Umfeld.
> Gerade bei Frauen auch die Vaterfigur.*

> *CEO USA: Gleichheit bedeutet nicht, das zu tun, was Sie wollen. Jordan Peterson ist ein kanadischer
> Psychologe. Er spricht von der Notwendigkeit der Verantwortung, nicht der Notwendigkeit von
> Rechten. Keiner von uns hat irgendwelche Rechte. Der einzige Weg, wie wir Wert in unserem Leben
> ausdrücken, ist die Verantwortung, die wir haben, sei es füreinander, für uns selbst, für unsere Familie,
> für unsere Mitarbeiter, für unsere Kollegen, für die Person, mit der wir den Bus teilen. Wir haben keine
> Rechte, aber die Menschen haben das Gefühl, Rechte zu haben. Ich denke, jemandem ein Recht zu
> geben, verändert tatsächlich den Rest der Gesellschaft, dieses Recht anzuerkennen. Wenn Sie den Rest
> der Gesellschaft dazu zwingen, für Gerechtigkeit verantwortlich zu sein, ändert sich das dann
> schneller? Wenn Sie irgendeinen Mann nehmen, fast jeden Mann, der eine Tochter hat, und sagen: „Das
> Leben Ihrer Tochter wird durch dies und das eingeschränkt." Ich glaube nicht, dass sie sich darüber
> freuen würden, aber wenn es nicht ihre Tochter ist, scheinen sie zu denken, dass es in Ordnung ist. Ich
> denke, das ist alles eine Frage der Verantwortung.*

Ausnahmen vom traditionellen Rollenverständnis lassen sich in verschiedenen Ländern
finden, wo Frauen außerhalb der eigenen Familienrolle aktiv wurden bzw. ganz andere
Rollenkonzepte gelebt wurden.

Dazu gehören auch die wenigen Matriarchate auf der Welt, wie zum Beispiel die
Mosuo im Süden Chinas, in denen die Frauen die dominierende Stellung in der Gesellschaft einnehmen und über das Vermögen der Familien verfügen (Coler, 2009). Die
Gesellschaft lebt dort ohne klassische Familiensysteme. Die Männer der Mosuo verbleiben in ihren Herkunftsfamilien und sind nur sporadische Besucher ihrer Partnerinnen und Kinder. Die Frauen der Mosuo verfügen über das Vermögen.

Ein anderes Beispiel ist in Japan zu finden. Bis zum Beginn der Muromachi Zeit des
14. Jahrhunderts war die japanische Gesellschaft frauenzentriert. Religiöse Göttinnen
sowie eine Vielzahl von Kaiserinnen bestimmen laut Iwao (1998) die Kultur und Politik
des Landes bis zu dieser Zeit. Man glaubte damals, Frauen besäßen die übernatürlichen
Fähigkeiten, mit Göttern kommunizieren zu können; eine Kraft, die Männer nicht besaßen. Gerade zwischen dem dritten und achten Jahrhundert gab es häufig weibliche
Herrscherinnen in Japan, so auch sechs weibliche Kaiserinnen. Lange Zeit in der Geschichte Japans besaßen Frauen große Freiräume und arbeiteten unter gleichen Be-

dingungen wie Männer. Sie dominierten die Literatur bis in das zwölfte Jahrhundert und besaßen das Erbrecht. Sie hatten Zugang zur Bildung und konnten sich frei ihre Liebhaber wählen.

Auch in Frankreich gab es schon im vierzehnten bis siebzehnten Jahrhundert Gleichheitsforderungen und Emanzipationsversuche einzelner Frauen. Sie veröffentlichten verschiedene Schriften, wie zum Beispiel Pisan, „Der Staat der Frauen" oder de Gournay „Über die Gleichheit der Männer und Frauen". Diese frühen Feministinnen versuchten schon damals, gegen das Prinzip der Überlegenheit der Männer im Land anzugehen. Mit der Französischen Revolution entwickelte sich eine erste Bewegung der französischen Frauen, in deren Verlauf unter anderem Olympe de Gouges ihre „Erklärungen der Rechte der Frau und Bürgerin" einbrachte. Weitere Beispiele lassen sich überall auf der Welt finden, ändern aber nichts an den überwiegenden traditionellen Rollenwahrnehmungen von Männern und Frauen, die das gesellschaftliche Bewußtsein dominieren.

> *Französischer CEO: Meine beiden Töchter können sich beide wirklich zu sehr guten und starken Führungskräften entwickeln, ihre Geschäfte oder egal, was sie anfangen. Sie haben, denke ich, die notwendigen Eigenschaften. Ich denke, wir können nicht ignorieren, dass es historisch gesehen ein gewisses Maß an Konkurrenzkompetenz zwischen Männern gegeben hat, ich weiß nicht, wie man es nennen soll. Was wir heute sehen, ist das Erbe davon. Dies geht auf die historisch gesellschaftlichen Widersprüche zurück, die wahrscheinlich für eine Reihe von Menschen zu Werten geworden sind, was eine Schwierigkeit darstellt, weil sie normalerweise eine Transformation wirklich schwierig machen. Der Umgang mit Männern ist auch heute noch für viele Menschen beruhigender. Es gibt einen Zusammenhang mit dieser körperlichen Stärke. Es ist klar, dass Männer, wie auch immer wir es betrachten, mehr körperliche Stärke haben als Frauen. Wenn Sie also einen Mann betrachten, sehen Sie eine Person mit mehr körperlicher Stärke. Rechtfertigt dies zu denken, dass er deshalb mit dieser oder jener Situation besser umgehen wird? Einige Leute denken weiterhin so, dass kann man nicht ignorieren.*

Verbunden mit den allgemeinen Erwartungen an männliche und weibliche Eigenschaften sind Erwartungen bezüglich ihrer Tätigkeiten. Die Rolle der Frau enthält danach Tätigkeiten mit sozialer Ausrichtung wie Fürsorge, Pflege, Erziehung und des Dienstes. Die Rolle des Mannes steht im Gegensatz und setzt sich vor allem mit der sachlichen Welt auseinander. Durch die Rollenerwartungen werden gesellschaftliche Positionen bereits vorgegeben. Frauen wurden sozialisiert ihre eigentliche Rolle in der Familie zu sehen. Männern kamen die Bereiche Wirtschaft und Politik zu. Die Ausübung geschlechteratypischer Berufe wird damit je nach soziokulturellem Kontext für beide Geschlechter schwieriger. Verschiedenen soziologischen Studien zur Folge gibt es weltweit weiterhin eine beträchtliche Übereinstimmung bezüglich männlicher und weiblicher Rollen (Eagly 2012). Was bei einem Mann als Selbstverständlichkeit erwartet wird, wird Geschlechterforschern zufolge Frauen als Fehlverhalten angelastet, wobei sowohl Frauen als auch Männer solches Fehlverhalten ablehnen und darauf sanktionierend reagieren. Die wohl bekanntesten Untersuchungen zum Image von weiblichen Führungskräften machte Schein (2007). Das sogenannte „Think manager – think male" Phänomen zeigt auf, dass eine der ursächlichen Schwierigkeiten für Frauen im Management Gender Stereotype in Bezug auf Manager und Executive Positionen sind. Die für den Erfolg im Management notwendige Charakteristika wurden in mehrjährigen Untersuchungen Männern nicht aber Frauen zugeordnet. Männer, wie auch Frauen, sahen Frauen je nach kulturellem Kontext im Management danach als generell weniger qualifiziert an. Eine gute Führungskraft wurde mit überwiegend maskulinen Charakteristika beschrieben.

> *Australische Führungskraft in den USA: Es liegt auch nicht daran, dass sie nicht wollen, sondern weil das ganze Gesellschaftssystem, dies auch nicht unterstützt. Gut veranschaulichen kann ich das an der Art und Weise, wie wir Sport betrachten. Zum Beispiel in den Vereinigten Staaten das Universitäts- oder College-Football. Ich denke, die Anzahl der Jungen und Mädchen an einem College oder einer Universität ist ähnlich, halb Jungen und halb Mädchen. Wir sehen aber keine gemischten Fußballmannschaften. Wir sehen eine hundertprozentige Jungenfußballmannschaft. Das Wettbewerbsniveau in dieser Fußballmannschaft ist super, super hoch. Der Wettbewerb basiert auf männlichem Vorgehen. Bereits in der Schule, oder vielleicht sogar im familiären Umfeld vor der Einschulung, wird das auf der Jungenseite stärker berücksichtigt als auf der Mädchenseite. Wenn man sich die Mädchen anschaut, gibt es eine Menge Konkurrenz zwischen den Mädchen. Wenn Sie sich die Fußballmannschaft der Mädchen ansehen, ist ihr Wettbewerbsstil im Vergleich zur Fußballmannschaft der Männer jedoch weniger aggressiv. Der Applaus, den eine Jungenmannschaft erhält, ist immer höher als der für eine Mädchenmannschaft oder für eine Mannschaft mit körperlich Behinderten. Das geht dann so weiter, wenn Sie in das Unternehmensspiel eintreten.*

Man kann also festhalten, dass traditionelle Rollenerwartungen sich ähnlich wie eine DNA über lange Zeiträume und generationsübergreifend eingeprägt haben und das Verhalten auch im Management heute weiterhin bestimmen.

Wie wirkt sich das nun speziell auf das Miteinander der Geschlechter in Führungsteams aus? Wissenschaftliche Arbeiten beschreiben den Effekt von Rollenerwartungen, Sozialisierung und gesellschaftlichen Stereotypen auf die Frauen selbst. Frauen internalisieren Rollenerwartungen und Stereotype unbewusst. Auswirkungen auf ihre Karriereorientierung und Motivation können die Folge sein. Historisch verankerte Frauenstereotype, wie das vor allem im westlichen Kulturkreis verbreitete Bild der Hausfrau, verdeutlichen wie Frauen aus Sicht von Männern und Frauen sein sollen. In diesem Bild ist das Konzept von Wärme enthalten, welches gesellschaftlich bei vielen Menschen beiderlei Geschlechtes hoch angesehen wird. Frauen verbleiben, da gesellschaftlich damit hoch anerkannt, in traditionellen Geschlechterrollen bzw. nehmen diese an. Männer verteidigen ihre archetypischen Rechte und ihre kollektiv überlieferte Domain des Machtanspruches, in der sie bisher auch unter ihresgleichen agieren konnten. Nun aber dringen Frauen in ihren Bereich in den Unternehmen. Frauen kommen in den ureigenen Agitationsbereich der Männer und das löst Unverständnis bei vielen Männern aus, bis hin zur Ablehnung. Bilder, wie das der Karrierefrau haben Merkmale, die nicht in die gelernten Stereotype passen. Daher werden den Frauen, die in Wirtschaftsunternehmen aufsteigen wollen, Attribute wie emotionale Kälte zugeschrieben. Aus männlicher Sicht stellen sie oftmals eine Rechtfertigung für die Diskriminierung von Frauen dar. Frauen, die in traditionellen Männerberufen erfolgreich sind, werden als unfaire oder bedrohliche Konkurrentinnen empfunden. Sie gefährden sein gelerntes Selbstbild. Dieses wird durch Konfrontationen der Männer von Frauen vor Dritten gesteigert. Als Antwort darauf, setzt er Wettbewerbsstrategien ein, die er sonst nur unter Männern, aber eigentlich nicht in der Interaktion mit Frauen anwenden würde.

Trotz des seit den frühen 1970er Jahren in den westlichen Industrienationen kontinuierlich gestiegenen Anteils erwerbstätiger Frauen halten sich die wissenschaftlich erfassten Geschlechterstereotype im Zeitablauf und unter kulturellen Gesichtspunkten. Verschiedenen Wissenschaftler suchen die Erklärungen hierfür in einer weiterhin stark geschlechtssegregierten Arbeitswelt (Cejka 999, Kite 2001). Umgekehrt ist den Untersuchungen zu folge auch im Bereich der Familienrollen keine substanzielle Änderung der Rollenverteilung in Sicht. Frauen haben auch im internationalen Vergleich immer noch die primäre Verantwortung für Haushalt und Kindererziehung. Dieses Ungleichgewicht bleibt selbst dann bestehen, wenn beide Partner gleichermaßen berufstätig sind (Bianchi 2000, Wagner 1994).

Deutscher COO: Ich glaube, dass insbesondere in Deutschland ein nach wie vor sehr, sehr konservatives Gesellschaftsbild da ist, ein konservatives Bild der Rolle der Familie. Oder sagen wir nicht der Rolle der Familie, sondern ein konservatives Familienverständnis da ist und innerhalb dieses Familienverständnisses eine Rollenverteilung da ist, die dazu führt, dass eben gesellschaftlicher Druck auch auf der Frau liegt, im Sinne von „Du musst jetzt halt erst einmal drei Jahre, sechs Jahre". Allein bei zwei Kindern sind plus-minus dann sechs Jahre erst einmal weg. Und nicht in jeder Familie ist dann halt die Arbeitsteilung so, wie sie denn eigentlich sein könnte und sollte. Oder „sollte" ist halt ein Wort, je nachdem, wie dann halt eben die Parameter die Familie sich selbst definiert. Ich muss dazu sagen, meine Familie ist jetzt nicht das beste Beispiel dafür, dass ich sagen könnte, meine Frau hat durchgängig gearbeitet. Bei uns gab es da andere Restriktionen, schlicht und ergreifend deshalb, weil wir so viel umgezogen sind."

Verschiedene Kulturen realisieren unterschiedliche Frauenanteile an Führungsfunktionen

Der folgende Abschnitt startet mit der Frage an die Männer, warum Frauen in einigen Ländern zahlenmäßig häufiger im Topmanagement vertreten sind als in anderen. Historische Rollenbilder in unterschiedlichen Kulturen wirken auch heute noch. Die Forschungsteilnehmer haben im Laufe ihrer Karrieren in weit über fünfundzwanzig Ländern gearbeitet und bringen somit vielfältige internationale Beobachtungen zu dieser Frage ein. Die Zitate der Spitzenmänner werden eingebettet in eine kurze Weltreise durch ausgewählte führende Industrienationen, mit Blick auf das soziokulturelle Umfeld und die unterschiedlich kulturell geprägten Rollenverständnissen.

Frauen haben in vielen Industrienationen heute gleich gute oder sogar bessere Ausbildungen als ihre männlichen Kollegen und immer mehr Unternehmen kommunizieren ihre Diversity-Ziele und die dazugehörigen Maßnahmen. Trotzdem hält sich in den meisten Nationen eine ungleiche Verteilung der Anteile von Frauen an den höchsten Top Führungsfunktionen. Das Ungleichgewicht verteilt sich jedoch unterschiedlich auf der Weltkarte und in einigen Ländern mit Schwerpunkten in Nordeuropa, Osteuropa und Asien sind weitaus mehr Frauen in den Führungsspitzen anzutreffen als beispielsweise in Deutschland, Japan oder den USA.

In der Forschung gibt es neben den historisch kulturellen, politischen und soziologischen Unterschieden in den Ländern verschiedene Erklärungsmuster, die sich überall, wenn auch in unterschiedlichen Ausprägungen antreffen lassen.

Der weltweite durchschnittliche Anteil von Frauen an gehobenen Führungspositionen liegt laut der weltweiten Studie mit neunundzwanzig Ländern von Thornton (2021) im Jahr 2021 bei einunddreißig Prozent. Dreiundachtzig Prozent der beteiligten Länder erreichte die Marke von dreißig Prozent. Im Jahr 2004 lag diese Zahl noch bei neunzehn Prozent und der Anstieg auf über dreißig Prozent benötigte rund siebzehn Jahre, in denen die Zahlen teilweise stagnierten oder wie im Jahr 2018 auch rückläufig waren. Seit 2017 konnte ein Anstieg um insgesamt sechs Prozentpunkte analysiert werden. Betrachtet werden hier Senior Management Positionen, die sogenannten C-Suite-Funktionen, die sowohl die Geschäftsleitung bzw. den Vorstand als auch die hierarchisch direkt folgende Ebene einbeziehen. Forscher beobachten also eine weltweite Zunahme der Beteiligung von Frauen im Management gerade in den letzten Jahren. Auffällig ist die Entwicklung bei den weiblichen CEO, der lange Jahre auf einem relativ niedrigen Niveau lag. Hier stieg der weltweite Anteil von fünfzehn Prozent im Jahr 2019 auf nun sechsundzwanzig Prozent an. Die in der Untersuchung befragten Teilnehmer führen diese Entwicklung unter anderem auf die Flexibilisierungen im Arbeitsmarkt während der weltweiten Pandemie zurück.

Einige Regionen auf der Welt zeigen sich in den Statistiken fortschrittlicher als andere. Führend dieser Untersuchung zufolge sind einige afrikanischen Länder mit neununddreißig Prozent, sowie die Region ASEAN mit achtunddreißig Prozent. Gesamt APAC erreicht nur achtundzwanzig Prozent, was an Japan und Süd-Korea liegen dürfte. Die europäische Union verzeichnet im Jahr 2021 einen Zuwachs von vier Prozentpunkten auf vierunddreißig Prozent. Nordamerika erreicht einen Wert von dreiunddreißig Prozent, Südamerika liegt mit sechsunddreißig Prozent leicht darüber.

Spanischer CEO: An erster Stelle steht die Kultur der meisten unserer Länder im asiatisch-pazifischen Raum. Wenn man den Norden Asiens beiseitelässt, wo man genau das Gegenteil hat, also Japan und Korea, denke ich, dass die Rolle der Frau in diesen Gesellschaften extrem wichtig ist. Die Rolle der Frauen in der Wirtschaft ist hier sehr wichtig. Sie können sich nicht vorstellen, wie viele Geschäftspartnerinnen, wie viele Kundinnen, wie viele Frauen sich wirklich in diesem Geschäftsumfeld befinden. Das ist Teil der Realität in China, in Vietnam, in Thailand – sogar in Indonesien, das vielleicht ein bisschen weniger fortgeschritten ist – ebenso die Kultur und die Geschichte. Warum kamen Frauen gesellschaftlich in diesen Kulturen in diese Positionen? Ich weiß es nicht, aber es ist die Realität.

Dieselbe Untersuchung beobachtete bis 2017 einzelne führenden Industrienationen. Das globale Ranking der Beteiligung von Frauen am Topmanagement führten Russland (45 Prozent) und China (38 Prozent). Frankreich folgte mit achtundzwanzig, die USA und Australien mit dreiundzwanzig Prozent, UK mit einundzwanzig Prozent und Schweden mit siebenundzwanzig Prozent. Deutschland und Japan dagegen bildeten mit fünfzehn und sieben Prozent den unteren Bereich der Beteiligung von Frauen an oberen Managementfunktionen unter den führenden Wirtschaftsnationen ab. Der Blick auf die Weltkarte zeigt auch, dass eher kleinere Länder wie Litauen und Polen, aber auch einige asiatische Länder wie die Philippinen und Thailand entgegen manchen Annahmen besonders stark sind. Nun sind Statistiken Zahlenwerte, die je nach Ausgangslage und Interpretation zu veränderten Darstellungen kommen. Eines scheint aber gesichert zu sein. Der Fortschritt ist unten und in der Mitte beachtlich, wenn man bedenkt, dass Frauen historisch betrachtet überhaupt erst seit Mitte des zwanzigsten Jahrhunderts an Managementfunktionen beteiligt sind. Ganz oben tun sich die Unternehmen weltweit weiterhin schwer, wenn auch insgesamt in verschiedenen Ländern Bewegung in die Zahlenwerte gekommen ist. Vor allem im Jahr der Covid Pandemie, 2021. Die Zeit, so schlussfolgern die Topmanager ihre Länderanalyse, arbeitet für die Frauen.

> *Französischer GM in China: Starten wir mal mit China. Wir haben hier eine große Anzahl von Frauen in Toppositionen. Nicht nur in den operationalen Management Bereichen, sondern auch in den technischen, in den sehr schwierigen Jobs. Ich denke, dass das gut ist, denn bei uns kommen die CEO typischer Weise aus dem technischen Bereich. Da ist China der Welt sehr weit voraus, denke ich. Nehmen wir die USA, wo ich auch lange war. Ich denke, dass dort Frauen viel stärker waren als in Europa. Allerdings noch nicht als ich vor dreißig Jahren dort war. Auf dem Organigramm war davon nichts zu sehen damals. Es war sehr männlich besetzt. Obwohl es damals eine Art positive Diskriminierung gab. Ich erinnere mich an eine Freundin, sie war aus Venezuela. Eine weibliche Führungskraft aus Venezuela. Weibliche Minderheit, kann man so sagen. Ihr Plan war nach drei Jahren VP zu werden und sie schaffte das. Ich denke, die USA ist da Europa etwas voraus in Bezug auf Frauen und ihre Position in der Gesellschaft. Aber ich habe auch für eine schwedische Firma gearbeitet. Da waren die Frauen wirklich gut positioniert, wirklich gut.*

Als positives Beispiel in der Frauenfrage wird in den Interviews vor allem von den CEOs, die in APAC tätig sind, häufig China genannt. In China bewegen sich die sozio-kulturellen Rahmenbedingungen für Frauen und ihre Karrieren zwischen sehr gegensätzlichen Einflüssen. So beschreibt Coler (2009), wie bereits erwähnt, dass eine der wenigen Matriarchaten Kulturen der Welt, die Mosuo, mitten in China zu finden ist. Weitaus häufiger berichten Autoren wie Ganrose (2007, 2005), Warnecke (2010) und Li (2000) im Zusammenhang mit der Rolle der Frau in China über die männlich orientierten konfuzianischen Traditionen, die einen großen Teil der kulturellen Prägung im Land ausmachen. Im Gegensatz dazu stehen die Einflüsse einer in vielen Bereichen auf Gleichstellung zielenden Politik. Der Staat etablierte mit seiner Gesetzgebung um 1950 die Grundlage für die Anhebung des Status von Frauen, den die Forscherin Li (2000) so zitiert: „Women shall enjoy equal rights with men in political, economical, educational and social life." Viel zitiert wird in diesem Zusammenhand Mao Zedongs Rede mit dem viel zitierten Satz „Women can hold half the Sky". Er wurde zum Ausdruck der chinesischen Gleichstellungsbewegung. Für das heutige China kann man sagen, dass das Modell von der doppelten Erwerbstätigkeit gesellschaftlich akzeptierte Norm ist. Der hohe Frauenanteil an der Erwerbstätigkeit, der weit über anderen westlichen Industrienationen und dem Weltdurchschnitt liegt, kann als Ergebnis der letzten 50 Jahre staatlichen Engagements gesehen werden. Die Zeit der Kulturrevolution spielte im

Hinblick auf die Gleichstellung der Geschlechter eine Rolle, die sicherlich weltweit in dieser Form eine Besonderheit darstellt. Frauenfragen wurden in der Phase aus Sicht der feministischen Forschung vermännlicht. Frauen wurden, entgegen ihrer oft anderen Lebenssituation, Männern gleichgemacht. Der Slogan *„Whatever men can do, women can do too"* und Einheitskleidung für Männer und Frauen sind nach Yang (1986) Ausdruck der damals vorherrschenden Auffassungen. Frauen wurden in allen Arbeitsbereichen genau wie Männer eingesetzt, unter anderem auch im Straßenbau und im Baugewerbe.

Autoren wie Stockmann (1995) und Ren (2010) sehen heute in China größere Gleichberechtigung gegeben als in westlichen Nationen und beschreiben eine kontinuierliche Abnahme von Ungleichheiten seit dem Aufbau der kommunistischen Regierung Mitte der 1980er Jahre. *„Chinesische Organisationen haben ein höheres Level an Geschlechter Gleichheit als Japan, UK und die USA, mit Vollzeitarbeitsverhältnissen als Norm für alle Erwachsenen und einem hohen Anteil von Gleichheit in den Familien Rollen".* Gegensätzliche Positionen beziehen sich auf die Unterrepräsentanz von Frauen in hohen Regierungsrollen und schließen unter anderem daraus, dass Frauen in China weiterhin nicht dieselbe Macht haben wie Männer.

CEO, China: Ich sehe erfolgreiche Frauen überall. Ja, in allen hohen Funktionen. Es ist das Gleiche. Wenn eine Frau das erreichen will, ist es bei uns möglich. Manchmal scherzen wir und wollen diskutieren, ob wir nicht mehr Männer brauchen, vor allem als Personalvorstände oder Finanzchefs. Da sind überall nur Frauen. Bei mir sind wir im Executive Team fünfundvierzig Prozent Frauen. Es hängt auch etwas von der Industrie ab. In den staatlichen Unternehmen mag das anders sein. Aber auch da kenne ich Frauen, die sehr, sehr viel Macht haben.

CEO, Hong Kong: In meiner Organisation in China sind auf der Managing Director-Ebene und der VP-Ebene fünfunddreißig Prozent Frauen. Fünfunddreißig Prozent, ja, wirklich für unsere Branche super. Vor allem in der Transportbranche werden die Leute denken: „Oh, das ist es bestimmt Männern dominiert." Nein. Ich habe ziemlich viele fähige Damen, die für mich arbeiten. Die Zahlen der einzelnen Länder liegen mir nicht vor, aber im Großen und Ganzen sprechen wir mal von unserem Hauptsitz in den USA. Die Situation ist mehr oder weniger gleich. Im Moment ist unser Chief Commercial Officer eine Frau und dann ist unser Chief Marketing Officer eine Frau. Mein Chef ist auch eine Frau. Sie können sehen, dass wir uns darauf konzentrieren, die Geschlechterdiversifizierung des Teams zu entwickeln. Nicht nur Frauen und Männer, verschiedene Leute aus verschiedenen Ländern, verschiedene Altersgruppen, denn für uns kann ich sagen, dass wir eine sehr gute Kultur haben, um Vielfalt zu fördern und allen, gleiche Chancen zu bieten.

CFO, China: Für mich ist das vielleicht das Erbe. In einigen Ländern erhalten Frauen möglicherweise keine angemessene Ausbildung. Dann sind sie benachteiligt, aber für mich ändert sich diese Situation. Zweitens haben manche Leute innerhalb des Unternehmens die falsche Vorstellung, dass Männer engagierter sind und Frauen mehr die Familie betreffen. Diese Art von Vorurteilen mag es Frauen verbieten, auf der Karriereleiter aufzusteigen, aber ich möchte sagen, dass sich auch dieses ändert. Drittens denke ich, dass es kulturell, wie im Norden Chinas, historisch bedingt sein kann, dass die Leute das abspulen, dass Frauen zu Hause bleiben sollten. Wenn sie berufstätig sind, bedeutet dies, dass ihre Familie ein Problem hat. Ich möchte sagen, dass sich auch die aktuelle Kultur verändert. Im Moment ist die Realität vielleicht so, dass auf Unternehmensebene im Norden immer noch die Männer eine dominierende Rolle spielen, aber ich kann sehen, dass dies verändert.

Als Gegenbeispiel zu China kann man in der Frage der Gleichberechtigung von Frauen im Management Japan anführen. Die japanischen CEOs geben Einblicke in die gesellschaftlichen Zusammenhänge. Obwohl die Anzahl gut ausgebildeter Frauen in Japan in den letzten Jahren kontinuierlich anstieg, ist Japan Schlusslicht der Wirtschaftsnationen, wenn es um die Beteiligung von Frauen an den Führungspositionen geht. In Japans Wirtschaftselite und Politik finden sich kaum Frauen. In der Studie des World Economic Forums aus dem Jahr 2017 lag das Land auf Platz 114 von 144 Plätzen. Die Schlussposition im Ranking der Industrienationen hält sich seit Jahren ohne nennenswerte Änderungen. Dabei sind Japans Frauen in vielen Bereichen Spitze. Sie haben nicht nur die höchste Lebenserwartung, sie bleiben auch in Sachen Lese- und Schreibfähigkeit sowie in der allgemeinen Grundausbildung weltweit an erster Stelle.

Japanischer CEO: In der Zeit, als ich an der Universität war und dann in das Unternehmen eintrat, führte gerade die Regierung eine Art Gleichheitsgesetz für Unternehmen ein. Das bedeutet, dass Unternehmen Frauen und Männer gleich behandeln sollten. 1980er Jahre. Die meisten Frauen waren seit Jahrzehnten glücklicher, einfach den ganzen Haushalt zu erledigen, ein Baby zu gebären und zu erziehen. Sie glaubten, dass dies die weibliche Rolle ist. Auch Männer sahen Hauptrolle von Frauen darin. Ich denke, das ist eine Wahrnehmung auf beiden Seiten. Viele auf beiden Seiten waren damals eigentlich sehr glücklich. Die Frau hat sich nie darüber beschwert und der Mann hat sich auch nie darüber beschwert. Aber dann ermutigte die Regierung Frauen, mehr zu arbeiten und von zu Hause wegzugehen. Weil sie mehr Arbeitskräfte brauchten und die Frauen zu wenig genutzt wurden. Viele talentierte Frauen wurden zu wenig genutzt, das ist eine Tatsache, also werden sie jetzt ermutigt. Die Einstellung von Frauen änderte sich. Jetzt ist meine Tochter neunundzwanzig Jahre alt und ist in einer Firma, macht das gleiche Geschäft wie ein Mann. Sie denkt natürlich an die Karriere. Der einzige Unterschied besteht darin, wer die Kinder gebärt. Kümmern sich Männer um Babys? Das wird schwierig, wahrscheinlich noch zehn Jahre, zwanzig Jahre, harte Diskussionen, harte Debatten darüber geben, wie man jetzt damit umgehen sollte. Dabei sind Mutterschafts- und Vaterschaftsurlaub nun sehr beliebt. Das Gefühl, mit dem Antritt von Elternzeit etwas Unübliches zu machen, wird geringer.

Sobald es darum geht, die Frauen vollwertig in den wirtschaftlichen und politischen Prozess einzubinden, schneidet Japan im internationalen Vergleich regelmäßig schlecht ab. Das mag unter anderem daran liegen, dass die japanische Gesellschaft obwohl bis zum 14. Jahrhundert frauenzentriert, danach von Männern dominiert wurde. Amaterasu-ō-mi-kami, die „am Himmel scheinende große erlauchte Göttin", ist die wichtigste Gottheit der Shinto Religion. Sie personifiziert die Sonne und das Licht und gilt als Begründerin des japanischen Kaiserhauses. Man glaubte damals, Frauen besäßen die übernatürlichen Fähigkeiten, mit Göttern kommunizieren zu können; eine Kraft, die Männer nicht besaßen (Reischauer 2020). Lange Zeit in der Geschichte Japans besaßen Frauen große Freiräume und arbeiteten unter gleichen Bedingungen wie Männer. Sie dominierten die Literatur bis in das zwölfte Jahrhundert und besaßen das Erbrecht. Sie hatten Zugang zur Bildung und konnten sich frei ihre Liebhaber wählen. Bis zum elften Jahrhundert war es aufgrund der um Frauen zentralisierten Gesellschaft auf allen sozialen Ebenen üblich, dass der Mann nach der Hochzeit zu der Familie der Frau zog, oder er getrennt von ihr lebte und seine Frau nur an bestimmten Nächten besuchen durfte. Diese Frauenherrschaft wurde noch lange von den einfachen Leuten wie Bauern, Fischern oder Händlern in ländlichen Regionen, in denen damals etwa achtzig Prozent der japanischen Bevölkerung lebten, weitergeführt. Die Meiji Zeit entwickelte in Gesetz und Ideologie ein hierarchisch aufgebautes, traditionell orientiertes Familienmodell, in dem jedes Mitglied eine durch Alter und Geschlecht vorgeschriebene Rolle einnahm und das bis nach dem Jahr 1945 die Familie in Japan charakterisierte. Die Erziehung der Frau zielte auf ihre Rolle als Hausfrau und Mutter. Das Leben japanischer Frauen war an die drei Gehorsamkeitspflichten und bestimmte Tugenden gebunden. Die Gehorsamkeitspflichten bestanden je nach Lebenssituation der Frau aus der Gehorsamkeit gegenüber dem Vater, dem Ehemann und gegenüber ihrem Sohn. Die weiblichen Tugenden waren Sittsamkeit, geziemte Sprache, Fleiß und bescheidenes Auftreten. Das traditionelle Frauenbild war, so berichtet Iwao (1998), lange Zeit geprägt vom Bild der sogenannten *ryōsai kenbo*, der „guten Ehefrau und weisen Mutter". Die Frauen der Vorkriegsgeneration, die um das Jahr 1935 geboren wurden, akzeptierten dieses Bild, und konzentrierten sich auf die Arbeiten im Haushalt und die Erziehung der Kinder. Sie stärkten ihren Männern, den Brotverdienern, den Rücken. Unter diesen Standards wurden sie aufgezogen und auch mit dem Bewusstsein, dass Männer ihnen als überlegen galten.

Japanischer CEO: Ja, ich komme auf Ihre Frage zurück, warum es so wenige weibliche Führungskraft in Japan gibt. Das ist, glaube ich, völlig historisch. Die Führungskraft muss über einige Jahrzehnte Erfahrung verfügen. In meiner Altersklasse gab es kaum Kandidatinnen, um das zu erreichen, aber jetzt sind sie gleichberechtigter. Wenn man sich die Zahl im Moment ansieht, stellt man fest, dass die Anzahl von Frauen nicht schnell erhöht werden kann, trotz der Anstrengungen der Regierung. Der Grund für die ungleiche Teilhabe der Frauen im Management liegt also eher in traditionellen, soziokulturellen Rollenerwartungen und weniger in der Diskriminierung von Kandidatinnen.

Nach dem Zweiten Weltkrieg wurden die Rechte der Frauen durch die Verfassung aus dem Jahr 1947 neu definiert, die ein spezielles Augenmerk auf die Gleichberechtigung der Geschlechter legte. Das Frauenwahlrecht wurde erst im Jahr 1945 eingeführt.

Der ehemalige japanische Premierminister Abé hat deswegen im Jahr 2014 Gegenmaßnahmen, die sogenannten „Womenomics" eingeleitet, nach denen bis zum Jahre 2020 rund dreißig Prozent der Führungskräfte weiblich sein sollen. Viele Beobachter verweisen jedoch darauf, dass es an weiteren, präziseren Maßnahmen und der Umsetzung dieser mangele. Im Jahr 2017 liegt Japan Thornton (2017) zu Folge weiterhin bei nur sieben Prozent im Weltranking der Beteiligung von Frauen gefolgt von Argentinien mit fünfzehn Prozent und wird in anderen Untersuchungen nur noch von Pakistan mit drei Prozent unterboten. Auch aktuellere Daten aus 2021 zeigen keinen nennenswerten Fortschritt.

GM, Japan: Es hängt vom Land ab und vom Unternehmen. Unser Unternehmen hatte einen skandinavischen Ursprung. Da waren viele, viele Frauen sehr aktiv. Aus meiner Sicht gab es da keine Unterrepräsentierung von Frauen auf Senior Leveln. Die Frage stellt sich für Japan. In jedem Industriezweig, jeder Firma sind Frauen auf Executive Level Mangelware. In den USA habe ich das schon 1997 anders beobachtet als bei uns. Es war damals schon normal, dass beide arbeiten, die Frau und der Mann. Die unstabile Situation mit der Möglichkeit jederzeit gefeuert zu werden, machte es auch für viele Familien notwendig, dass beide arbeiten. Auch um die gesundheitliche Versorgung zu sichern. Das war aus meiner Sicht eine der Realitäten in den USA. Und die Frauen dort waren viel ambitionierter als die meisten bei uns. Das hat sicher auch was mit dem Bildungssystem zu tun. Meine Kinder waren in den USA in der Schule, dann in der Schweiz. Die Ausbildung dort war genderneutral, denke ich. Bildung ist der Schlüssel, um Genderneutralität zu promoten.

Russland ist ein Bespiel für den Einfluss von politischen Maßnahmen auf die Rollenverteilung von Männern und Frauen und das Zusammenspiel von gesellschaftlichen und politischen Normen. Folgt man den Statistiken von Grant Thornton (2017) liegt Russland an der Spitze des Weltranking, wenn es um die Beteiligung von Frauen an den Unternehmensleitungen geht. Laut PWC (2013) stellen Frauen dort vor allem Chief Accounting Officer, Personalleiterinnen und Finanzvorstände. Frauen in Russland durften bereits unmittelbar nach der kommunistischen Revolution im Jahr 1917 wählen. Die Sowjetunion war damit das erste große europäische Land, welches dies ermöglichte, weit vor anderen Ländern, in denen Frauenwahlrecht teilweise erst bis zu siebenundzwanzig Jahre später eingeführt wurde. Eine Verpflichtung zur gleichberechtigten Rolle der Frauen in der sowjetischen Gesellschaft wurde im Jahr 1918 in der ersten Verfassung der UdSSR erklärt. In dieser Verfassung wurden Frauen die gleichen politischen, wirtschaftlichen und zivilen Rechte wie Männern garantiert. Historisch gesehen war die Erwerbstätigkeit von Frauen in der UdSSR laut Ashwin (2005) die höchste unter allen Volkswirtschaften der Welt. In der Sowjetunion war es selbstverständlich, als Frau in Vollzeit berufstätig zu sein. Der Frauenanteil an der Industrie- und Dienstleistungsbeschäftigung stieg Anfang der neunziger Jahre auf einundfünfzig Prozent. Auch in körperlich schweren Berufen der landwirtschaftlichen Beschäftigung betrug der Frauenanteil nach den Quellen von Goskomstat (2006) Ende der 1990er-Jahre fünfundvierzig Prozent. Die Rolle der Frau im öffentlichen Raum war weitaus fester etabliert als in westlichen Volkswirtschaften. Frauen arbeiteten als Kranführerinnen, Automechanikerinnen und sogar im Bergbau. Trotz der guten staatlichen Angebote zur Kinderbetreuung galt in der UdSSR das, was westliche Genderforscher als den „Vertrag der arbeitenden Mutter" nennen. Frauen hatten aus gesellschaftlicher Sicht die alleinige Doppelbelastung zwischen Beruf, Kindern und Haushalt zu tragen. Vollzeit Hausfrauen dagegen waren in der sozialistischen Gesellschaft ein Modell, was nicht existierte. Die Maßnahmen zur Umsetzung der Frauen-Rechte bildeten schon damals ein umfassendes Betreuungsnetz für Kinder, was von Entbindungsheimen über Krippen bis hin zu Ganztagsschulen reichte. Diese Kinderbetreuungsmaßnahmen waren organisatorisch und zeitlich ganz auf die Bedürfnisse von Vollzeit arbeitenden Frauen ausgerichtet. Im Rahmen der Umstrukturierungen der Perestroika in den 1990er Jahren verschlechterte die Lage für Frauen. Nach dem Zusammenbruch der Sowjetunion im Jahre 1991 wurde die Wirtschaft komplett neu strukturiert und organisiert. Die Liberalisierung der Wirtschaft wurde von einem negativen Einfluss auf die Positionen von Frauen auf dem Arbeitsmarkt begleitet. Es kam zu Massenentlassungen vor allem von Frauen, da diese vorher vor allem in der „leichten Industrie" angestellt waren, die stärker vom Umbau betroffen war. Im Jahr 1992 waren achtundsiebzig Prozent der offiziell registrierten

Arbeitslosen Frauen. Zu dieser Zeit hatten Frauen gegenüber Männern bei der Verteilung des Eigentums und Kapitals quasi keine Chance und gingen quasi leer aus. Historisch gesehen war die Bewältigung der Herausforderungen der Perestroika Zeit für die russischen Frauen nichts Neues. In den zahlreichen Kriegen des Landes waren Frauen immer wieder auf sich gestellt und bauten das Land mehrfach wieder auf.

Russischer CEO: So um 1990 als die Sowjetunion kollabierte änderte sich das Mindset. Warum? Weil es ein totales Chaos war im Land. Wenn du dich nicht bewegtest, hattest du nichts zu essen. So war das. Damit änderten sich die Spielregeln. In vielen Familien waren die Frauen einfach agiler und proaktiver. Sie machten Geschäfte. Obwohl die alten Gedanken da waren, änderte sich die Generation komplett. Zum Beispiel letzte Woche war ich an der russischen Presidential Academy, einer Kaderschmiede für zukünftigen CEO. Fünfzig, fünfundsechzig Prozent dort waren Frauen. Sie fühlen sich völlig gleichberechtigt. Ich denke das ist mehr eine kulturelle Frage als eine Frage des Geschlechtes. Eine Frage der Unternehmenskultur und der Unternehmensleitung. Bei einem demokratischen Führungsstil hängt es nicht vom Geschlecht ab. Männer können demokratisch Führen. Es gibt Frauen die autoritär führen. Die gesamte Pyramide nach unten hängt von der Unternehmensführung ab. Ein Beispiel was ich habe ist eine russische Bank. Da ging es um Ergebnisse und nicht das Geschlecht der Führungsmannschaft. Wenn man da über die Flure ging, wo das C-level ihre Büros hatte, waren es fünfzig Prozent Frauen und fünfzig Prozent Männer – auch wenn er an der Spitze ein Mann war.

Die Zeit der Auflösung des Sowjetstaates waren geprägt von der politischen Stärkung geschlechtsspezifischer Rollen. Mit der Perestroika wandelte sich das Wertesystem dahin, dass Frauen jetzt als zu beschützende Gruppe gesehen wurden, die sich zuallererst den Aufgaben in der Familie widmen sollte. Gorbatschow argumentiert 1987, dass man es den Frauen ermöglichen solle, zu ihrer *„rein weiblichen Mission"* zurückzukehren. Um die Geschlechterdifferenzierung zu unterstützen, förderten die Personalabteilungen staatliche Organisationen flexible Arbeitszeiten, Heimarbeit, Arbeitszeitverkürzungen und großzügige Urlaubsgelder in Bezug auf Schwangerschaft, Geburt und Betreuung von jungen oder kranken Kindern. Diese Unterstützungssysteme waren nur für Frauen gedacht. Frauen wurden in der Folge aufgrund der Schutzregularien als teurere Arbeitskräfte eingestuft. Bestimmte Arbeiten wurden Frauen unter diesem Schutzgedanken gesetzlich verboten. Die Umwandlung des Systems zur Marktwirtschaft bot aber auch Chancen für Frauen wie Sperling (1999) und Ardichvili (2001) beschreiben. Viele Frauen ergriffen die Initiative und stellten in der Phase der Veränderung kleine Unternehmen, teilweise auch im Handel mit den Nachbarstaaten, auf die Beine. Dabei bewiesen ehemalige Dozentinnen, Fabrikarbeiterinnen oder Lehrerinnen unternehmerische Fähigkeiten und zeigten, dass sie sich der neuen Zeit anpassen konnten und Chancen ergriffen. Wahrscheinlich sind die vielen heutigen Großunternehmerinnen in Russland Resultat dieser Phase.

Deutscher CFO: Um auf die Länder zurückzukommen, in Russland war dieses Babuschka Syndrom. Das waren dann bei uns viele weibliche Senior Brand Manager und Category Heads, die Kinder hatten. Aber da saß dann die Schwiegermutter oder Mutter zuhause. Die russische Kultur ist sehr stark weiblich geprägt, allein durch diese sechsundzwanzig Millionen Kriegstoten und davon dann glaube ich achtzig Prozent Männer. Da waren einfach keine Männer.

Es gab in Frankreich schon im vierzehnten bis siebzehnten Jahrhundert Gleichheitsforderungen und Emanzipationsversuche einzelner Frauen. Die Geschichte der französischen Frauen ist bestimmt von sehr zähen Auseinandersetzungen und Kämpfen. Die sozio-kulturelle Prägung des Landes ist gezeichnet von starken Machtkreisen der Männer, die versuchen, Frauen aus ihnen fernzuhalten. Die interviewten französischen CEO betrachten die Situation der Beteiligung von Frauen am Topmanagement in ihrem Land im Vergleich zu asiatischen Ländern. Vielleicht mehr als in anderen Ländern ist die Wirtschaft in Frankreich direkt mit der Politik verwoben. Die Politik in Frankreich war lange ein besonderer Bereich, der Männern vorenthalten war.

Die Französinnen erhielten das Wahlrecht erst im Jahr 1944, das heißt sechsundzwanzig Jahre später als die deutschen Frauen und als eines der letzten Länder in Europa. Demgegenüber steht die Tatsache, dass die Französinnen die ersten Frauen in Europa waren, welche ihre politischen Rechte in Petitionen, auf Versammlungen und auf den Barrikaden einforderten. Ein Gleichstellungsgesetz kam im Jahr 1946 zeitnah zum Frauenwahlrecht, wobei die konkreten Umsetzungen, zum Beispiel in Gesetzen zur Gleichstellung in der Ehe, bis zum Jahr 1965 dauerte. Erst danach erlangen die Französinnen das Recht auf Ausübung eines Berufes ohne die offizielle Genehmigung des Ehemannes. Erst seit dieser Zeit haben sie laut Herve (1995) das Recht erlangt, über ihren Körper, ihr Bankkonto, ihr Eheleben und ihre Berufswahl selbst zu bestimmen. Noch in den 1960er bis 1970er-Jahren waren Frauen auch in Frankreich überwiegend Hausfrauen. Die entscheidenden Gesetze über die berufliche Gleichstellung stammen aus dem Jahre 1982. In den letzten vierzig Jahren hat es im Land wesentliche Bewusstseinsentwicklungen gegeben. Das zeigt sich in der zunehmenden Selbstbestimmung und Autonomie der Frauen. Die Erwerbstätigkeit der Frauen wird heute in Frankreich als etwas Normales, Selbstverständliches gesehen. Dazu beigetragen hat eine staatliche Familienpolitik, die das Kinderbetreuungssystem so ausbaute, dass Frauen in Vollzeit arbeiten konnten. In Unternehmen fand der Wandel erst nach Einführung gesetzlich festgelegten Quoten statt. Ein wichtiger Schritt zur Beteiligung von Frauen an den Spitzen der großen französischen Unternehmen wurde durch das Copé Zimmermann Gesetz aus dem Jahr 2011 erreicht. Das Gesetzt schrieb als Ziel für das Jahr 2017 eine Quote von vierzig Prozent Frauen in den französischen Aufsichts- und Verwaltungsräten für Unternehmen mit über 500 Mitarbeitern und in der öffentlichen Verwaltung fest. Frankreich weist heute einen Anteil von Frauen im gehobenen Management aus, der sich China annähert und über den USA und weit über Deutschland liegt.

Französischer CEO in Thailand: Wissen Sie, in Thailand ist das schon besonders. Es gibt viele berühmte Frauen in der Presse, in den Medien. Viele Frauen sind CEO, der Kopf der Organisation. Somit denke ich, dass dieses Gefühl von Frauen, den Männern unterlegen zu sein viel niedriger ist als anderswo auf der Welt. Natürlich hat die Erziehung, das zu Hause, das Schulsystem einen Einfluss. Ich denke, dass Erziehungswesen in Frankreich ist nun ähnlich in diesem Punkt. Egal ob Mann oder Frau. Beide werden gleich ausgebildet. Beide müssen dieselbe innere Sicherheit aufweisen. Beide müssen die Attribute aufweisen, die eine Führungskraft erfolgreich macht. Schon ein wenig stereotyp. Guter Redner, gut aussehen, groß, stark. Der Stereotyp der Führungskraft. Das muss das Bildungswesen vermitteln. Hier ist es anders. Der Respekt von Seniorität steht im Fokus. Man unterbricht nicht je-

manden, der hierarchisch höhergestellt ist. Man hört besser zu. Diese Fähigkeiten haben wir in Frankreich einfach nicht. Gut zuzuhören. Weil uns beigebracht wurde, dass der Bessere immer reden soll. Und man danach streben soll, der bessere zu sein. Immer. Einige kommen das erste Mal nach Asien und können die Stille nicht aushalten, das Schweigen. Wenn da drei Sekunden nichts gesagt wird, kriegen sie Panik. Sie reden dann, obwohl es nicht zu sagen gibt. Dann schauen die Asiaten sie an und denken, wer sind diese aufgeregten Menschen, die sich nicht selbst kontrollieren können. Das ist der Unterschied. Wir werden nicht gleich erzogen. Westliche Führungskräfte denken dann, dass Asiaten nichts können und schüchtern sind und nichts zu sagen haben und dass sie nicht führen können. Die Pipeline von Führungsnachwuchs macht den Hauptunterschied. Sind da keine Frauen, wird es schwierig. Unser globaler CEO fragt mich immer, wie ich das hier mache, so viele Frauen in Toppositionen zu haben. Gibt es genügend Frauen im Nachwuchs, kommen sie auch nach oben. Dann der zweite Faktor. Wir brauchen ein positives Umfeld für Frauen. Hier in Thailand diskutieren wir das Thema nicht mehr. Sie sind einfach da, die Frauen. Man muss das einfach mal entscheiden, eine Entscheidung dafür treffen. In Frankreich wird das immerzu zerredet und diskutiert. Wenn es dann zur Entscheidung kommt, wird viel abgewogen. Dann wird es meistens ein Mann.

Deutschland liegt im internationalen Vergleich auch heute noch weit hinten im Ranking der Länder, wenn es um Frauen in Führungspositionen geht. Trotz sechszehn Jahren weiblicher Kanzlerschaft stagnieren die Zahlen zum Frauenanteil „ganz oben" bei rund siebzehn Prozent (Thornton, 2021). In den Vorständen der 160 Börsenunternehmen sind nur dreizehn Prozent Frauen zu finden, allerdings sind leichte Zuwächse zu verzeichnen (Ankersen 2021). Im Jahr 2016 lag der Anteil noch bei sechs Prozent. Also, auch in Deutschland tut sich etwas.

Die deutschen Topmänner ordnen die historische Prägung, die sich auf das Bild von Frauen im Management auswirkt, in die Zeit vor und nach dem zweiten Weltkrieg ein. Die historisch sozio-kulturelle Prägung von Frauen in Deutschland lässt sich mit den Worten „Hausfrauen und Mütter" zusammenfassen. Diese sozio-kulturelle Prägung reicht weit über die Mitte des zwanzigsten Jahrhunderts hinaus und ist auch heute noch spürbar. Die Gesellschaft war, wie viele andere, historisch betrachtet patriarchalisch organisiert und Frauen wurden oftmals weder als selbstständig noch mündig angesehen. Frauen in Deutschland durften lange ohne die Zustimmung von Vater oder Ehemann nicht arbeiten, nicht über ihr Geld bestimmen und hatten kein offizielles Recht auf ihre Kinder. Hausfrau zu sein war ihre erste Rolle. Dabei gründeten sich die erste größere deutsche Frauenvereinigung schon im Jahr 1865. Im Mittelpunkt stand dabei der Kampf für das Recht auf Bildung für Mädchen und Frauen. Und, Frauen durften in Deutschland ab dem Jahr 1918 wählen, immerhin 26 Jahre früher als beim Nachbarn Frankreich. In der Zeit des Nationalsozialismus wurden Frauen dann primär als Gehilfinnen ihres Ehemannes gesehen und die bis dahin erkämpfte Rechte der Frauenbewegungen wurden quasi zurückgedreht. Frauen sollten sich ausschließlich auf die Mutterrolle konzentrieren und möglichst viele Kinder gebären.

Nach dem Zweiten Weltkrieg entwickelten sich dann in Deutschland in Bezug auf die Rolle von Frauen zwei sehr unterschiedliche Systeme- ein eher auf traditionelle Rollenverteilungen festgelegter Westen Deutschlands, in dem Frauen primär Mütter waren, und, in der DDR, ein Schwerpunkt auf die Berufstätigkeit von Frauen, was dort Auswirkungen auf die Gleichstellung der Geschlechter hatte.

Im westlichen Teil Deutschlands wurden traditionelle Rollenbilder bis weit in die 90er-Jahre aufrechterhalten. Die gesetzlichen Rahmenbedingungen waren trotz Einführung des ersten Gleichberechtigungsgesetzes im Jahr 1949 alles andere als ausreichend, um traditionelle Strukturen abzulösen. Erst im Jahr 1957 wurde der sogenannte Gehorsamkeitsparagraf abgeschafft und im Jahr 1958 ein Gleichstellungsgesetz in das Grundgesetz aufgenommen. Damit wurde erstmals dem Ehemann das letztendliche Entscheidungsrecht in allen Eheangelegenheiten genommen. Die sogenannte „Hausfrauenehe", bei der der Ehemann die Hauptverantwortung für das Familieneinkommen trägt, wurde im Jahr 1977 mit der Reform des Ehe- und Familienrechts abgeschafft.

Marketingleiter Deutschland: Also ich glaube, um den Faden hier wieder aufzunehmen, das gesellschaftliche Verständnis in Deutschland ist eben wesentlich konservativer, als es in manchen anderen Ländern ist. Der Druck, auch sozialer Druck, glaube ich, ist größer als in anderen Ländern. Das führt ganz einfach dazu, dass da ganz einfach auf die Pause-Taste gedrückt wird und diese Pause ist, selbst wenn sie nur sechs Jahre ist, sie ist trotz alledem aufgrund der Schnelllebigkeit unserer Welt, aufgrund der Veränderlichkeit auch der Organisations-, führt die automatisch dazu, dass es halt dann auch schwierig wird, dann auf den Zug wieder aufzuspringen, beziehungsweise mit dieser Veränderung Schritt zu halten. Es gibt genügend Beispiele, wo die Frauen ganz einfach sagen, sie kriegen eben keine Kinder und machen direkt Karriere. Die sind nicht immer notwendigerweise diejenigen, die am besten gelitten sind. Das muss man auch mal sagen. Da glaube ich schon, dass da auch Organisationen daran arbeiten müssen, dass die nicht als die karrieregeilen Schnepfen abgetan werden. Sondern, dass auch da sicherlich ein Umdenken innerhalb der Unternehmen stattfinden muss, um dann ganz einfach da die Möglichkeiten zu erweitern. Viele Frauen, glaube ich, sehen sich da nach wie vor diskriminiert, wenn sie sich halt mehr oder weniger genauso auf die Hinterfüßchen stellen, dass es eine ganz andere Konnotation hat, als wenn ein Mann Gleiches tut. Und auch da muss man sagen, es ist in Deutschland ganz anders in der Wahrnehmung, als es in Australien oder im UK ist, also wie ich es wahrgenommen habe. Österreich würde ich da auch eher stärker so sehen wie Deutschland halt auch, im Grunde genommen gesellschaftlich sehr konservativ und bestandswahrend. Bestandswahrend aus Sicht der Männer: Wir brauchen ja unseren Kreis jetzt nicht unbedingt erweitern. Warum sollten wir das? Wir sind uns selbst genug.

In der früheren DDR waren Männer und Frauen vor allem aufgrund ihrer Erwerbstätigkeit in die Gesellschaft integriert. Durch die Erwerbsbeteiligung der Frauen wurde – neben der Nutzung der Arbeitskraft – eine Geschlechtergleichstellung in der Gesellschaft angestrebt. Die Frauen- und Familienpolitik der DDR förderte eine auf Frauen ausgerichtete Vereinbarkeit von Familie und Beruf. Betrachtet man die Verfassung der ehemaligen DDR aus dem Jahr 1949, so stellt man fest, dass diese nicht nur die Gleichheit von Männern und Frauen verankert, sondern bereits damals weitere Gesetzte im Hinblick auf Lohngleichheit und die Vereinbarkeit von Beruf und Familie, bei denen die Frauen in den Mittelpunkt gestellt wurden, festlegte. Mit der Wiedervereinigung im Jahr 1990 wurde für gesamt Deutschland die Verfassung-, Rechts-, und Sozialordnung der BRD übernommen. Es kamen Menschen aus zwei unterschiedlichen politischen und wirtschaftlichen Systemen zusammen, die aus den Zeiten der Trennung Deutschlands unterschiedliche Erfahrungen und Vorstellungen darüber hatten, was Familie und Gesellschaft, Gleichstellung und Geschlechtergerechtigkeit angeht. Die Gesellschaft im Westen blieb auch in diesem wichtigen Punkt ihren Grundkoordinaten bestehen.

CEO Deutschland: Ja, das ist eine interessante Frage. Also sagen wir es mal so, ich argumentiere lieber aus der Perspektive, „Warum funktioniert es in anderen Ländern?" beispielsweise im UK, ohne jetzt die Zahlen im UK zu kennen. Aber wie ich es im UK erlebt habe oder auch in Australien beispielsweise. Ich glaube, die Berufstätigkeit einer Frau, und zwar die durchgängige Berufstätigkeit einer Frau, in einer gleichberechtigten und emanzipierten Form, was jetzt eben die Lebensgemeinschaft angeht, also ob das jetzt eine Ehe ist oder eine Partnerschaft oder wie auch immer, die ist dort wesentlich, nennen wir es mal normaler und selbstverständlicher, als ich es in Deutschland erlebt habe oder als ich es in Deutschland wahrgenommen hätte. Das mag daran liegen, dass dort Einrichtungen, was die Kinderbetreuung angeht, besser ausgeprägt sind. Also jetzt in Australien allemal. Da ist es das Normalste auf der Welt, dass die Kids mit sechs Monaten oder mit einem Jahr in die Kinderbetreuung gehen können. Da war es das Normalste auf der Welt, dass unser Kind mit einem Jahr in der Krippe war und meine Frau eben ganz normal weiterarbeiten konnte. Ich meine, das ist gesellschaftlich in diesen Ländern, in Österreich jetzt weniger, aber im UK allemal und in Australien definitiv, viel akzeptierter, dass die Frauen eben wieder zurück in den Beruf gehen. Ganz im Gegenteil, da ist eine gewisse Erwartungshaltung da, dass dies denn auch passiert, beziehungsweise aus Arbeitgebersicht gesprochen, eine Selbstverständlichkeit, dass man das auch ermöglicht. Und da gibt es Unternehmen, auch in Deutschland, die das extrem ausgeprägt machen. Wie jetzt zuletzt XY (Unternehmen), wo es das Normalste auf der Welt ist, dass halt eben die Frauen wieder zurückkommen aus dem Mutterschutz, dass dann der Vater gehen kann, dass Frauen arbeiten können, damit eben Frau und Kind unter einen Hut gebracht werden können. Nicht in jeder Familie ist dann halt die Arbeitsteilung so, wie sie denn eigentlich sein könnte und sollte. Oder „sollte" ist halt ein Wort, je nachdem, wie dann halt eben die Parameter die Familie sich selbst definiert. Ich muss dazu sagen, meine Familie ist jetzt nicht das beste Beispiel dafür, dass ich sagen könnte, meine Frau hat durchgängig gearbeitet. Bei uns gab es da andere Restriktionen, schlicht und ergreifend deshalb, weil wir so viel umgezogen sind.

In verschiedenen Umfragen zur Einschätzung der Gender Diversity in verschiedenen Ländern wird die USA von Europäern wie auch Asiaten als stärker eingeschätzt als es die Zahlen in der Realität abbilden. Trotz aller Bemühungen Geschlechtergleichheit am Arbeitsplatz in den USA zu erzielen, treffen Frauen auch dort auf Barrieren und Herausforderungen, um als Führungskraft anerkannt zu werden. Sander (2021) weist aus, dass nur einundzwanzig Prozent der C-Level Funktionen mit Frauen besetzt sind. Frauen und darunter vor allem farbige Frauen bleiben in Unternehmensspitzen überall in den USA in der Minderheit. Dieses entspricht den Zahlen von Thornton (2017). Jedoch wurde von den Jahren 2015 bis 2020 ein Anstieg des Frauenanteils auf Senior VP- Ebene von dreiundzwanzig auf achtundzwanzig Prozent beobachtet. In allen C-Level Positionen stieg der Frauenanteil in dieser Zeit von siebzehn auf einundzwanzig Prozent. Bei dreiundzwanzig der 500 größten US-Unternehmen steht immerhin eine Frau an der Spitze.

Ankersen (2021) weist sogar einen Frauenanteil von über dreißig Prozent in den Vorständen für ausgewählte Unternehmen des Leitindex des Landes aus. Auf einhundert beförderte Männer kamen fünfundachtzig Frauen, bei den schwarzen Frauen waren es nur achtundfünfzig, bei den Latinas einundsiebzig. Männer halten zweiundsechzig Prozent der mittleren und gehobenen Managerpositionen, von den achtunddreißig Prozent Frauen sind einunddreißig Prozent weiße Frauen. Farbige Frauen halten nur vier Prozent der Managementfunktionen, Asiatinnen sogar nur drei Prozent. Die erste farbige, weibliche CEO in den USA wurde im Jahr 2009 bei Xerox ernannt. Während der

Covid-Pandemie konnte beobachtet werden, dass zwei Millionen Frauen aus dem Arbeitsprozess ausschieden. Diese Zahl ist um ein Vielfaches höher als die der ausscheidenden Männer. Trotzdem konnte ein Rekord bei den Fortune 500 Unternehmen erzielt werden, denn erstmals wurden einundvierzig der Unternehmen von Frauen geführt, darunter zwei farbige Frauen (Hinchlife, 2021). Das entspricht einem Anteil der Frauen an den CEO Positionen vor acht Prozent. Dieser lag im Jahr 2009 noch bei drei Prozent (Zweigenhaft, 2021).

> *CFO USA: Ich habe viele weibliche Talente beobachtet. Gerade habe ich wieder einen Fall. Wir haben sie sehr gefördert. Und sie hat es bis auf das V- Level geschafft. Nun pausiert sie. Wegen des zweiten Kindes. Ich weiß nicht, ob sie den Anschluss finden wird. Es ist bei uns traditionell so, dass wir denken, dass Mütter sich dann doch eher auf die Familie konzentrieren.*

Frauen in den USA erhielten ihr Wahlrecht im Jahr 1920, womit die Basis gelegt war, weitere gesetzliche Maßnahmen zur Verbesserung der Situation von Frauen einzuführen. Substanzielle Verbesserungen der Arbeitsbedingungen für Frauen wurden jedoch bis in die 1960iger Jahre nicht erreicht. Obwohl man schon während des ersten Weltkriegs auf die Unterstützung von Frauen in der Arbeitswelt angewiesen war, setzte sich das Klischee des traditionellen Frauenbild als Hausfrau fort. Hausarbeit und Kindererziehung sollte als höchste Priorität für eine traditionelle Frau angesehen werden. Der zweite Weltkrieg stellte einen eindrucksvollen Einschnitt und eine drastische Wandlung des ehemaligen Rollenbegriffs der Frau dar (Heinemann, 2011). Mit dem Kriegseintritt der USA herrschte in der Heimat ein enormer Arbeitskräftemangel und die Produktion in der Rüstungsindustrie kam mit den Aufträgen nur noch schleppend hinterher. Frauen wurden angeworben, in die Arbeitswelt einzusteigen und eine bedeutende Rolle für ihre Heimat zu übernehmen. Die heimische Wirtschaft war auf Frauen angewiesen und ließ sie verstärkt auch klassische Männerberufe ausüben (Jeffries, 1996). Als 1945 das Kriegsende in Sicht rückte, begann die Phase der enormen Umstrukturierung in der USA. Millionen von Frauen zogen sich aus der Arbeitswelt zurück und widmeten sich wieder ihrer ursprünglichen Rolle als Hausfrau. Trotzdem stellte der Krieg einen entscheidenden Einschnitt in die Wahrnehmung des Rollenbildes der Frau dar. Das Bild der Frau in der Gesellschaft wandelte sich während dieser Zeit zunehmend. Die sechziger Jahre waren in den Vereinigten Staaten geprägt durch soziale Veränderungen; für die Frauen war das Resultat eine starke Frauenbewegung. Beeinflusst vom Erfolg der Bürgerrechtsbewegung für mehr Rassengleichheit und anderer progressiver Strömungen, drängten eine Vielzahl von Organisationen und Lobbyisten darauf, auch die volle Gleichberechtigung von amerikanischen Frauen anzustreben. Ihr Anliegen war nicht nur eine fundamentale Revision von amerikanischen Institutionen, Sitten und Werten, sondern auch eine Revolution im Bewusstsein von Männern und Frauen gegen traditionelle Rollenverständnissen. Mit dem Civil Right Act im Jahr 1964 wurde ein Gesetz unter anderem gegen die Diskriminierung von Frauen eingeführt. Bis dahin verdienten Frauen in den USA nur rund 60 Cent auf jeden Dollar, den Männer verdienten. Obwohl viele Paare in den USA heute Doppelverdiener sind, lastet der Hauptanteil der Familienarbeit weiterhin auf den Frauen. Dieses führt zu Vorurteilen hinsichtlich ihrer Karrieremotivation, da man für die gesamte Gruppe aller Frauen annimmt, dass sie sich deshalb zeitlich beschränkter im Beruf engagieren. Trotz aller Veränderungen gibt es in den USA weiterhin keine einheitlich gesetzlich geregelte, bezahlte Erziehungszeit. Eine Entscheidung des Supreme Court im Fall einer Klägerin gegen General Electric im Jahr 1973 stufte die Ablehnung von Zuwendungen aufgrund von Schwangerschaftsproblemen als nicht diskriminierend ein. Diese Entscheidung reflektiert die damals vorherrschende generelle Management Praxis, verheiratete Frauen zu diskriminieren und schwangere Frauen zu kündigen (Mathe, 2016). Erst im Jahr 1993 wurde beiden Eltern das Recht auf zwölf Wochen unbezahlte Familien- oder Krankheitszeit gewährleistet. Seitdem gibt es in den USA viele weitere gesetzliche Maßnahmen gegen Gender Diskriminierung und Unternehmen reagieren mit Initiativen, in deren Rahmen die Entwicklung von Frauen gefördert werden und Themen wie Work-Life Balance und der Schutz farbiger Frauen im Focus stehen.

CEO US: Wir tun viel im Unternehmen, um Frauen jetzt gezielt zu fördern. Viele Initiativen. Und wir haben Vorgaben, besonders auch farbige Kollegen und Kolleginnen zu fördern. In der Vergangenheit war es vor allem für Mütter schwer. Sie haben nicht den Schutz, wie in anderen Ländern und die Erwartung ist, dass Frauen, die Mütter werden, den Karrierepfad nicht weiterverfolgen. Das ist natürlich nicht die offizielle Meinung, aber es ist traditionell so gewesen und dieser Bias hält sich weiterhin. Wir haben aber natürlich auch Erfolge. Gerade hat eine Frau die Leitung eines Unternehmens aus dem Fortune 500 übernommen.

Australischer Executive in den USA: Ich denke Australien und die USA ähneln sich da. Geschlechtergleichheit und starke weibliche Führung werden wirklich geschätzt und es gibt eine starke Kultur, Geschlechtergleichheit zu verankern. Es kommt meiner Meinung nach aus der Vergangenheit. Meine Schwestern sind alle Führungskräfte. In unserer Organisation in Australien ist unser MD eine Frau. Ich hatte immer viele starke weibliche Führungskräfte um mich herum. Indien war sehr anders. Wegen der Religion und wie die Rolle der Frau in der Religion gesehen wird. Ihre Rolle ist die der Mutter, in der Familie. Ich habe dort sehr wenige Frauen in wirklichen Senior Funktionen erlebt. Sie waren Ausnahmen. Ich denke Indien ist weit hinter den westlichen Kulturen hinterher, auch hinter den Erwartungen zu dem Thema im Westen.

Männer beobachten bei Frauen eine mangelnde Karriereorientierung und Fehler bei der Karriereplanung

Ein Ansatz zur Ursachenbeschreibung der Ungleichheit zwischen Männern und Frauen in den Unternehmensleitungen ist die Defizittheorie, die die Ursachen geringerer Anteile von Frauen bei den Frauen selbst suchen (Regnet, 2017). In den Beschreibungen der Männer lassen sich Hinweise finden, die in diese Richtung gehen. Die Defizittheorien untersuchen die Qualifikationen, die Frauen für gehobene Managementaufgaben mitbringen und die Verhaltensmuster von Frauen in Managementrollen. Darüber hinaus betrachten sie die Karriereplanungen von Frauen. Viele der Forschungen kommen zu dem Schluss, dass Frauen ihre Karrieren oftmals nicht strategisch genug aufbauen bzw. keine Top Karrieren anstreben. Die Schilderungen der Alpha-Männer passen in diesen

Bereich und suchen Antworten auf die Frage, warum Frauen weniger aufsteigen wollen als ihre männlichen Kollegen.

> *Japanischer CEO: Von den relativ wenigen Frauen wollen viele einfach nicht hochbefördert werden. Ich respektiere das. Wenn sie tolle Skills hat, denke ich, dass es etwas Verschwendung ist, aber es ist ihr Leben, ihre Wahl. Es gibt immer einen Grund im Leben.*

Für den Karriereerfolg sind unter anderem Karriereorientierung und Karrieremotivation zentrale Aspekte. Karriereorientierung integriert individuelle Karrierewünsche und Karrieremotive und hat Einfluss auf die Berufswahl und Wertemuster einer Person bezüglich ihrer Tätigkeit (Geisler, 2009). Damit bezieht sie sich auf die speziellen Vorstellungen, die eine Person von ihrer beruflichen Laufbahn hat. Das bedeutet, dass eine Person abhängig von ihrer individuellen Karriereorientierung unterschiedliche Ziele im Zusammenhang mit der Berufslaufbahn anstrebt. Wertehaltungen zur Karriere, Motive und konkrete Ziele bestimmen die Karriereorientierung. Richardson (1974) konnte durch empirische Untersuchungen bestätigen, dass Karriereorientierungen als ein multidimensionales Konstrukt betrachtet werden kann, in welchem Arbeitsmotivation und Werte zentrale Komponenten sind. So können für eine Person finanzielle Anreize und eine hohe Verantwortung die entscheidenden Faktoren sein, nach denen sie eine Tätigkeit auswählen. Für andere Personen stehen Selbstverwirklichung und das Arbeitsumfeld im Vordergrund von Karriereentscheidungen. Wottawa (2011) kommt zu dem Schluss, dass junge Männer primär Geld und Macht als berufliche Lebensziele nennen. Junge Frauen dagegen geben ethische Werte und Spaß im Beruf als Hauptmotivation an. Frauen streben verstärkt nach sozialer Akzeptanz und danach, Misserfolge zu vermeiden. Andere Forscher gehen davon aus, dass die Karrieremotivation von Männern und Frauen sich ähneln, jedoch die Karriereplanungen und damit verbunden Entscheidungen den Unterscheid ausmachen. Aufgrund von Sozialisierung und unterschiedlichen strukturellen Möglichkeiten kommt es demnach zu Unterschieden zwischen den Geschlechtern (Astin, 1984).

> *Deutscher Regionen Leiter: Denn das kommt ja auch mit einem Preis. Vielleicht sind auch Frauen einfach smarter, um zu erkennen, dass dieser Preis, der zu zahlen ist, um dann in den Vorstand zu kommen, zu groß ist. Und vielleicht zu sehen, dass es dann auch manchmal besser ist, nein zu sagen. Also ich hatte mal eine sehr nette Kollegin, die war CFO in Russland, die hatte dann aber auch Verantwortung für zweihundert Leute. Das hätte sie aber auch noch zehn Jahre weiter gemacht. Also weil es ihr einfach Spaß gemacht hat. Das Unternehmen war ihre Familie. Und vielleicht ist es dieses Anerkennungsstreben, das ändert sich jetzt natürlich auch. Meine Generation, auch noch die meines Vaters aus der Nachkriegsgeneration, die wurden so getrimmt, die Kinder müssen spuren. Die Generation an Nachwuchskräften, die ich jetzt sehe, ist schon eine andere, die auch in sich selbst ruhen. Und vielleicht haben Frauen das auch schon früher erkannt, vielleicht wollen auch Frauen Sachen wirklich zu Ende bringen und nicht immer nach zwei Jahren weiterziehen, wenn sie irgendwo dann tick gemacht haben, fast Track, Stress Assignment. Da würde ich auf jeden Fall mal reingucken, ob Frauen das nicht vielleicht auch holistischer sehen und sagen, nein, ich bin doch noch gar nicht fertig, warum soll ich denn jetzt schon weiter machen? Und, mir macht das hier gerade Spaß und ich will den Menschen helfen und ich will die Arbeitsplätze sichern. Und da kommt dann ja auch wieder so ein mütterlicher Aspekt mit rein.*

Die befragten Spitzenmänner sehen Erklärungen in diesem Zusammenhang in drei Bereichen- eine geringere Motivation von Frauen in hierarchischen Strukturen aufzusteigen, ein stärkerer Fokus auf familiäre Interessen und dem Wunsch vieler Frauen nach Balance von Karriere und anderen Lebensbereichen. Daraus resultiert nach Meinung der befragten Männer ein Frauen-Pipeline-Problem, bei dem weniger Frauen für Beförderungen zur Verfügung stehen.

Vor allem in Ländern mit gesellschaftlich sehr starkem Fokus auf der Mutterrolle, wie in Japan, beschreiben Männer einen mangelnden Fokus von Frauen auf Karriere. Barsh (2008) veröffentlicht eine Studie, die im Ergebnis zeigt, dass Frauen genau wie Männer in ihren Karrieren vorankommen wollen, sich dieses aber nicht auf die höchsten Rollen im Unternehmen bezieht. Nur achtzehn Prozent der befragen Frauen strebte eine C-Level Funktion an, im Vergleich zu sechsunddreißig Prozent der Männer. Anders gefragt geben neunundfünfzig Prozent von erfolgreichen weiblichen Führungskräften an, keine C-level Funktion anzustreben. Als Ursache wird in der Studie die Ausrichtung vieler Frauen auf familiäre Belange genannt. Daneben spielen Vorurteile im Unternehmen vor allem im Hinblick auf Mutterschaft und Karriere neben strukturellen Hürden und fehlende Motivation von Frauen in C-level Funktionen aufzusteigen, eine Rolle.

> *Japanischer CEO: Das ist, glaube ich, verwurzelt in kulturellen und gesellschaftlichen Werten und ich weiß nicht, Traditionen, was auch immer, aber der Ehrgeiz selbst ist bei all diesen weiblichen Angestellten sehr gering. In Japan sind Männer und Frauen in der Früh- und Hochschulbildung größtenteils fast gleich häufig. Auch Frauen gehen nach Abschluss der Ausbildung in die Arbeitswelt ein, ebenso viele wie Männer, aber aus bestimmten Gründen beendeten sie ihre Karriere vielleicht Ende ihrer zwanziger, vielleicht Mitte ihrer dreißiger Jahre. Ein Grund dafür ist definitiv, dass sie heiraten und Kinder bekommen, aber der Hauptgrund ist ein Mangel an Kinderbetreuungsprogrammen in Japan. Das ist ein Grund, denke ich, aber noch einmal, zurück zu meinem ursprünglichen Punkt. Die Frauen selbst und ihr mangelnder Ehrgeiz kann eine der Ursachen sein. Der Wertedruck der Gesellschaft, ebenso wie Traditionen und Erwartungen der Eltern können weitere Probleme sein.*

Ausrichtung der Frauen auf Familie als Karrierebremse

Die meisten Antworten zur Frage nach den Ursachen des Ungleichgewichtes in Leitungsfunktionen lassen sich seitens der Alpha-Männer unter diesem Punkt subsummieren. Sie beobachten, dass viele Frauen zu Gunsten familiärer Gründe ihre Karrieren unterbrechen oder nicht fortführen. In den derzeitig vorherrschenden Karriereregeln macht das die Erreichung einer hohen Führungsfunktion, wie der des oder der CEO, unmöglich. Die Männer selbst leben oft in Familienmodellen, bei denen ihnen die Partnerin den Rückengestärkt hat und primär die Kindererziehung übernommen hat.

> *Spanischer CEO: Wir haben als Paar die traditionelle Rollenteilung, sehr traditionell. Als wir heirateten, entschied sich meine Frau, weil meine Karriere besser ausgerichtet war, aufzuhören und sich der Familie zu widmen. Ehrlich gesagt, waren wir sehr glücklich und wir sind glücklich. Das haben meine Kinder gesehen, aber sie wurden nicht dazu erzogen, zu dieser Idee. Also nicht in der Vorstellung, dass*

dies das einzig mögliche Modell ist. Andererseits ist es ein mögliches Modell, das manchmal funktioniert und manchmal nicht. Es hängt von den Menschen ab. Wenn ich die neue Generation sehe, und dass geht über meine Branche hinaus, ändert sich die Rollenverteile der Paare jetzt etwas. Früher wurde davon ausgegangen, dass einer von beiden sich für die Familie opfern musste. Das war die Frau. Ich muss sagen, dass sich seit fünf, zehn Jahren einiges geändert hat. In meinem Team habe ich mindestens zwei Frauen, in deren Paarbeziehung sie entschieden haben, dass der Beruf der Ehefrau und nicht der des Ehemannes im Vordergrund steht. In meinem Umfeld in Shanghai kenne ich auch ein paar Paare, denen es ähnlich geht. Ich denke, das hat bisher eine sehr wichtige Rolle gespielt. Diese Priorität wurde früher systematisch dem Mann eingeräumt, jetzt ändern sich die Dinge.

Deutscher CFO: Ich hatte die Möglichkeiten der Betreuung der Kinder bei unserer Tour nicht. Weil, in Australien, da liegen halt mal ein paar Kilometer dazwischen. Weder Mutter noch Schwiegermutter oder Schwiegereltern waren da, selbst wenn sie es gewollt hätten, wären sie nicht in der Lage gewesen, die Familie zu unterstützen. Meine Frau hat sich dann ganz automatisch darüber definiert, die Familie eben durch diese Umzüge zu managen. Ich meine, sie brauchen mal eben zwei Jahre, bis die Familie einigermaßen wieder eingelebt ist und nach dem dritten, vierten Jahr sind wir wieder weitergezogen und dann ging das Ganze wieder von vorne los. Meine Frau hat dann halt ab und an gearbeitet, in einer NGO, der Schule oder so.

Französischer CEO: Das stimmt, besonders als ich jünger war, habe ich lange Arbeitstage gemacht. Ich hatte dieses Verständnis, dass diese langen Arbeitstage Teil meiner Karriereentwicklung waren. Für mich war das notwendig und es war nicht, um den Umgang mit den Kindern zu vermeiden. Eigentlich ging es mir immer darum abzusichern, wie das Leben für meine Frau und für die Kinder weitergeht. Erst als ich das gewisse Absicherungsniveau erreicht hatte, war das in Ordnung. Es war klar, dass wir eine klare Rollenverteilung hatten. Ohne meine Frau hätte ich das, was ich getan habe, absolut nicht geschafft. Wir sind relativ jung in die USA ausgewandert. Meine Frau musste die Arbeit aufgeben. In Frankreich hat sie einen Job als Ingenieurin, also hatte sie einen guten Job, sie hatte gute Fortschritte gemacht. Dann gingen wir in die USA. Damals konnte sie dort nicht arbeiten und deshalb mussten wir eine Entscheidung treffen. Die Entscheidung, die wir getroffen haben, war, dass sie ihre Ausbildung verfeinern würde. Dann bekamen wir unsere erste Tochter in den USA. Als wir zurückkamen, mussten wir wieder eine Entscheidung treffen. Sie hat sich um die Töchter gekümmert. Ich liebe sie wirklich sehr und ich denke, alles war nur dank dieser Entscheidung möglich, die wir getroffen haben. Ich bin der festen Überzeugung, dass die Anwesenheit der Eltern für das Wachstum von Kindern von grundlegender Bedeutung ist. Das macht auch Sinn. Ich versuche, so viel wie möglich am Wochenende zu machen. Offensichtlich war ich während der Woche, wie ich bereits sagte, sehr beschäftigt oder oft auf Geschäftsreisen unterwegs.

Karrierefrauen mit Familie leben verschiedene Sub-Identitäten, die von Ehefrauen, Müttern und beruflich engagierten Frauen. Hall (1976) konzeptualisiert in seiner Theorie wie Menschen sich in verschiedenen sozialen Rollen engagieren und bildet daraus verschiedene Sub-Identitäten. Karriere Erfolg sei danach nur dann erreichbar, wenn Manager in ihre Karriere Rolle investieren und sich in dieser Rolle zentralisieren. Für Frauen bedeutet dieses, anders als für Männer, eine stärkere Auseinandersetzung mit der Vereinbarkeit von Rollen. Dabei kommen der familiären Unterstützung und Organisation von Kinderbetreuung zentrale Rollen zu.

Die Erfüllung familiärer Aufgaben kann die Zeit vermindern, die Frauen in ihre Karrieren investieren. Geburten und Mutterschaft führen oft zu Unterbrechungen der Karrierewege von Frauen. Resultat dieses Rollenkonfliktes sind oftmals negative Vorurteile von Arbeitgebern gegenüber Frauen, die Karriereunterbrechungen von vorneherein erwarten und negativ beurteilen (Rothbath, 2001). Betrachtet man die Arbeitsstunden, die Frauen in ihre Laufbahnen investieren so ergibt sich für viele westliche Nationen folgendes Bild. Je mehr Kinder Frauen haben und je höher der Bildungsstand ihres Partners ist, umso weniger Arbeitszeit investieren Frauen in ihre Karrieren. Bezahlte Arbeit im Unternehmen und unbezahlte Arbeit in der Familie haben einen Einfluss aufeinander.

> *Französischer CEO: Wir haben sie rekrutiert und dann hatte ich einen Tag mit ihr, um sie in ihrem neuen Job zu begleiten. Der Tag unserer jährlichen Inventur, ein ziemliches Ereignis. Dann um achtzehn Uhr sagte sie: „Okay, ich gehe, ich beginne jetzt meinen zweiten Arbeitstag zu Hause." Ich war überrascht, denn in meiner Welt würde jeder für diesen wichtigen Tag länger bleiben. Ich erkannte erst später, dass ich ein Narr war. Sie wurde mein Vorbild, für mich als alleinerziehenden Vater. Es war diese Situation nach der Scheidung, die mir zeigte, dass ich ein Narr war. Mehr Frauen im Unternehmen zu haben, hilft uns, die Voreingenommenheit zu überwinden.*

Konflikte treten generell dann auf, wenn Frauen keine Wahl haben und beide Aufgaben gleichzeitig erfüllen müssen. Frauen wählen in mutterzentrierten gesellschaftlichen Umfeldern eher Arbeitsstellen, in denen sie zeitlich flexibel bleiben, um ihren familiären Anforderungen nachkommen zu können. Auch die Sicherheit eines Arbeitsplatzes wird von vielen bei der Wahl sehr hoch eingestuft (Kim, 2020).

Die berufliche Motivation ist bei vielen Müttern jedoch weiterhin hoch. Zweiundvierzig Prozent der befragten deutschen Frauen einer Studie mit über 1.800 Frauen gaben an, dass ihnen Familie und Beruf gleich wichtig sind (Ziegler, 2011). Allerdings räumten nur zwei Prozent der Studienteilnehmerinnen dem Beruf einen höheren Stellenwert ein und sechsundfünfzig Prozent setzten die Familie an erste Stelle. Eine andere Karriereorientierung beschreiben Frauen in China oder Frankreich, Kulturen in den die Vollzeiterwerbstätigkeit auch bei Müttern akzeptiert ist (Al-Sadik-Lowinski, 2020). Sie verfolgen ihre Karrieren auch als Mütter fokussiert weiter.

> *Holländischer CEO: Tatsache ist, dass viele Frauen in Teilzeit arbeiten, wir sind Weltmeister in Teilzeit und das ist nicht gut für eine Karriere. Das ist auch in der Pandemie so, dass immer noch viele Frauen die Arbeit zu Hause übernehmen und in dieser Situation immer noch eine ziemlich traditionelle Rolle spielen. Aber ich sehe, dass auch sehr erfolgreiche Frauen das wirklich ändern werden. Ich blicke rückblickend wehleidig auf die Situation, die meine Frau, die ja voll berufstätig ist, und ich in China hatten, das war ideal und es ist jetzt viel komplexer hier in Holland, mit Covid, alten Eltern. Und viel weniger Support.*

Weltweit wird beobachtet, dass Frauen in höheren Management Funktionen, aufgrund der drohenden Doppelbelastung öfter Single und kinderlos bleiben. In einer Studie aus Deutschland aus dem Jahr 2013 wurde festgestellt, dass zwanzig Prozent aller weiblichen Managerinnen Singles waren. Einundsiebzig Prozent der erfassten Frauen waren kinderlos (Holst, 2013). In einer Studie aus der Schweiz liegen die Anteile von Singles unter den Managerinnen sogar bei einem Drittel (Hollstein, 2004). Studien, die unverheiratete, kinderlose Frauen in ihren Karrieren gegenüber verheirateten untersuchen zeigen, dass Mütter weiterhin als weniger kompetent eingestuft und schlechter bezahlt werden als

Frauen ohne Kinder (Powell, 2012). Die sogenannte „motherhood penalty" bezeichnet das Phänomen, nachdem Mütter im Vergleich zu kinderlosen Frauen weniger verdienen (Budig, 2012). Die Studie, die zweiundzwanzig Länder umfasste, zeigte, dass Mütter nicht nur weniger als Männer verdienen, sondern global gesehen auch signifikant weniger als kinderlose Frauen. Einen besonders großen Einfluss auf die Karrierelaufbahn haben Fehlzeiten aufgrund von Mutterschutz. Siebzig Prozent der befragten Frauen einer anderen Untersuchung gaben an, dass der Mutterschutz ihrer Karriere geschadet hat und dreißig Prozent, dass sie daher nicht die volle Zeit in Anspruch genommen haben (Thompson, 1999).

CEO USA: Meine Tochter ist gerade nach zwölf Jahren bei X (Unternehmen) ausgetreten, um zu Hause zu sein. Sie war sehr glücklich mit dieser Entscheidung, sie hat drei Kinder, alle unter fünf Jahre alt, und einen Mann, der erwerbstätig ist, aber es fiel ihr unglaublich schwer, diese Entscheidung zu treffen. Hauptsächlich wegen dem, was die Gesellschaft von ihr erwartete, zumindest von ihren weiblichen Kollegen, ihren Freunden, Eltern. Es war eine interessante Reise, und sie wird wahrscheinlich irgendwann wieder etwas beruflich machen, aber vielleicht wird sie Gymnasiallehrerin an der Grundschule, weil sie denkt, dass das viel Spaß macht und sehr erfüllend wäre. Zwölf Jahre im Marketing sind ziemlich gut, weil sie dort auch schnell mal rausschmeißen. Schließlich nahm sie sechs Monate Mutterschaftsurlaub und ging nur noch zwei, drei Tage die Woche arbeiten. Sie traf Entscheidungen, von denen sie wusste, dass sie sie benachteiligen würden. Um auf der Überholspur zu bleiben, hätte sie wieder Vollzeit sein müssen und umziehen können müssen. Dinge, zu denen sie einfach nicht bereit war. Es erschien ihr nicht wichtig genug, auf ein höheres Niveau aufzusteigen. Ich fragte sie immer wieder: „Wie sehr willst du den nächsten Job?" Sie sagte: „Nicht wirklich." Sie hat für eine der Frauen gearbeitet, die mittlerweile ein ziemlich hohes Niveau erreicht hat, sie ist in den Top Ten. Sie hat gerade einen der Abteilungspräsidenten-Jobs bekommen. Die Frau war übrigens verheiratet, hatte kleine Kinder, siebzig Stunden in der Woche gearbeitet und konnte nicht verstehen, warum meine Tochter nicht dasselbe wollte. Sie hat sie zu Beginn ihrer Karriere sehr unterstützt. Dann verlor meine Tochter die Unterstützung dieser Mentorin, weil sie die Rolle des Unternehmens in ihrem Leben einfach anders sah als diese Frau, die nur für das Unternehmen lebt.

Australische Führungskraft: Gruppenzwang besteht auch in der Familiengesellschaft, wo Großeltern und Eltern auf eine bestimmte Weise in den männlichen Teil der Familie und auf andere Weise in den weiblichen Teil der Familie wirken. Das bringt Konflikte mit sich. Wenn Frauen dann den Eindruck haben, dass Ihr Unternehmensumfeld einen ähnlichen Druck ausübt wie Ihr familiäres Umfeld, haben sie möglicherweise den Eindruck, dass das für sie nicht richtig ist. Sie entscheiden sich gegen eine große Karriere. Das muss nicht für Einzelfälle stimmen, aber so nimmt man es wahr.

Deutscher Regionen Leiter: Frauen sind genauso smart und genauso gute Manager, ich glaube, dass bei vielen doch dieser Mutteraspekt kommt, mit Kindern. Dass man sich zurückstellt, weil eben die Mobilität nicht so superhoch ist, weil man eben die Familie zusammenhalten möchte. Ich glaube, das ist ein gewisses Pflichtbewusstsein und viele nehmen das auch sehr ernst. Aber zum Beispiel, ich habe sehr viele starke Frauen hier bei mir im Team, die sind überhaupt nicht mobil, weil sie kleine Kinder haben, in Warschau oder in Bukarest oder so. Was ich bewundere. Die wirklichen Powerfrauen sind für mich nicht irgendwelche Vorzeigefrauen, die interessieren mich überhaupt nicht, null. Wichtig, laut, großes Ego haben und niemals nachgeben. Die Frauen, die das wirklich schaffen, auch auf den unteren Leveln, Familie und eine Karriere zu managen, vor denen habe ich Respekt. Das sind ganz viele gerade mit kleinen Kindern, wenn man da um zehn nochmal den Laptop anmacht, wenn man um fünf wieder aufsteht, weil das Baby einen weckt. Und die es dann trotzdem schaffen noch besser zu sein als die Männer, davor habe ich Respekt.
Ich glaube, man müsste einfach viel mehr Frauen von unten durchwachsen lassen, die dann wirklich

das Unternehmen kennen, über Stretch Assignments, die dann auch aus dem Vorstand kommen. Man muss sich da nicht immer extern jemanden einkaufen, weil man Frauen nicht genug fördert. Und das Problem, aber das ist jetzt wirklich unter uns, es wurde dann leider so ein Typ Frau durchbefördert, mit dem aber auch wirklich keiner zusammenarbeiten wollte. Die waren teilweise so karriereorientiert und gingen dann auch über Leichen. Es gibt positive weibliche Attribute, wie diese Sensibilität, dieses Mutterdasein, dieses Menschen verstehen. Aber es gibt natürlich auch negative. Ich glaube, der große Nachteil ist, dass wir doch noch sehr quotenbehaftet denken. Und auch in Vorständen, Frauen so in diese ganz bekannten Nischen gequetscht werden.

Japanischer CEO: Dies hängt von der Verfügbarkeit des Supports ab. Wie ich bereits erwähnt habe, ist die Kinderbetreuung in Japan sehr schlecht. Keine Nannys im Allgemeinen, weil Japan die Grenze für ausländische Immigranten geschlossen hat. Sie können kein Kindermädchen oder Babysitter aus einem anderen Land mitbringen. Das ist wichtig angesichts der aktuellen Alterung der Bevölkerung. Arbeitskräfte sind Mangel. Niemand möchte Babysitter werden oder für ein Pflegezentrum oder eine Kindertagesstätte arbeiten. Wenn viele Dienste in einer leicht zugänglichen Umgebung verfügbar sind, wäre es kein großes Hindernis, Kinder zu haben. Heutzutage zögern die Frauen nicht mehr, auch wenn die Schwiegermutter sie negativ bewertet. Der jüngeren Generation ist es egal. Ich denke, die Situation wird viel einfacher.

Deutscher Regionen Leiter: Also, Frankreich, da hatte ich auch mal eine Exfreundin. Sie und Ihr Mann waren berufstätig und die Kinder waren bis fünf in der Nachmittagsbetreuung. Es fehlen bei uns in Deutschland tatsächlich auch diese Möglichkeiten. In Amerika wurde damals ein Unternehmenskindergarten gebaut, sogar mit Videoüberwachung. Und wir haben in Amerika sehr viele erfolgreiche VPs als Frauen. Da haben wir glaube ich mehr Frauen als Männer. Da gibt es dann auch Betreuung durch die Schule oder Kindergarten.

Japanischer CEO: Nachdem wir geheiratet hatten, bekam ich einen Job in den Vereinigten Staaten. Das war vor dreißig Jahren. Das Unternehmen fordert meine Frau auf, den Job zu kündigen und mit mir in die Vereinigten Staaten zu gehen. Sie zögerte, weil sie ihre Karriere als Wissenschaftlerin fortsetzen wollte, aber schließlich überzeugte das Unternehmen sie, aufzuhören. Als ich nach Japan zurückkam, kam sie wieder zu X (japanisches Unternehmen). Mit diesen sieben Jahren Abwesenheit ist sie im mittleren Management, nicht Direktorin oder Vizepräsident. Sie ist weiterhin auf der Managerebene. In diesem Arbeitsumfeld müssen Frauen manchmal ihre Karriere aufgeben und dem Ehemann folgen, selbst wenn sie ihre Karriere weiterverfolgen möchten. Das ist typisch japanische Denkweise. Nun, manchmal bekommen Frauen einen Auftrag, außerhalb Japans zu arbeiten, und dann kündigt ihr Ehemann den Job, um mit ihr zu gehen. Wenn die Frau die Chance hat mehr zu verdienen, dann sollte der Mann vielleicht seinen Job aufgeben.

Das Pipelineproblem: Frauen wählen eher frauentypische Studiengänge und Branchen

Sind Frauen nicht strategisch genug bei ihrer Berufs- und Karriereplanung? Sehr häufig wird in diesem Zusammenhang vom „Pipeline" Problem gesprochen, wonach weibliche Talente in bestimmten Branchen Mangelware sind. Während Frauen in bestimmten Branchen wie beispielsweise der Dienstleistung, dem klassischen Consumer Markt, dem Luxusgüter Markt oder dem Gesundheitswesen zahlenmäßig häufig vertreten sind, sind sie gerade in besser bezahlten Industriebereichen weniger häufig anzutreffen (Fietze, 2011). Das „Pipeline-Problem" muss im Kontext und im Vergleich der unterschiedlichen

STEM-Bereiche betrachtet werden. Frauen bleiben im weltweiten Durchschnitt in STEM Studiengängen weiterhin unterrepräsentiert und das setzt sich fort in den Leitungspositionen in den Unternehmen. Auf jeder Stufe der STEM Führungshierarchien gibt es weniger Frauen. Frauen verlassen STEM Bereiche überproportional im Vergleich zu anderen Sektoren. In zwölf Jahren verlässt rund die Hälfte aller Frauen den Bereich IT und Ingenieurswesen, während es nur zwanzig Prozent in anderen Segmenten sind. Am höchsten ist die Drop-out Rate im Bereich gehobener Führungspositionen (Correll, 2016). Frauen besetzen, so eine große Studie von Boston Consulting (2021), weltweit achtunddreißig Prozent aller STEM Funktionen, in den USA sind es achtundzwanzig Prozent. Für die Studie wurden unter anderem 1.500 Frauen mit STEM Ausbildung aus zwölf G20 Ländern befragt. Nur vierzehn Prozent der Absolventinnen weltweit werden Managerinnen und nur neun Prozent CEO. Die interviewten Spitzenmänner erläutern ihre Sicht auf eine geschlechtsspezifische Segregation des Arbeitsmarktes. Nach Meinung der Interviewten ist das Pipeline Problem eine der Hauptursachen in bestimmten Industrien, in denen traditionell Ingenieurskarrieren den Aufstieg bestimmen. Frauen wählen, so ihre Beobachtung, bestimmte Branchen eher aus, weil sie sich mit ihren Interessensgebieten decken, und vernachlässigen andere Felder, in denen sie schneller aufsteigen könnten. Damit geben sie aus Sicht der Männer Karrierechance auf. Die Unternehmenslenker stehen dann vor dem Problem, dass es für Führungsaufgaben eine hohe Zahl qualifizierter männlicher Bewerber gibt, denen keine oder nur einzelne weibliche Bewerberinnen gegenüberstehen.

> *Französischer CEO, Industrieunternehmen in Asien: Wir haben weniger weibliche Absolventen aus den Ingenieurschulen, also haben wir weniger Kandidaten für den Einstieg in das Unternehmen und dann weniger Kandidaten für den Zugang zu höheren Ebenen.*

> *Spanischer CEO: Nun, wenn ich mir den Sektor ansehe, den ich am besten kenne, ist es kein Sektor, der für Frauen sehr attraktiv ist. Es ist vielmehr ein männliches Universum. Vielleicht ist es eine Frage der Ausbildung, aber oft sehe ich, dass wir bei der Rekrutierung viel mehr Angebote von männlichen Kandidaten bekommen als von Frauen. Mein Fazit ist, dass unsere Industrie für eine Frau, nicht wirklich an erster Stelle steht. Meine Tochter ist ein Beispiel. Sie war auf der Suche nach einem Praktikum. Ich sagte zu ihr: „Okay, komm zu mir in's Unternehmen". Ihre Antwort:" Niemals." Ich denke, es gibt sicher Ausnahmen, aber im Allgemeinen sind Frauen und unsere Industrie „kein gutes Paar".*

Wissenschaftliche Untersuchungen weisen darauf hin, dass in diesem Zusammenhang selbsterfüllenden Prophezeiungen wirksam werden. Möglicherweise entscheiden sich Frauen bevorzugt für Positionen, die die Gesellschaft ihnen zutraut. Das erklärt die überproportionale Wahl des Sozial- oder Gesundheitsbereiches. Es erklärt auch, warum in vielen Ländern Frauen im Senior Management in den Bereichen anzutreffen sind, die weniger vom Frauenstereotyp abweichen, wie zum Beispiel dem Personalwesen, PR oder Marketing. Viele Managementexperten sprechen von den „Sackgassen" in der beruflichen Entwicklung, da Stabsstellen nicht die perfekten Karrieresprungbretter sind (Wippermann, 2010). Aus Sicht der interviewten Männer ist es ein Wahlproblem der

Frauen. Dazu kommen diskriminierende Elemente, die auf Frauen stärker wirken als auf die Grundgesamtheit der Männer.

KrASIA veröffentlichte im August 2020 einen Artikel über das Ecosystem der China Tech Unternehmen. Frauen, so die Studie mit 7.000 Teilnehmerinnen, repräsentieren ca. fünfzig Prozent aller Angestellten in Chinas Tech Unternehmen. Jedoch wird beobachtet, dass Frauen besonders in den Bereichen Forschung, Entwicklung und in den Executive Leveln unterrepräsentiert sind. Dagegen ist ihr Anteil im Bereich HR und Marketing hoch. Obwohl Frauen in China ein enorm hohes Commitment haben in der Tech Industrie Karriere zu machen, ihr Anteil sogar bei über fünfzig Prozent liegt und sie damit den Frauen aus Europa und den USA in dieser Hinsicht voraus sind, sehen dreiundvierzig Prozent der Interviewten der Studie eine gläserne Decke, die Frauen daran hindert in gehobene Führungspositionen aufzusteigen.

Auf die Frage der Relevanz einer STEM Ausbildung in Bezug auf den Vorstand gilt laut Ankersen (2021), dass in bestimmten Ländern Wirtschaftswissenschaftler in der Spitzenposition führend sind und Ingenieure ganz oben nur zu sechsundzwanzig Prozent vertreten sind. Frauen sind im Bereich der Wirtschaftswissenschaften weltweit anzahlmäßig gut vertreten. Das würde die These relativieren, dass Frauen notwendigerweise ausschließlich über STEM-Berufe in die Vorstände kommen und das sogenannte Pipelineproblem hinterfragen.

Französischer CEO Asien: Es gibt jetzt nicht genug Frauen, die Zugang zum C-Level haben, weil die Pipeline nicht da ist. Wenn Sie die gleiche Anzahl von Männern und Frauen haben, gibt es keinen Grund, warum nicht derselbe Prozentsatz Zugang zu den Senior Leveln hat. Es gibt nicht genug Frauen. Wahrscheinlich, weil sie manchmal aufhören zu arbeiten, wenn sie heiraten oder wenn sie das erste Kind bekommen haben oder aus anderen Gründen. Weil sie gerne die perfekte Mutter sein wollen, die sich neben den Kindern um schöne Blumen oder Dekoration kümmern wollen. Oder so etwas. Wenn man diesen Teil mal ausschließt, und sich auf diejenigen konzentriert, die sich wirklich durch eine berufliche Karriere ausdrücken wollen, die erfolgreich sein wollen, das Geld brauchen, im Urlaub Zugang zu einem schönen Hotel haben wollen oder ein schönes Auto fahren möchten, wie ich viele in China traf. Wenn die beide Gruppen im Wettbewerb stehen, dann haben Frauen gleiche Chancen erfolgreich zu sein, denke ich. Aber es gibt nicht genügend Frauen. Es gibt mehr Männer, die das wollen und zur Auswahl stehen.

Französischer CEO: Wir haben in unseren Teams sehr technische Profile. Es ist immer noch ein Problem, dass nur etwa zwanzig, fünfundzwanzig Prozent der Frauen Ingenieurschulen besuchen. Frauen interessieren sich nicht so sehr für technische Dinge. Dies ist offensichtlich eine Schwierigkeit für die Personalauswahl in unserer Industrie oder für unser Unternehmen.

Auch Männer sehen, dass Vorurteile und Diskriminierung Frauen den Aufstieg schwerer machen

Die typische Führungskraft ist historisch gesehen männlich. Das bedeutet, dass Frauen auch heute noch in weiten Teilen der Welt auf Rollenerwartungen an Topmanagement -Funktionen treffen, die sie per Geschlecht eigentlich nicht erfüllen. „Think manager- think male" (Schein, 2017) beschreibt das global untersuchte Phänomen, nachdem das

Bild einer Führungskraft sich eher aus Eigenschaften zusammensetzt, die traditionell Männern zugeschrieben werden. Frauen werden demnach andere Eigenschaften zugeordnet, als die, die nach allgemeiner Auffassung nötig sind, um im Topmanagement zu reüssieren. Geschlechterstereotype beschreiben die Unterschiede von Männern und Frauen und orientieren sich weiterhin an klassische Rollenverteilungen. Sie beschreiben auch typische Verhaltensmuster, die gesellschaftlich von beiden Geschlechtern erwartet werden. Die daraus resultierenden sogenannten „unconscious Bias" wirken bewusst oder unbewusst diskriminierend auf die Mitarbeiterauswahl, bei Beförderungen und bei Gehaltsentscheidungen.

> *Japanischer CEO: Japanische Männer, aber auch Frauen haben einfach Angst, für eine Chefin zu arbeiten. Das haben sie nie erlebt. Der Teil eines Grundes könnten die geschlechtsspezifischen Bias sein. Wie bereits erwähnt, haben sie eine stereotype Denkweise. Frauen sind besser darin, sich um Familie und Kinder zu kümmern, nicht unbedingt am Arbeitsplatz. Es ist eine stereotype Voreingenommenheit, aber Frauen sind hauptsächlich unter diesem Einfluss.*

Vorurteile setzen sich, da gesellschaftlich vor allem in westlichen Nationen tief verwurzelt, auch in den Köpfen vieler Frauen fest. Bei letzterem wird von selbsterfüllender Prophezeiung gesprochen. Frauen gehen aufgrund erlernter Rollenmuster selbst davon aus, dass sie das Topmanagement nicht erreichen werden, da es Männern vorbehalten ist und limitieren sich als Folge davon von vorneherein selbst. Sie setzen diese stereotypen, verinnerlichten Maßstäbe auch bei anderen Frauen an und blockieren damit deren Aufstieg. Dazu kommt ein Dilemma für beruflich ambitionierte Frauen. Sie können keinem der vorherrschenden Rollenbilder gerecht werden und ihnen droht Sympathieentzug, wenn sie sich nicht konform verhalten. Rollenabweichendes eher männlich assoziiertes Verhalten wird bei Frauen, anders als bei ihren männlichen Kollegen, mit Sympathieentzug bestraft. Frauen werden zum Beispiel in Deutschland in einigen Vorständen mit männlicher Übermacht kritisiert und über abfällige oder vermeintlich witzige Bemerkungen gezielt verunsichert. Dieses Verhalten von Männern wird jedoch auch anderen Männern gegenüber beobachtet, die aus unterschiedlichsten Gründen nicht fest in der betreffenden Männergruppe integriert sind.

> *CEO, USA: Wenn eine Alpha-Frau Vorgesetzte einer Frau ist, die, wenn Sie so wollen, ein bisschen nachdenklicher, vielleicht ein bisschen ruhiger ist. Die sagt der dann: „Hey, Du musst aggressiver und durchsetzungsfähiger sein und all das." Ja, ich denke, das könnte eine Herausforderung für aufstrebende weibliche Führungskräfte sein. Die Interaktion von weiblicher Vorgesetzen mit weiblichen Nachwuchskräften.*

Die Schilderungen von konkreten Diskriminierungen von Frauen durch Männer halten sich in den Interviewauswertungen der Männer in Grenzen. Die interwieten männlichen Führungskräfte schildern dagegen, wie Diskriminierung und Vorurteile von Frauen untereinander andere Frauen blockieren. Vereinzelnd äußern sie selbst stereotype Bewertungen von Frauen, die durch eher männliche Verhaltensweisen bei ihnen auf Ablehnung stoßen.

Deutsche Führungskraft: Jetzt sage ich was ganz Provokatives. Die Frauen, die sich dann auch hochgeboxt haben, sind teilweise auch völlig unausstehlich. Weil die so karrieregeil sind. Das sind nicht alle, aber es sind da so ein paar, die dann einfach zwangsweise gefördert werden mussten. Ich persönlich habe allerdings immer bessere Chefinnen gehabt als Chefs. Vielleicht gehe ich da auch zu weit, aber interessanterweise, haben sich dann viele Frauen auch den männlichen Symbolen angepasst. Kurze Haare, schwarzer Anzug, weiße Bluse. Die wurden ja eigentlich immer männlicher. Ich habe das Gefühl, heute weicht sich das ein bisschen auf, auch durch die digitale Welt. Weil heute in der digitalen Welt ist Teamwork wichtiger als irgendwelche tiefstimmigen Vertriebspatriarchen. Es gibt so eine Brigade von Frauen, die ich sehr schätze, aber dann die anderen, sehr häufig aus Ostdeutschland, die einfach Karriere machen wollten, no matter what. Und das war aber auch so ein Prototyp, sehr präventiv, aggressiv, zielstrebig. Ich habe so viele erlebt, es waren Prototypen, ich kann dir da zehn Beispiele nennen. Hosenanzug, weiße Bluse, kurze, rot gefärbte Haare und die haben eigentlich versucht, nur Mann zu spielen, anstatt mal sie selbst zu sein. Mir sind sehr viele ostdeutsche Frauen aufgefallen, die wirklich noch so aus dem Ost-Kommunismus kamen. Und teilweise auch sehr einfachen Verhältnissen. Da ging nur um Karriere. Auch häufig nochmal zu Lasten eines Familienlebens, die waren auch sehr häufig Singles. Für mich selbst haben meine Chefinnen häufig eine bessere menschliche Sensibilität, Perspektive, die haben es besser geschafft, Leute zu motivieren, einzuordnen. Das hatten sie, und ich rede jetzt nur von meiner persönlichen Erfahrung, das hatten sie häufig ihren männlichen Kollegen voraus.

Australischer CEO: Wenn Sie noch einmal in Prozenten denken würden, wenn zwanzig Prozent des Unternehmens weiblich sind, und wenn wir uns dann diese kleine Gruppe von Frauen ansehen würden, finden Sie innerhalb dieser kleinen Gruppe ähnliche Mechanismen, die entweder den Erfolg bejubeln, oder die den Erfolg anderer Frauen im Vergleich zu den achtzig Prozent des großen Anteils, der männlich ist, bullishen. Sowohl auf männlicher als auch auf weiblicher Seite findet man ähnliche Mechanismen, die entweder applaudieren oder nicht applaudieren. Einige Frauen denken dann: „Das ist nicht das, was eine Frau tun sollten. So sollten sie in diesem Unternehmen nicht sein oder reden oder tun." Auf der männlichen Seite gibt es viele Männer, die auch so denken: „Du bist ein Mädchen oder eine Frau. Du solltest diese männliche Eigenart „Karriere" nicht haben. Du solltest eine Assistentin sein und keine Führungskraft."

Deutsche Führungskraft: Ich glaube, das größte Problem ist, dass die Akzeptanz von Frauen in diesen obersten Führungsgremien nach wie vor an Grenzen kommt. Und es gibt immer wieder Leute, und dazu gehöre ich auch, aber das sind halt die Ausnahmen, die ganz bewusst davon profitieren, dass eben Frauen mit dabei sind. Weil eben dieses Maskuline in einem Vorstand ganz einfach ein bisschen abgemildert wird und mir ist es angenehm, wenn da die Luft weniger testosterongeschwängert ist. Sondern, wenn man sich auf das Geschäft konzentriert, wenn man moderat spricht, wenn die Stimmlage eben eine andere ist. Ich glaube, die Damen oder die Ladies, die ich erlebt habe, die haben alle gelitten unter diesem Alpha-Gehabe. Es wäre eine ganz andere Konstellation gewesen, wenn wir einen weiblichen Chairman gehabt hätten. Aber wenn es so ist, wie es bei X (Unternehmen) war, wo nur eine beziehungsweise zwei Frauen bei acht Leuten mit drin sind und der gesamte Aufsichtsrat mehr oder weniger männlich besetzt ist, weiß und männlich, dann ist es extrem schwierig. Ich meine, da war in meinen Ohren halt immer so ein lästiges, sehr unnötiges Frotzeln mit dabei. Und das stecken viele weg und wir wurden auch angemacht. Ich meine, es gab einen Kollegen von mir, an dem hat man halt auch immer so ein bisschen herumgefrotzelt, weil, er war halt homosexuell. Unterschwellig waren dann halt immer solche komischen unnötigen Bemerkungen. Das brauchen wir alles nicht. Und wenn man dann Teil dieser Frotzelei wird, glaube ich, dann haben Sie es schwer und irgendwann ist ja auch mal gut. Und man sieht dann halt oft, dass die Leute dann ganz einfach sagen, sie gehen und sie suchen sich etwas Anderes, beziehungsweise sie werden weggelobt. Das kommt ja auch vor. Dann gehen sie halt auf eine andere Rolle innerhalb der Organisation. Dann gehen sie halt in den Beirat oder sie gehen in den Aufsichtsrat. Ich meine, de facto ist es ja insofern gut, dass darübergeschrieben wird, so wie Sie es jetzt ja auch tun. Aber ich glaube, da ist nach wie vor extrem viel Arbeit noch zu tun.

Männer beobachten mangelndes Selbstvertrauen vieler Frauen

Studien belegen, dass Frauen die Tendenz haben, ihre eigene Leistung im Vergleich zu gleich qualifizierten Männern zu kritisch zu bewerten. Frauen unterschätzen die eigene Performance und Fähigkeiten und sehen die eigene Leistung selbstkritischer (Regnet, 2017). Sie begründen Erfolge oft mit externen günstigen Einflussfaktoren, wie dem Faktor Glück oder der Unterstützung von Mentoren (Al-Sadik-Lowinski, 2017). In der Studie von Bosak (2008) schreiben sich Studentinnen weniger Durchsetzungsvermögen und Dominanz als ihre männlichen Mitstreiter zu. Gesellschaftliche Stereotype werden bei vielen der Frauen verinnerlicht und keinem Realitätscheck unterzogen. Auch bei Managerinnen kommt es daher zu schlechterer Selbsteinschätzung bei der eigenen Führungsleistung. Das zeigt eine Metanalyse aus den USA und Kanada. Männer bewerten ihre Führungsleistung in der Studie signifikant besser (Paustian-Underdahl, 2014). Diese schlechtere Selbsteinschätzung führt dazu, dass Frauen sich tendenziell seltener für C-Level Funktionen anbieten (Athanasopoulou, 2018). Das bedeutet, dass weniger Frauen als Männer eine aktive Karriereplanung verfolgen, bei der sie selbst am Ruder sitzen, um eine Top Führungsfunktionen zu erreichen.

> *CEO Hong Kong: Ich denke, sie machen sich klein, trauen sich nicht genug zu. Tatsächlich haben sie Fähigkeiten, aber sie denken, dass sie diese Fähigkeiten nicht haben. Man muss wirklich Selbstvertrauen für hohe Funktionen haben. Das ist einer der Gründe, warum ich denke, dass Frauen möglicherweise nicht so erfolgreich sind, in der Unternehmenswelt. Abgesehen davon denke ich, dass Frauen und Männer für mich gleich sind, wenn sie selbstbewusst sind, hart arbeiten, offen sind und sich bewusst sind, wie sie sich verbessern können. Wie gesagt, ihr Selbstvertrauen ist nicht hoch genug, also scheuen sie Gelegenheiten. Ehrlich gesagt haben wir bei X (Unternehmen) eine Maßgabe für Beförderungen beiderlei Geschlechtes, aber der Manager wird jemanden nicht befördern, wenn er oder sie nicht die Hand hebt, um sich für den Job zu bieten. Wenn die Damen schüchtern sind, ihre Hand nicht heben, werden ihre Entwicklungsmöglichkeiten definitiv geringer sein. Besonders an einigen Orten wie Thailand, wie auf den Philippinen, sind einige sehr fähige Frauen, aber sie scheuen sich vielleicht, sich selbst zu bewerben. Wenn das der Fall ist, verlieren sie ziemlich viele Chancen.*

Männer befördern Selbstähnlich und halten es für die Natur der Dinge

In den Veröffentlichungen von Ankersen (2020) wurde über das „Thomas Phänomen" in Deutschland berichtet. Dieses beschreibt die selbstähnliche Förderung unter Männern. Ergebnis der Analyse war die Feststellung, dass sich unter den deutschen Vorständen die Mehrheit in Bezug auf Geschlecht, Alter, Herkunft und Ausbildung ähneln. Das Phänomen der Selbstähnlichen Nachwuchsförderung wurde als „Thomas-Kreislauf" bezeichnet, da die Mehrheit der Vorstände zum Zeitpunkt der Untersuchung diesen Vornamen trug. In verschiedenen anderen Untersuchungen wurde gezeigt, dass Männer bevorzugt andere Männer befördern, die ihnen besonders ähneln. Die interviewten Männer bestätigen Beobachtungen hierzu auch für andere Teile der Welt.

Holländischer CEO: Dann fingen sie an dieselbe Art von smarten, weißen Männern einzustellen in Anzügen, und dann haben sie ähnliche Jobs und am Abend die Bars, und am Ende lief das auch nicht gut. Es gibt viele Vorurteile, die man kennen muss und dann muss man die Dinge ändern. Ich glaube, jetzt ist die richtige Zeit dafür.

Spanischer CEO: Das ist wirklich wahr. Ich denke, dass wir alle dazu neigen, zu glauben, dass wir fantastisch sind – ich meine, jeder von uns. Dann versuchen wir, uns in den Teams, die für uns arbeiten, zu replizieren. Das ist sehr menschlich. Es ist, als ob Sie möchten, dass Ihr kleiner Sohn so aussieht wie Sie; das ist in der Tat ein Fehler. Ja, wir neigen dazu zu glauben, dass unser Profil ein erfolgreiches Profil ist und je mehr Profile wie unser Profil im Unternehmen sind, desto besser für das Unternehmen, was wahrscheinlich falsch ist. Das erklärt sicherlich bis zu einem gewissen Grad, warum sich Männer an der Macht oft für Männer statt für Frauen entscheiden. Wir neigen dazu zu glauben, dass wir wunderbar sind und dass jede Art von Model, das wie wir aussieht, in unseren Augen besser ist. Sicherlich erkennt sich ein Mann in einem anderen Mann besser wieder als in einer Frau.

Holländischer CEO: Viele Männer in Führungspositionen stellen gerne ähnliche Leute ein. Die aussehen wie sie, mit denen sie sich wohl fühlen, und das ist schlecht für die Schaffung eines integrativen Arbeitsplatzes. Es ist schlecht für Innovationen. In der Spitze denke ich, dass wir viel vielfältiger sein müssen, und das ist eine bewusste Entscheidung. Sie müssen sich dessen bewusst sein und bewusste Entscheidungen treffen. Wenn Männer weiterhin Männer einstellen, die gleich aussehen, mit dem gleichen Anzug und der gleichen Krawatte, werden Sie in der Zukunft nicht mehr das gleiche Ergebnis erzielen, das Sie vorher immer hatten. Wir wollen anders und nachhaltiger agieren, also müssen wir die Dinge anders machen. Viele Unternehmen, die das tun, sind innovativer.

Es gibt bisher wenige wissenschaftliches Modelle zur Frage, ob Frauen im Topmanagement andere Frauen nach den Prinzipien von Selbstähnlichkeit fördern. Das sogenannte Queen-Bee Syndrom beschreibt im Gegenteil, wie Frauen, die den Aufstieg einmal geschafft haben, die Karrieren anderer Frauen behindern. Eine Erklärung dafür ist, dass sich diese Ausnahme-Frauen nicht mit der diskriminierten Minderheitsgruppe im Unternehmen gleichstellen wollen, um dadurch weiterer Diskriminierung zu entgehen. Daher nähern sich Frauen im Topmanagement im Verhalten eher Männern an.

Selbstähnliche Förderung wird jedoch nicht nur in Bezug auf das Geschlecht beobachtet. Sie kann sich auch auf die Förderung von Personen beziehen, die derselben Gruppe wie zum Beispiel bestimmten Eliteschulen in Frankreich angehören. Die Zugehörigkeit zum universitären Netz bestimmt dann, ob Personen unabhängig vom Geschlecht gefördert werden oder nicht. Gehören Frauen zum Elitekreis profitieren sie vom Netzwerk, welches Genderbarrieren weitestgehend aufhebt.

Französischer CEO: Nein. Ich habe viele Leute kennengelernt, die etwas Ähnliches fördern wollen wie sie. In Frankreich wäre es dieselbe Schule. Wenn Du ein Ingenieur aus ESSEC, Paris, bist, würdest Du immer einen Ingenieur aus ESSEC Paris nehmen, egal ob es ein Mann oder eine Frau ist.

Männer beschreiben Ursachen dafür, dass Frauen sich in Toppositionen nicht halten

Die Frage, wie gut sich Frauen als CEO im Vergleich zu ihren männlichen Kollegen halten oder aber scheitern, ist noch nicht lange im Fokus internationaler Forschungen. Die Frage des Einflusses des Geschlechtes eines CEO auf den Unternehmenserfolg wird mit steigender Zahl von weiblichen Cheffinnen in der Forschung bereits häufiger untersucht. Einige Untersuchungen schlussfolgern, dass es keine signifikanten Unterschiede zwischen weiblichen und männlichen CEO in Bezug auf den Unternehmenserfolg gibt. Andere Autoren dagegen zeigen auf, dass der Unternehmenserfolg unter weiblicher Führung besser wird (Krishnan, 2005). Catalyst (2004) untersuchte die Profitabilität von Fortune 500 Unternehmen von 1996 bis 2000 und kommt zu dem Ergebnis, dass Unternehmen mit einer höheren Diversität in verschiedenen Parametern besser abschneiden. Jedoch gibt es auch Untersuchungen, die negative Korrelationen zwischen weiblichen CEO und dem Unternehmenserfolg zeigen. Es bleibt ein Feld für zukünftige Forschung.

> *CEO UK: Kein Zweifel, in der Unternehmenswelt ist die Konkurrenz sehr scharf. Wenn ein CEO vor allem auf sehr plötzliche Weise geht, gibt es viele Gerüchte, Stories darum. Für mich gilt das für weibliche CEOs, die ihre Jobs verlassen, und männliche CEOs, die ihre Jobs verlassen, aber Sie hatten einen sehr guten Punkt. Warum scheint dies sichtbarer zu sein? Vor allem, weil die Anzahl der Frauen auf C-Level geringer ist. Die Leute scheinen es zu vergrößern, und sie sagen immer: „Oh, der Prozentsatz von weibliche CEOs, die es nicht schaffen, ist hoch." Natürlich, wenn die Anzahl der weiblichen CEO gering ist, werden ein oder zwei Abgänge als sehr bedeutsam wahrgenommen.*

Weltweit werden weibliche CEO Rollenvorbilder gerade in den landesspezifischen größten gelisteten Konzernen medial genau unter die Lupe genommen. Dadurch, dass sie Ausnahmeerscheinungen sind, wird ihr Erfolg oder Misserfolg Synonym für die Gesamtgruppe aller aufstrebenden Frauen. Vereinzelnd berichten die Spitzenmänner über systematisches Ausschließen von Frauen in den Unternehmensleitungen, vom Abtrennen des Informationsflusses oder direktes Umgehen der Hierarchielinien, um Frauen zu schwächen. Diese Beispiele, die vor allem aus Deutschland und Frankreich berichtet werden, verdeutlichen, dass Frauen, die traditionell durch Männer besetzte Vorstände erobern, teilweise mit hartem Widerstand männlicher Kollegen erleben. Vor allem wenn sie unternehmensfremd in Vorstände einsteigen, kann der Gegenwind eisig werden.

> *Spanischer CEO: Wir sehen mehrere weibliche CEOs oder C-Levels, die während ihrer Amtszeit „früher aufgeben", z. B. die SAP-CEO, bei der Deutsche Bahn und andere, und die Medien berichten in großen Artikeln darüber. Auch in Frankreich Isabel Kocher, bei Engie. In Europa stehen diese Frauen unter hoher Beobachtung. Was ist Ihre Meinung dazu? – Ich denke, es dasselbe wie bei Männern oder könnte es andere spezifische Gründe geben? In meinen Augen gibt es in dieser Hinsicht keinen Unterschied zwischen Mann und Frau. Wahrscheinlich ist es nur eine falsche Wahrnehmung, da die Medien dazu neigen, mehr über weibliche Fälle, Misserfolge und Erfolge, zu berichten. Mir persönlich sind keine Statistiken bekannt, die darauf hindeuten, dass Frauen in der höchsten Ebene weniger belastbar sind.*

Die Topmanager sehen keine Unterschiede in der Performance zwischen männlichen und weiblichen CEO und denken, dass weibliche CEO aufgrund ihrer Ausnahmerolle weiterhin exponierter sind und dadurch einer kritischeren Beobachtung unterliegen. Hält sich eine weibliche CEO nicht wie geplant in der Position, wird sie als Rollenmodell sehr kritisch hinterfragt, mehr als es ein Mann in einer vergleichbaren Situation würde. Weitere Gründe für das Scheitern weiblicher Topmanagerinnen, die neu in einen Vorstandsteam kommen, sehen die Männer in dem Unverständnis der Frauen für vorherrschende Regeln. Frauen, die von extern neu in bestehende Beziehungsgefüge in Unternehmen stoßen und versuchen, bestehenden interne Regeln zu ändern, scheitern, wenn sie nicht schnell tragfähige Beziehungen aufbauen, die sie absichern.

Holländischer CEO: Frauen scheuen nicht die Verantwortung. Aber es ist zu hart, zu schwer für sie Teil der Gruppe zu werden. Das ist eher ein kulturelles als ein weibliches Problem. Dann sagen man, es gebe nicht genug Frauen, um sie zu befördern. Nun, das ist oft eine Ausrede, um eine schlechte Gender Diversität im Unternehmen zu rechtfertigen. Unser Premierminister sagte: „Es ist mir egal, ob weiblich oder männlich, es sollte einfach die richtige Person sein und ich habe die richtige Person nicht gefunden." Er wurde in den Medien geprügelt, weil er einfach nicht weit genug geschaut hat. Kompetenzen, das ist natürlich auch völliger Unsinn. Ich denke, in vielen Unternehmen sollte es aufgrund der Qualitäten, die wir brauchen, mehr Frauen als Männer geben. Dann braucht man sicher eine Patenschaft. Ohne Sponsor, ohne Mentor, auch für mich, wäre es nicht gegangen. Ich hatte zum Beispiel M. Ohne M. wäre ich nicht CEO dieser Firma, hätte nicht die Unterstützung. Sicher, wenn viele männliche Führungskräfte das Unternehmen führen, müssen Frauen es schaffen sich zu verbinden, dass sie von Männern gesponsort werden. Sonst werden sie es nicht schaffe., Sie werden auch nicht den Schutz haben. Sie brauchen den Schutz. Als ich CEO wurde, gab es natürlich viele Leute, die ein bisschen neidisch auf dieses oder jenes waren. Da ich Schutz von oben hatte, konnten sie nicht an mich 'ran. Wenn es ein Thema gibt, bei dem ich keine Unterstützung von der Inhaberfamilie habe, dann wird es für mich sehr hart und manchmal verliere ich den Kampf.

Deutsche Führungskraft: Also von X (amerikanisches Unternehmen) kommend, ohne dass ich jetzt den Namen der Lady nenne, aber ich war von ihr beeindruckt. Sie war für mich groß. Jetzt kann ich natürlich sagen, ich habe es vorher kommen sehen. Unternehmen X ist für mich genauso ein Paradebeispiel. Urweiss, also weiß im Sinne von weißen Männern. Weiße, deutsche Männer. Was man jetzt liest über das Spielchen, das ist genau diese Mischpoke, von der wir ganz zu Beginn gesprochen haben. Diese Old Boys Clubs, die sich gegenseitig die Bälle zuspielen, die sich gegenseitig die Pöstchen zuschieben. Die gegenseitig dulden, dass banalste Regeln, „Jetzt bleiben wir mal ganz ordentlich und fromm", klar verletzt werden. Genau das ist es, dieses Augen-Zumachen, eine Hand wäscht die andere. Und dann kommt plötzlich jemand rein, der eben nicht dazugehört. Und dann entwickelt jede Organisation, das heißt, nicht jede, aber eine Organisation wie X, ganz klar eine allergische Reaktion. Das war ein allergischer Schockzustand. Das konnte gar nicht gut gehen. Die Organisation war nicht darauf vorbereitet und die arme Frau ist da oben verhungert. Beziehungsweise garantiere ich, dass sie schlecht geschlafen hat, dass sie Magen-Probleme hatte, dass sie die Krätze gekriegt hat, weil sie ganz einfach psychisch diese Sache ganz einfach nicht gebacken bekommen hat und sich gedacht hat, „Das muss ich mir nicht antun".

Deutsche Führungskraft: Ja, gut, sagen wir mal, man hat sie nicht mitspielen lassen. In den Old Boys Clubs. Dann hat der Aufsichtsratsvorsitzende und der CEO ohne sie mit den Direct Reports gesprochen, ohne es ihr zu sagen. Der Direct Report ist dann hingekommen, „Ach, das habe ich schon mit dem CEO ausgemacht, mit dem Co-CEO, das ist schon alles gut." Man hat halt ganz einfach Dinge über die Bande spielt und die Frau ganz einfach dadurch austrickst, dass sie nicht eingebunden wird, dass sie von Meetings nichts erfährt. Kennen wir doch alle diese Spielchen. Das ist doch alles lange dagewesen.

Anderes Beispiel. Schauen Sie sich diese Sachen an mit Y (Unternehmen), mit der Vorständin, die da hätte hingehen sollen. Ich weiß jetzt gar nicht, wer es jetzt geworden ist, ob es eine Frau ist oder ein Mann. Aber ich könnte wetten, dass es ein Mann ist. Das war halt auch so ein Machtspiel. Sie hätte da auch nicht überlebt. Das muss man mal ganz nüchtern sehen. Ich meine, die mag smart sein, die mag Biss haben, sie kommt von McKinsey, hat keine Familie. Hätte sie es geschafft? Sie hätte wahrscheinlich schon das Stehvermögen gehabt auf der einen Seite, auf der anderen Seite die Dynamik einer Kiste wie Y (Unternehmen)? Alle weiß, alles Männer in der alten Clique oben drin, mit der Familie noch mit drin. Ich kann nur sagen: „Vergiss es. Extrem schwierig." Da muss sich die betreffende Topmanagerin darauf einstellen, dass ein eisiger Wind weht.

Männersicht auf den Frauenmangel im Topmanagement: Sozio-kulturelle Prägung und gesellschaftliche Rollenerwartungen führen zu mangelndem Aufstiegswillen

Alpha-Männer sehen eine Ursache für das Ungleichgewicht von Männern und Frauen in den Unternehmensleitungen in dem Zusammenhang zwischen historisch erlernten Rollen, gesellschaftlichen Normen in Bezug auf Führungsrollen in globalen Unternehmen und dem traditionellen Vorteil für ihre Geschlechtsgenossen. Dieser gerät aber in den letzten Jahren zunehmend in das Wanken. Aufgrund ihrer internationalen Karrieren können sie gut beurteilen, wie Umfeld und Kultur auf Frauenkarrieren wirken. Sie sehen länderspezifische Unterschiede in der gesellschaftlichen Bewertung von weiblichen Führungskräften sowie im Selbstverständnis der Frauen in C-Level Funktionen. Deutschland und Japan kommen in den Schilderungen eher schlecht weg, aber auch Frankreich kann beispielsweise mit einigen der anderen asiatischen Länder, wie China, Thailand oder Malaysia, in denen weibliche Führungskräfte schon als Normalität erlebt werden, nicht mithalten. Die USA und einige nordische sowie osteuropäische Länder werden von europäischen Männern als fortschrittlicher eingestuft.

Einen Hauptgrund für die geringeren Anteile von Frauen ganz oben sehen die Männer in einer zum Teil aus der Sozialisierung rührenden mangelnden Karriereorientierung von Frauen. Diese entscheiden sich in der Mehrzahl für Familie und somit gegen eine Spitzenkarriere. Das beide Aspekte in den heutigen Unternehmenswelten nur schwer zu vereinen sind und eine Balance nicht erreichbar ist, scheint für die Alpha-Männer eine logische Tatsache. Unterbrechungen der Karrierelaufbahn durch Elternzeiten machen eine Spitzenkarriere in der Wirtschaft auch weiterhin nahezu unmöglich. Die derzeitigen Karrieremodelle lassen keinen Raum für untypische Verläufe mit Pausen und Brüchen. Die Spitzenmänner schildern ausführlich ihre eigene Familiensituation, in der sie durch ihre Partnerinnen uneingeschränkt unterstützt werden. Spitzenfrauen, die in ähnlichen Konstellationen leben, kennen sie und beschreiben sie als Ausnahmen, die sich in umgekehrten Familienmodellen gut auf ihre Karrieren ausgerichtet haben. Bei der jüngeren Generation sehen die Alpha-Männer ein Auflösen klassischer Rollen, welches aus ihrer Sicht die traditionellen Strukturen über kurz oder lang im Kern verändern werden. Ihre Schlussfolgerung ist, dass die Zeit für die Frauen arbeitet und ein Kampf zwischen den Geschlechtern damit unnötig scheint. Frauen wählen aus Sicht von männlichen CEO oft klassisch weiblich dominierte Studiengänge und eher frauenaffine Industrien aus. Dadurch kommt es gerade in bestimmten Industriezweigen zu einem Frauenmangel, der zu dem sogenannten Pipelineproblem führt. Gerade die männlichen CEO aus der Schwerindustrie schlussfolgern, dass oft einfach nicht genügend Frauen im Talentpool sind, die für C-Level Funktionen in Frage kommen. Beispiele für systematische Diskriminierungen von Frauen durch Männer kommen in den Interviews zwar vor, sind aber zahlenmäßig nicht häufig. Anteilsmäßig häufiger sind Beispiele von Diskriminierungen von Frauen durch andere Frauen. Trotzdem erkennen die Alpha-Männer an, dass es Frauen generell weiter schwerer haben, in Unternehmen aufzusteigen. Sie schildern, dass auch Männer ein dickes Fell benötigen, um sich bis oben an die Spitze zu arbeiten. Mangelndes Selbstvertrauen bei Frauen im Vergleich zu Männern ist eine weitere Erklärung der männlichen Führungskräfte für Unterschiede beim Karriereverlauf. Ein starkes Selbstbewusstsein und hohe Durchsetzungskraft sind unabhängig vom Geschlecht Merkmale einer Führungskraft, die Chancen hat an die Spitze zu kommen. Wenn Frauen einmal oben angekommen sind, werden sie demselben Druck ausgesetzt wie männliche Führungskräfte. Besonders in den deutschen Interviews werden Situationen geschildert, in denen Frauen systematisch aus hohen Positionen verdrängt werden. Frauen benötigen weiterhin eine starke Resilienz, gute Verbündungstaktiken und eine Strategie, Aushebelungsversuchen von Männern am besten vorzeitig zu entkräften. Dazu benötigen sie Energie in Form von starken Nerven und einer stabilen Gesundheit, einen hohen Karrierewillen, der sie treibt und machtstrategische Kompetenzen.

Alpha-Frauen sehen Diskriminierungen stärker als Ursache des Ungleichgewichtes in den Unternehmensspitzen

Die weiblichen Führungskräfte aus den verschiedenen Nationen unterscheiden sich in ihren Schilderungen in Bezug auf die Chancen von Frauen aufzusteigen nicht essenziell von denen ihrer männlichen Kollegen. Als Ursachen für die ungleiche Beteiligung von Frauen werden Sozialisierung und gesellschaftliche Vorurteile, Vorbehalte gegenüber Müttern in Führungspositionen, aber auch der mangelnde Rückhalt von Frauen untereinander genannt. Hauptunterschied zu den Ausführungen der Männer ist die Vielzahl der Berichte über Vorurteile und Diskriminierungserfahrungen- durch Männern aber auch durch andere Frauen.

Gesellschaftliche Rollenstereotype und das Verhältnis der Geschlechter zueinander wirken auf den Aufstieg von Frauen

Die befragten Topmanagerinnen bewerten ihr Umfeld in Bezug auf Chancengleichheit in den verschiedenen Ländern sehr unterschiedlich. Während die Chancen für Frauen in

Japan extrem niedrig eingestuft werden, schneidet China von den führenden Industrienationen am besten ab. Das Land mit den meisten Frauen in Topführungspositionen, Russland, sowie Frankreich, Deutschland oder die USA werden im Mittelfeld gesehen, wenn es um Chancengleichheit von Männern und Frauen geht. Gerade in den Ländern mit sehr geringen Frauenanteilen in den Unternehmensleitungen, wie beispielsweise Deutschland, ist es von Bedeutung, dass Frauen sich von ihrer Sozialisation unabhängig machen und klare Karriereziele formulieren.

> *Deutsche weibliche CEO: Deutschland lebt, was Geschlechtergerechtigkeit und Geschlechterchancengleichheit angeht, meines Erachtens, hinter dem Mond.*

> *Deutsche CEO: Wo ein Wille ist, ist ein Weg. Das heißt, man kann es schaffen. Also die Hürde ist hoch, aber sie ist nicht so hoch, dass sie unmöglich ist. Ich glaube aber, dass alle unsere Rahmenbedingungen, also diese Grenze, diese Bilder, die sind noch so stark verhaftet, dass das Drumherum einfach noch so weit unterentwickelt ist. Es gibt eben auch diese ganzen Themen, auch Männer nehmen Elternzeit, es wird ja immer noch kritisch beäugt. Die Möglichkeiten für Kinderbetreuung, da sind wir immer noch relativ weit hinten aus meiner Sicht. Was mich Deutschland im Mittelfeld bewerten lässt, sind auch die Bilder, die sehr stark bei meinen männlichen Kollegen in den Köpfen sind.*

> *Japanische weibliche Präsidentin eines Pharmaunternehmens: Wir sind Ausnahmeerscheinungen. Verstehen Sie? Die meisten Frauen in Japan denken noch nicht einmal daran, dass auch sie Managerinnen werden könnten. Ich meine sogar die untere und die mittlere Ebene. Es ist in ihrem Weltbild als Möglichkeit derzeit noch nicht vorhanden. Ich selbst aber habe für mich nie Grenzen gesehen.*

> *Weibliche CEO USA: Es ist weiterhin auch bei uns nicht selbstverständlich in das C-level aufzusteigen. Noch schwieriger ist es CEO zu werden. Es hat viele Gründe. Farbige Frauen hatten bisher so gut wie keine Chancen. Jetzt gibt es die ersten zwei farbigen Frauen, die CEO im Fortune 500 sind. Das wird bejubelt, als wäre es sonst etwas, dabei ist es eine Schande, so wenig.*

Ein weiterer wichtiger Aspekt ist aus Sicht der Topmanagerinnen das Geschlechterverhältnis zueinander, welches am Arbeitsplatz zu Konflikten führen kann. Eine Auseinandersetzung mit den Sorgen der Männer ist Teil ihrer Lösungsstrategie. Frauen brauchen bewusste Strategien im Umgang mit männlichen Führungskräften, die sie bei der Erreichung ihrer größeren Ziele weiterbringen. Dabei steht auch die Erkenntnis darüber im Zentrum, was Männer an Frauen schätzen und was sie andererseits aufbringt.

> *CCO Frankreich: Ich denke, dass wir Frauen auf der Ebene der Gesellschaft als intellektuell gleichwertig betrachten, nicht aber im konkreten. Wenn wir das wirkliche Leben der Menschen in der Familie betrachten, ist dies nicht der Fall. Alle haben immer noch Klischees. Männer sind immer noch Männer, die stark und verantwortlich sein müssen, und Frauen sind immer noch diejenigen, die sich um das Haus kümmern. Wir entwickeln uns weiter, aber wir haben unsere Art zu denken nicht vollständig geändert. Ich denke, Frankreich ist nicht schlecht. Weil wir in Frankreich alles tun, damit die Frau arbeiten kann. Das, was in Frankreich immer noch ein Problem ist, ist eine bestimmte vorherrschende Position des Mannes. Viele wollen nicht, dass sich das ändert. Dass sich die Gesellschaft verändert. Aber einige Männer fürchten, dass Frauen ihren Platz einnehmen. Wenn wir uns anschauen, wie die Männer in der Politik reagieren, wenn eine Frau in die Nationalversammlung kommt, es ist unheimlich. Ich denke, in Frankreich gibt es einen kulturellen Punkt, der wichtig ist, nämlich die*

Beziehung zwischen Mann und Frau. Auf der intimen Ebene. Und das lässt den Mann die Frau als Beute betrachten. Der Mann jagt die Frau wie eine Beute.

Der Umgang mit Diskriminierungserfahrungen nimmt Frauen Energie

Die Spitzenfrauen berichten vermehrt von Diskriminierungserfahrungen und von Vorurteilen gegenüber von Frauen in gehobenen Funktionen, welche mit dem weiterhin männlich geprägten Bild erfolgreicher Führungskräfte zusammenhängen. Anders als Männer, denen per Geschlecht die Fähigkeit zu führen zugetraut wird, müssen sich Frauen dieses Vertrauen doppelt erarbeiten. Schilderungen kommen aus allen Ländern. Gerade die deutschen und französischen Alpha-Frauen berichten von einer Vielzahl von Diskriminierungserfahrungen, die sie selbst erlebt haben oder bei Kolleginnen beobachten. Diese erleben sie als gezielt von Männern gegen Frauen gerichtet und lassen sich in folgende Gruppen fassen: Diskriminierungen der fachlichen Kompetenz von Frauen, sexistische Bemerkungen und Diskriminierung im Zusammenhang mit Schwangerschaften und Mutterschaft. Dabei erfolgt die Diskriminierung nicht nur im persönlichen Gespräch, sondern auch im öffentlichen Raum.

Französische Frauen sprechen offen ein Thema an, welches unter Frauen oft ein Tabu-Thema ist und bereits von den Männern geschildert wurde – die Diskriminierung von Frauen untereinander. Berichte von Frauen, die die Karrieren anderer Frauen erschweren oder zu verhindern suchen, sind dabei keine Seltenheit.

Alpha-Frauen sind somit in verschiedenen kulturellen Umfeldern weiterhin der Diskriminierung von Männern, aber auch der von Frauen ausgesetzt.

Die Frauen schildern wie sie durch höheren Arbeitseinsatz, bessere Ergebnisse gepaart mit ganz eigenen Strategien der Bewältigung, einen Weg gefunden haben in den Unternehmen zu reüssieren.

Deutsche CMO: Und ich bin mir sicher, dass haben sehr viele Frauen erlebt. Dass mir eine von Bemerkungen in einem Bewertungsgespräch erzählt hat, ihre Leistung schwanke, wie wenn sie ihre Tage habe. Oder, einer Kollegin von mir erzählt wurde: „Du kannst den Job faktisch zwar machen, aber da will ich nur einen Mann draufhaben." Also, das war Diskriminierung in der reinsten und verbalsten Form. Gab es auch. Ich habe keinem erzählt, dass ich geheiratet habe. Weil dann hätte jeder sofort gedacht, ich bekomme Kinder. Dann wäre die Karriere auch am Ende gewesen. Oder ein Chef mir ganz ehrlich am Abend erzählte, Frauen, die wollen ja eigentlich keine Karriere. Die wollen ja nur irgendwelche netten Auslandserfahrungen.

Und die Frauen, die Karriere schaffen, das sind alles Xanthippen. Also, immer wieder, diese ganz starken Vorurteile oder auch Verbalabschläge. Und auch später, als ich dann Geschäftsführerin in Spanien war, da habe ich gedacht, jetzt schaue ich doch noch mal, ob ich vielleicht nach Deutschland zurückkomme. Und ich muss auch da sagen, da hatte ich zwei oder drei Vorstellungsgespräche in Deutschland. Das war ja alles gnadenlos.

Weibliche CEO Frankreich: Zögern Sie nicht, die Hindernisse wirklich zu formulieren, denn gerade diese sehr konkreten Hindernisse hindern gerade Frauen. Und vor allem Sexismus. Sexismus, Ver-

halten, Kaffeemaschinenwitze. All diese Dinge passieren heute, alle Unternehmen arbeiten daran, eine viel inklusivere Kultur zu schaffen.

Deutsche Aufsichtsrätin: Ich kann ja noch ein Beispiel geben von der Hauptversammlung 2015, dass da jemand ans Rednerpult geht, ein Aktionär, und sagt: „Frauen haben keine Führungsfähigkeiten und haben in Führungspositionen nichts zu suchen." Ich sitze und denke: „Oh, heute ist versteckte Kamera, wo ist sie?" Nein, im Saal Applaus. Wir sind drei Aufsichtsrätinnen, die oben auf dem Podium sitzen, um grade Rechenschaft abzugeben. Und im Saal wird geklatscht, weil Frau keine Führungsqualität hat.

Weibliche CFO Frankreich: Es ist nicht so offen. Deshalb ist es schwierig, es ist schädlich. Ich habe Verhaltensweisen, Witze und Dinge gesehen, die uns wirklich zu einer Männerwelt machen. Ich habe das alles gesehen. Witze, sogar sexistisch orientiert. Ich denke, es ist normalerweise nicht absichtlich. Wir neigen dazu, Menschen, die wie wir selbst sind, zu fördern. So neigen Männer mit einer dominanten Führungsposition dazu, Männer zu rekrutieren, die aus ihren Schulen kommen, ihr Profil haben und verbinden sich in Mentor Beziehungen mit jüngeren Männern, die wie sie aussehen. Und es ist heute weiter so, dass Männern andere Männer in Rollen rekrutieren.

Mutterschaft als Karrierehemmnis

Die Beschreibungen der Frauen spiegeln die Berichte der Männer, wonach Elternzeiten in den meisten Fällen Karrierekiller sind. Mütter werden vor die Wahl gestellt, sich gesellschaftlichen Rollenerwartungen unterzuordnen und ihre Karrieren zu unterbrechen oder aber sich von diesen Erwartungen zu befreien. Dieser Prozess ist für deutsche, amerikanische und japanische Frauen schwieriger als für Frauen in China, aus der ehemaligen DDR oder Russland, da diese mit der Norm von Vollzeiterwerbstätigkeit aufgewachsen sind. Alpha-Frauen beobachten vor diesem Hintergrund bei anderen Frauen häufig eine unklare Karriereorientierung gepaart mit höherer Unsicherheit in Bezug auf die eigene Leistung.

Rund fünfundachtzig Prozent der Topmanagerinnen, aller Teilnehmerinnen der globalen Untersuchung mit Topmanagerinnen aus fünf Nationen, sind auch Mütter von ein bis zu vier Kindern. Weniger als zwanzig Prozent der befragten weiblichen Führungskräfte unterbrechen ihre Karrieren für familiäre Belange. Stopp-and-Go Karriereverläufe (Al-Sadik-Lowinski, 2020), bei denen Frauen versuchen Karriere und Familie auszubalancieren und dabei familiären Erwägungen den Vorrang geben, machen international nur siebzehn Prozent der untersuchten Karrierewege in der Befragung aus. In Deutschland und Japan kommen diese Verläufe nicht vor. Dieses ist ein Indiz dafür, dass Karrierefrauen in Umfeldern mit geringer Gendergleichheit sich sehr an die von Männern geprägten Karriereregeln der Unternehmenssysteme adaptieren müssen, um aufzusteigen. Diese Regeln sehen heute weiterhin längere Karrierepausen, auch bei Müttern, nicht vor. Auch wenn Unternehmen bestimmte Programme für Mütter anbieten, führen sie weiterhin oft in den „Mummy-Track", der in der Mitte verhaftet. Weibliche Führungskräfte berichten, wie sie nach der Rückkehr aus einer einjährigen Elternzeit, quasi aussortiert wurden. Die meisten Erfahrungsberichte zeigen, dass Frauen dann erfolgreich anschließen konnten, wenn sie auch in Phasen rund um eine

Geburt in den Job investierten. Oder aber, wie bei vielen Chinesinnen mit Leitungsfunktionen, die Zeit geplant für einen Unternehmenswechsel nutzten und dann länger pausierten, was in der Regel allerdings auch maximal ein Jahr bedeutete.

Weibliche CFO Schweiz: Nach der Geburt des Kindes habe ich also ein Jahr Pause gemacht. Darauf hat man in der Schweiz keinen Anspruch, aber im Unternehmen wurde es angeboten. Als ich wiederkam, war es schon so merkwürdig. Mein Chef hatte einen Mann mit eigentlich weniger Qualifikationen mit dem wichtigsten Projekt betraut, obwohl ich das übernehmen sollte. Ich wurde außenvorgelassen. Schließlich kam es zur Kündigung. Verstehen Sie, ich bin vom High Talent einfach fallen gelassen worden. Rückblickend war es falsch, in dem Jahr wirklich zu pausieren. Ich hätte 'dranbleiben müssen. Ich war ein Jahr wirklich weg und das war wohl falsch. Ich hätte Kontakt halten müssen.

Weibliche HRD, Frankreich: Ich kenne Situationen, in denen junge Frauen aus dem Mutterschaftsurlaub kamen. Sie bekamen Nebentätigkeiten, weil man der Meinung war, dass sie, nach dem Mutterschaftsurlaub nicht mehr die Energie haben, nicht mehr den Wunsch zu reisen. Dabei gibt doch Familien, in denen der Mann aufhört zu arbeiten. Ich denke, es gibt immer noch Klischees, die junge Frauen für indirekte Diskriminierung anfällig machen.

Aufsichtsrätin, Deutschland: Du brauchst in Deutschland jetzt eigentlich nur einmal gucken. Frauen, egal was sie tun, die werden nie positiv eingeordnet. Also, ich untermauere das gerne. Ich beschreibe das immer gerne: Die Frau, die keine Kinder hat, wird in Deutschland als Karriere geile Emanze eingeordnet. Die Frau, die sich entscheidet, Teilzeit zu arbeiten, na ja, die muss das ja wahrscheinlich, weil, ihr Mann das alleine nicht schafft. Oder, die muss sich ja auch noch ein bisschen selbst verwirklichen. Die, die Vollzeit arbeitet mit Kindern, das ist eh die klassische Rabenmutter. Also, die hat sowieso nur ihre eigenen Interessen im Vordergrund.

Mangel an Selbstbewusstsein und Ablehnung von Macht

Die Topmanagerinnen schließen sich den Männern in der Wahrnehmung an, dass Frauen oft nicht über das nötige Selbstbewusstsein verfügen, um in Unternehmensleitungen aufzusteigen. Eine Komponente, die in den Interviews mit den Männern nicht angesprochen wurde, ist der unterschiedliche Umgang der Geschlechter mit Macht. Im Kapitel drei wird über mögliche weibliche Machtstrategien berichtet. Männer gehen davon aus, dass Frauen ihre weiblichen Vorteile im Wettbewerb weitaus stärker nutzen, als es womöglich Realität ist.

Deutsche Aufsichtsrätin: Ich unterstelle, dass Männer Angst haben vor Machtverlust.
Für die Männer ist es alles, was sie haben. Ich habe diese Trapezstufe hier erhalten, ich bin jetzt CEO. Also ich kann jetzt nichts anderes mehr nach unten tun. Und diese Machtposition zu verlieren ist für Männer Wettbewerb pur, Angst pur. Ist bei der Frau anders, nicht ganz so. Die Frau hat für mich eher Angst, Macht zu übernehmen. Weil Macht immer noch definiert wird wie: dominierend, überstülpend, Machtmissbrauch.

Russische CEO: Es sind die Frauen, die Angst vor der Macht haben. Wenn sie es wollen, ist es absolut möglich. Bei uns sind wir fünf Frauen in der Chefetage, alles Frauen. Der Zuwachs an Frauen im Management bei uns ist jedes Jahr zehn bis fünfzehn Prozent.

Deutsche HRD: Wichtig wäre doch irgendwie noch mal ein anderes Selbstbewusstsein. Einfach stärker dastehen. Wo ich schon das Gefühl habe, und ich rede jetzt gar nicht von Deutschland. Ich rede jetzt eher von meinem Unternehmen. Also, was ich hier bei mir gesehen habe. Das oft die Frauen, die also eher so ein bisschen kleiner werden. So, ach, nee. Und das kann ich nicht und das schaffe ich nicht.

Rivalität unter Frauen

Ein wichtiger Aspekt in den Schilderungen der Französinnen, der sicherlich stellvertretend für andere Länder steht, ist die Frage der mangelnden Solidarität und Rivalität unter Frauen. Speziell beschrieben wird ein Generationenkonflikt der älteren Topmanagerinnen mit der jüngeren Generation, die sich Solidarität erhoffen, die ihnen aber verwehrt wird. Die älteren Frauen haben sich ihre Positionen schwer erkämpft und fordert von den nachziehenden Frauen denselben harten Kampf und die damit oftmals verbundene Anpassung an viele männliche Normen. Jüngere Frauen möchten Karriere machen, ohne sich männlichen Normen im Unternehmen bedingungslos zu beugen. Dazu gehören vor allem die familienunfreundlichen Arbeitszeiten mit Schwerpunkt in den Abendstunden, die in zum Beispiel in Frankreich im gehobenen Management sehr ausgeprägt sind. Ältere Frauen können nicht akzeptieren, dass die folgende Managerinnengeneration von diesen Normen abweicht und verweigern ihre Solidarität. In diesem Zusammenhang kann das bereits beschriebene „Queen-Bee-Syndrom" weitere Erklärungsansätze bieten. Eine der möglichen Bewältigungsstrategien von erfolgreichen Frauen, die sich ihren Weg stark erkämpfen mussten, ist die eigene Distanzierung von der benachteiligten Gruppe, in diesem Fall der anderen Frauen, um Akzeptanz innerhalb der höhergestellten Gruppe zu suchen. In einem männerdominierten Arbeitsumfeld geschieht dies durch die Übernahme männlicher Eigenschaften oder Wertemuster.

Verwaltungsrätin, Frankreich: Aber es gab und gibt noch Welten, in denen Frauen sich nicht helfen, sich aber immer noch als Konkurrenten sehen. Nun, vielleicht ist das ein Punkt. Ich wurde immer als eine Frau betrachtet, die vielen anderen Frauen geholfen hat. Ich war auch immer von vielen Frauen umgeben. Die Frage ist, wie wir die Ankunft einer neuen Frau z. B. im exekutiven Team sehen, als „es ist großartig, da ist eine neue Frau mehr", oder „ah ja, okay, wird sie mich vielleicht in den Schatten stellen? „. Voila. Es ist die Frage, wie man das sieht.

General Managerin, Frankreich: Ich denke, Frauen sind nicht solidarisch hier. Ich bin vor kurzem zu dem Schluss gekommen, dass der Hauptgrund, warum Frauen es nicht schaffen werden, darin besteht, dass es immer noch diesen biologischen Instinkt gibt, gegen die andere Frau zu kämpfen, den Männern nicht haben. Männer, sie kämpfen vielleicht, wenn sie um etwas kämpfen, und das ist normal, aber wenn nicht, kooperieren sie gegenseitig und helfen einander. Frauen, wenn sie in verschiedenen Unternehmen oder in einer anderen Branche tätig sind, tun wir das natürlich auch. Wenn es um dieselbe Branche geht, denke ich, Frauen sind die schlimmsten Feinde.

CFO, Frankreich: Das ist eine interessante Frage. Ich hatte früher eine Mentorin. Mentoren sind sehr wichtig. Frauen sind keine guten Mentoren für Frauen, generalisiert. Ich denke, da gibt es ein echtes Problem. Frauen, die Frauen beraten, es gibt Wettbewerb und dies und das. Wenn die Frau älter ist als die Mentee ist, dann gibt es Eifersucht, das ist keine großartige Sache.

Die Schilderungen der Topmanagerinnen sind in vielen Punkten übereinstimmend mit denen der Alpha-Männer. Ursachen für das Ungleichgewicht sind Bias, unklare Karriereorientierung auf Seiten der Frauen und ein nicht ausreichendes Selbstbewusstsein. Der spezielle Aspekt von Mutterschaft ist zentral bei der Ursachensuche. Diskriminierungen kommen von Männern und von Frauen, aber erstere überwiegen. Die Schilderungen der Frauen unterscheiden sich von denen der Männer in der Menge der geschilderten Anfeindungen und Ausschlüsse durch Männer.

Frauen und Männer befinden weiterhin in vielen Kulturen und Unternehmen in einem Kampf der Geschlechter um die wichtigen Positionen und ein partnerschaftliches Verhältnis, welches sich Effizienzsteigernd auswirken würde, ist noch nicht überall erreicht.

3 Konflikte der Männer im Umgang mit Alpha-Frauen

Um mehr erfolgreiche Führungsspitzen mit Männern und Frauen in den Unternehmen in aller Welt zu etablieren und das Potenzial beider für den Unternehmenserfolg zu nutzen, müssen Spannungsfelder zwischen den Geschlechtern überwunden werden. Neben direkten Konflikten der Alpha-Männer mit dem anderen Geschlecht im täglichen Geschäft, geht es hier um sensible Themen, wie die Sorge der Männer vor Bloßstellung durch kompetente Kolleginnen, den Umgang mit „Me too" und den Einsatz von erotischem Kapital bei der Karriere.

Spitzenmänner über Konflikte mit Alpha-Frauen

Alpha-Männern kommt in der öffentlichen Debatte um die geringe Beteiligung von Frauen im Senior Management die Rolle des Verursachers zu. Sie werden als Gesamtgruppe angeklagt und beschuldigt, zu diskriminieren und auszuschließen. Frauen auf der anderen Seite sehen sich als Opfer, ihre Identität in einer weiterhin männerdominierten Welt des Managements suchend. Die Situation bedingt, dass sich viele weibliche Führungskräfte männlichen Verhaltensmustern anpassen, diese übernehmen, ohne jedoch in ihnen verankert zu sein. Männliche Führungskräfte wissen oftmals nicht mit veränderten Rollen umzugehen und entgegnen mit typisch männlichen Reaktionsmustern, die sie unter Männern erlernt im Konfliktfall auch den weiblichen Kolleginnen gegenüber anwenden.

Welche Rolle spielt in diesem Kontext die Sorge männlicher Führungskräfte, dass ihre Macht und Autonomie von Frauen beschnitten wird, oder sie sogar ersetzt werden? Ist es so, dass Männer im Unternehmen Sorge haben, durch den Wandel von Frauen aus ihrer primären Rolle gedrängt zu werden? Ein Blick in die psychologische Betrachtung des Miteinanders der Geschlechter verdeutlicht tieferliegenden Motive für mögliche Konflikte von Männern mit Frauen am Arbeitsplatz. Hollstein (2004) geht so weit zu sagen, dass die Geschichte der Männlichkeit auch die Geschichte der männlichen Angst vor der Frau ist. Der Forscher postuliert, dass Geschlechter- und Frauenpolitik weiterhin wenig erfolgreich ist, wenn sie sich nicht mit dieser tiefenpsychologischen Problematik auseinandersetzt. Folgt man diesem Ansatz, dann ist es für eine erfolgreiche Zusammenarbeit der Geschlechter im Management wichtig, sich nicht nur auf die Belange der Frauen, die derzeit in hohen Führungsgremien noch Minderheiten darstellen, zu konzentrieren, sondern auch die Gedanken und Konflikte von Männern mit Frauen zu betrachten. Forscher wie Swope (2012) untersuchen die Herausforderung, die es für manche Männer darstellt, für eine weibliche Vorgesetze zu arbeiten und tauchen dafür tief in die traditionellen historischen Überlieferungen ein. Männer, so der Forscher, weisen in Bezug auf Frauen durch alle Kulturen hinweg zwei ambivalente Gefühle auf: Bewunderung und Angst. In diesem Zusammenhang spielt die Macht von Frauen,

https://doi.org/10.1515/9783111052182-003

Kinder zu gebären, eine Rolle. Die Sorge von Männern vor der Wut von Frauen zeigt sich schon in der griechischen Mythologie, wo Furien mit Schlangen auf ihren Köpfen dargestellt werden. In der Mythologie gibt es zahlreiche Beispiele für die Darstellung von machtvollen Frauen, wie zum Beispiel Scylla, mit sechs Köpfen und zwölf Füssen. Männer, so der Forscher, leben auch heute noch in einer Art Sorge gepaart mit Bewunderung vor der Kraft von Frauen.

> *Holländischer CEO: Was wir besprechen könnten, wären die Sorgen der Männer. „Oh, ich fühle mich nicht wirklich wohl mit Frauen in der Gruppe, ich fühle mich angegriffen, überholt, bloßgestellt, outsmartet".*

Es ist für viele Männer wichtig, ihre erlernte Rolle zu leben. Dieses gilt auch im Management. „Femiphobia" ist der wissenschaftliche Begriff für die Angst vor allem weiblichen. Aus ihr resultiert auch die Vermeidung von Gefühlen und Verhalten bei vielen Männern, welche als nicht männlich angesehen werden. Psychologische Studien wie von Kierski und Blazina (2009) erläutern, dass viele Männer davon getrieben werden, ihre weiblichen Seiten zu verdecken. Der Verlust von Status, die Angst davor plötzlich offen und verletzlich zu sein, waren einige der Szenarien die Männer in den Untersuchungen beschrieben.

Vor allem drei Situationen, die Unbehagen bei den männlichen Teilnehmern auslösten, wurden in diesem Zusammenhang genannt: Wenn Frauen im beruflichen oder sozialen Kontext eine überlegene Kompetenz zeigen oder höher in der Hierarchie stehen, wenn Frauen sich aggressiv verhalten oder laut werden, beides traditionell eher männliche Verhaltensweisen, und schließlich, wenn Frauen sich behütend wie eine Mutter verhalten und Männer als kleine Jungen dastehen lassen. In der Studie von Kierski und Blazina (2009) fühlten sich Männer vor Frauen vor allem dann destabilisiert, wenn sie ihnen mit überlegener Kompetenz, Wut oder mütterliche Fürsorge begegnen.

> *Japanischer CEO: Einige Männer fühlen sich unter Druck in einem von Frauen dominierten Meeting. Das hängt von der Persönlichkeit ab. Für mich ist das völlig o.k. Aber ich verstehe, dass einige Männer sich unwohl fühlen oder unter Druck in so einer Situation.*

> *Japanischer CEO T.: Ja, davor habe ich auch Angst. Das sich auf einmal die Rollen komplett drehen. In meiner Ehe ist meine Frau Hausfrau. Sie arbeitete bis Ende zwanzig, bis wir heirateten. Dann hat sie sich auf die Familie konzentriert. Jetzt hat sie einen Teilzeit-Job. Ich könnte mir das für mich niemals vorstellen. Ich würde sehr eifersüchtig werden, wenn sie erfolgreicher wäre als ich. Das würde bedeuten, dass ich nicht erfolgreich bin, ein Verlierer. Wenn sie dann auf einmal mehr verdient, würde sie erwarten, dass ich meinen Job aufgebe und zu Hause alles mache. Davor habe ich Angst.*

> *Deutscher Marketingleiter: Ich glaube, dass der Gossip Kneipen Talk, der after Work Talk zwischen Männern und Frauen unterschiedlich ist. Ich glaube bei den Männern ist es, wenn man über irgendjemanden lästert oder Meinung sagt, ist es sehr viel direkter. Ich glaube bei Frauen ist es süffisanter. Also wir hatten damals sehr viele Direktorinnen auf unterschiedlichen Marken, die haben es sich ordentlich gegeben. Also das war, wer was kann und wer beim Chef und so weiter. Das was ich gesehen habe, sind Männer da sehr bei einem Bier dann abends, sehr direkt. Also das ging ja gar nicht, wie doof kann man sein, also der weiß wirklich nicht was er tut und blablabla. Frauen sind raffinierter,*

habe ich häufig erlebt, da hatte ich auch mal so eine Australierin, die war da Meisterin drin, so nach dem Motto: „Do you really think, what he presented was up to speed or to our standards?"

Die Reaktionen auf dieses Verhalten von Frauen im Management sind individuell und reichen von Reflektion, Rückzug, innerer Ablehnung bis hin zum offenen oder verdeckten Angriff. Die folgenden, sehr offenen Schilderungen, der Alpha-Männer verdeutlichen ihr Unbehagen.

CEO Niederlande: Ich habe es oft gesehen. In Projekten, in denen Frauen ihre Chefs eingeschüchtert haben. Die männlichen Vorgesetzten fühlten sich eingeschüchtert. Sie wurden mit den schwächeren Seiten ihrer Persönlichkeit konfrontiert, den schwachen Seiten ihrer Führung. Die Wahrheit ist, dass Männer sich oft eingeschüchtert fühlen. Das ist die Hautpursache. Und, dass sie sich übertrumpft fühlen von schlauen Frauen- outsmarted. Sie fühlen sich nicht sozial genug. Ich habe eine starke Frau vor mir, die ihr Unternehmen vor einigen Monaten verlies. Sie verurteilte andere sehr stark. Eigentlich war ich auf ihrer Seite, aber so wie sie das ausdrückte.... sehr urteilend und dadurch vergrößerte sie die Distanz. Sie schuf die Distanz und erhöhte das Unwohlgefühl. Ich glaube, dass wenn man mit den Haien schwimmen will, muss man schon ein wenig ein Hai sein und trotzdem zu sich selbst stehen. Einige der weiblichen Führungskräfte können sehr urteilend sein und sie vergrößern dadurch die Distanz.

Männer lösen Konflikte unter Geschlechtsgenossen nach ihren eigenen Regeln. Wenn Frauen nun im beruflichen Umfeld überlegene Kompetenz mit Bloßstellung oder Wut kombinieren, fühlen sich Männer außerhalb ihrer gelernten Konfliktstrategien mit anderen Männern angegriffen. Es ist für sie ein Unterschied, dieses Verhalten bei einem Mann oder einer Frau zu erfahren. In einer Männergruppe sind ihnen die Spielregeln klar und sie erwarten bestimmte männliche Verhaltensmuster. Sobald eine Frau sich auf die gleichen Verhaltensweisen einlässt, werden sie für die Männer unakzeptabel bzw. sie werden ihnen mit den gleichen Mustern begegnen, mit denen sie einen Mann bekämpfen würden. Die männlichen Führungskräfte beschreiben, dass typisch männliches Verhalten, welches oftmals mit dem Bild von „Haien" umschrieben wird, sich zwar im modernen Arbeitsumfeld wandelt, aber im Kern doch die gleichen alten Regeln unter Männern weiterhin gelten. Von Frauen erwarten sie andere, ethischere Verhaltensweisen, auch in Konflikten. Das geht zurück auf die am Anfang geschilderten Rollenverteilungen, in denen Frauen typischerweise Männer im Alltag und in der Familie befrieden und nicht in die Konflikte einer Außenwelt eintreten.

CEO Russland: Sie ist wirklich stark in ihrer Kommunikation, brillant. Und sie kämpft nicht mit Männern um Macht. Und sie schafft ein sicheres Umfeld für die Männer. Das ist nur meine Meinung dazu. Sie kämpft nicht mit Männern, sondern nutzt ihre Energie für die eigene Rolle. Sicher, wenn eine Lady in einen Box Club kommt, dann behandelt sie niemand wie eine Lady. Jeder sagt: „Wenn Du boxen willst, dann boxen wir". Diese weibliche Führungskraft, die ich vor Augen habe, wählte nicht mit Männern zu boxen, sondern ihre Stärken und diese Stärken zu nutzen, um diese Alpha Männer zu managen. Verstehen Sie den Unterschied, welchen ich meine? Wenn Du in einen Box Club kommst um mit Männern zu boxen, warum erwartest Du dann als Frau behandelt zu werden? Sie werden Dich als Box Partner behandeln- egal ob Mann oder Frau.

Spanischer CEO: Ich glaube ein Mann ist bereit einen anderen Mann offen zu kritisieren, wenn er eine Position erlangen will. Und er wird dem Konkurrenten Steine zwischen die Beine schmeißen, um ihn zurückzuwerfen. Frauen haben da eine bessere ethische Einstellung. Sie verhalten sich besser. Ich erwarte irgendwie, dass sie weniger aggressiv und grausam sind. Ich erwarte nicht diese schlimmen Sachen. Männer tun so etwas. Die rammen sich das Schwert hinterrücks rein. Da bin ich vorbereitet. Das sind unsere Spielregeln. Von Frauen erwarte ich das nicht.

Männer wünschen sich von Frauen Loyalität

Männer erwarten auf Basis gelernter Rollenmuster, in denen sie traditionell die dominierende Position einnahmen, dass Frauen im öffentlichen Raum ihre Autorität anerkennen. Traditionell waren die Rollenverständnisse auf Unterordnung der Frau unter den Mann ausgelegt. Gerade weil sie die Empathie und Sensibilität von Frauen schätzen, erwarten männliche Führungskräfte von Frauen Rückhalt und Loyalität, vor allem in Meetings und vor Dritten. Dazu gehört aus Sicht der Männer, dass Frauen sie nicht vor anderen Männern vorführen oder einmal vereinbarte Entscheidungen kritisieren. Alpha-Männer hoffen, dass sie sich darauf verlassen können, dass eine Frau im Business Kontext nicht unerwartet männliche Attribute des Wettbewerbes an den Tag legen. Ihr Anspruch an Kolleginnen ist, dass diese sich deutlich vom Wettbewerbsverhalten unter Männern und deren Regeln in Auseinandersetzungen abgrenzen, welche sie in den Interviews mit einer Mischung aus Selbstkritik und Humor bewerten. Es wurde bereits dargelegt, dass der moderne Mann sich heute von Frauen Kameradschaft und emotionale Unterstützung erwartet. Eine wichtige Komponente für die Interviewten ist vor diesem Hintergrund der Wunsch nach Loyalität und damit verbunden Verlässlichkeit und Vertrauen. Dazu gehört, dass Sachkritik im größeren Kreis mit Feingefühl und Diplomatie vorgebracht wird bzw. besser noch vor größeren Meetings in kleiner Runde diskutiert wird. Wenn Frauen einen männlichen Kollegen oder Vorgesetzten öffentlich kritisieren, kommt es zu größeren Irritationen. Aus den Beschreibungen der interviewten Männer lässt sich erkennen, dass sie die Kritik von Frauen zum falschen Zeitpunkt und am falschen Ort fürchten, auch wenn sie wissen, dass hinter der Kritik oft fundierte Sachverhalte stecken. Kritik würde leichter im persönlichen Gespräch angenommen werden als vor Dritten in großer Runde. Obwohl die Männer, die unter ihresgleichen harte Geschütze auffahren, auch weiblichen Kolleginnen vor versammelter Mannschaft ihre Schwächen vor Augen führen, ertragen sie es nur schwer, wenn dieses umgekehrt der Fall ist. Sie möchten, dass Frauen in gemischten Meetings in ihren weiblichen Rollen bleiben, für sie ein sicheres Umfeld schaffen und werden sie dann eher unterstützen. Wenn Frauen aber wie Männer agieren, offen kritisieren oder gegen bereits getroffene Entscheidungen öffentlich angehen, werden sie nach männlichen Spielregeln angegriffen. Darauf sind Frauen in der Mehrzahl nicht vorbereitet.

CEO Irland: Wenn ich darf, ein Beispiel, das gerade mit einer meiner weiblichen Führungskräfte in den letzten vierundzwanzig Stunden passiert ist. Wir als Führungsteam sind zu neunt, acht davon berichten an mich. Wir als dieses Führungsteam treffen uns einmal im Monat, um die Covid-Strategie zu über-

prüfen. Nun war das Team während der gesamten Krise sehr effektiv, sehr kooperativ, aber in einem Bereich war es nicht in der Lage, eine Entscheidung zu treffen. Wir haben in der Gruppe über das Problem diskutiert, es waren dreißig Minuten, bla, bla, bla, aber am Ende war niemand bereit, etwas zu ändern. Ich bildete eine kleine Gruppe, nur drei von uns, ich selbst und zwei VP-Frauen, um zu einer Lösung zu kommen. Diese Frau sagte tatsächlich, nachdem wir unseren vorher abgestimmten Vorschlag präsentiert hatten: „So hätte ich es nicht gemacht. Ich hätte euch alle einbezogen." Für mich bedeutete dies nicht nur, dass die Rolle des CEO gegenüber dem Rest des Teams in Frage gestellt wurde, sondern es würdigte auch die Arbeit herunter, an der sie beteiligt war. Sie hätte jederzeit im großen Kreis vorhersagen können: „Ich denke nicht, dass es angemessen ist, es einer kleineren Gruppe zu entscheiden." Es hätte in der vorherigen Sitzung sein sollen, als wir diese Entscheidung getroffen haben. Aber nicht, nachdem wir entschieden hatten. Es waren zwei Frauen und ich. Sie hätte jederzeit ihre Bedenken äußern können. Sie stellte die Führung in Frage, die Klarheit der Führung. Vielleicht stimmten nicht alle zu, aber sie wollten eine klare Entscheidung von uns. Die Moral der Gruppe wurde so untergraben.

Australische Führungskraft: Männer nehmen es nicht persönlich. Sie können sehr leicht loslassen. Eines der Dinge, die ich aus meiner Vergangenheit gelernt habe, war, wenn ich mich mit meinem Bruder gestritten habe oder mit meinem Vater, dann ging das so: Lass uns einen trinken und wir sind fertig. Es ist vergessen und wir haben nie wieder darüber gesprochen, weil es uns beiden leid tat. Es kommt auch nicht im zweiten Konflikt oder im dritten oder vierten Konflikt zurück, weil das Vergangenheit ist, erledigt. Bei Frauen kommen alte Konflikte normalerweise zurück.

Spanischer CEO: Ich habe beobachtet, dass Männer dem Anführer eher blind folgen, als dass bei Frauen der Fall ist. Anders formuliert, Männer sind nicht so kritisch. Wenn ich nur im Kreis von Männern agiere, gehen die Dinge einfach schneller. Weniger Diskussionen und weniger Argumente sind nötig. Unter Männern ist die Konsensbildung nicht so sehr wichtig.
Frauen neigen dazu, ihre Meinung ziemlich frei und mit sehr guten Argumenten zu äußern, weil sie, wie ich bereits sagte, diesen Sinn für Analyse haben, der ausgeprägter ist als bei Männern. Wenn dann eine Entscheidung getroffen wurde, akzeptieren sie das mit viel Disziplin. Da ihr Ego kleiner ist als bei Männern, werden sie, selbst wenn die Entscheidung, die ich getroffen habe, am Ende schlecht ist, nicht sagen: „Ich habe dir gesagt, wir hätten nach Paris statt nach London gehen sollen".

CEO US: Ich denke, es gibt verschiedene Arten von Loyalität, denke ich. Ich würde sagen, Loyalität mit dem Herzen, mit Leidenschaft, ich würde allgemein sagen, zeigen Frauen mehr, vielleicht weil sie mehr Zeit damit verbracht haben, die ganze Person kennenzulernen und diese Person fühlt, dann dass sie sie ein bisschen mehr hinter sich haben. Die männliche Loyalität könnte mehr von den Aufgaben und den coolen Sachen oder der Anziehungskraft des Anführers getrieben werden. Das lässt Dinge passieren, es geht voran. „Ich werde dieser Person treu sein. Vielleicht kenne ich sie nicht so gut, aber ich stehe zu hundert Prozent hinter dem, was sie zu tun versucht, und das ist die Quelle meiner Loyalität." Es ist eine andere Loyalität, würde ich sagen.

Umgang mit #MeToo und den Waffen der Frauen

Betrachtet man die Spannungsfelder zwischen Männern und Frauen, kommt man nicht um die sensiblen, komplexen Themen herum, die in dem Aufeinandertreffen der Geschlechter auch in hohen Führungsetagen eine Rolle spielen.

„Me too" ist der Slogan, einer Bewegung, die zurück geht auf die Anfänge des Jahres 2000, um auf sexuelle Übergriffe von Männern auf Frauen aufmerksam zu machen. Der Begriff wurde weltweit bekannt im Zusammenhang mit den sexuellen Belästigungen in der Filmindustrie. Eine weltweite Bewegung formierte sich, die zum Ziel hat, sexuelle Belästigung von Frauen am Arbeitsplatz zu verurteilen und zu verhindern. Diese Bewegung gibt Frauen erstmalig eine medienstarke Plattform, um unangemessenes Verhalten am Arbeitsplatz zu benennen, anzuklagen und dagegen anzugehen. Als Antwort auf die Bewegung beobachten Forscher bei Männern Zurückhaltung, Verunsicherung, aber auch Ablehnung. Männliche Führungskräfte wollen seit dem Start der Kampagne nur noch seltener als Mentor von weiblichen Talenten fungieren, da sie Sorge haben ungerechtfertigt angeklagt zu werden. In Forschungen zu Gender-Equality-Initiativen sagten vierundsiebzig Prozent der befragten männlichen Führungskräfte, dass sie weniger Frauen im Management zu unterstützen, weil sie befürchten ungerechtfertigt beschuldigt zu werden (Soklaridis, 2018). Weitere Studien zeigen, dass Männer es vorziehen, Meetings nicht allein mit einer Frau zu haben, die sie noch nicht gut kennen oder die ihnen unterstellt ist. Sie befürchten falsche Anschuldigungen, die Auswirkungen auf ihre Karrieren haben könnten, gegebenenfalls sogar ihr Ende bedeuten würde (Miller, 2017). Diese Reaktionen auf „Me too" führen oftmals dazu, dass Frauen seltener von Mentoren Beziehungen zu Männern mit Macht in der Organisation profitieren können. Nun wird aber gerade dieses Mentoring durch männliche Entscheidungsträgern Frauen als wirkungsvolles Instrument vorgestellt, um in ihrer Karriereplanung voranzukommen.

Männer und Frauen nähern sich dem an, was Soziologen als eine „Kultur der Angst" bezeichnen. Diese Ängste können auch ohne Realitätsbezug zwischen den Geschlechtern im Raum stehen. Somit hat die „Me too" Bewegung neben allen wichtigen positiven Aspekten einen Rückschritt im Bereich des Mentoring ausgelöst. Männer fühlen sich benachteiligt, denken, dass Frauen unverdiente Vorteile erzielen und reagieren mit Rückzug aus der Förderung. Geschlechtergleichheit bedeutet in diesem Kontext für Männer den eigenen Nachteil. Es sind aus männlicher Sicht die Frauen, die sich auf Kosten der Männer durchsetzen.

US CEO: Ich glaube der Schlüssel zu vielem ist, dass die Männer sich nicht wohlfühlen. Sie denken zum Beispiel, jetzt können wir nicht mehr offen reden, Witze machen. Die Witze müssen verändert werden.

Französischer CEO: Die alten Regeln, wo Männer sich old style benehmen, dominant sind, nicht mal eine Sekunde darüber nachdenken müssen, keine Restriktionen, keine permanente Selbstkontrolle, weil das heute das Image ist und sie dieses Image leben müssen und nicht beschädigen dürfen. Wir sind unter permanenter Kontrolle jetzt. Jeder ist ständig auf Obacht, weil immer irgendwo ein Video gedreht werden kann und auf die sozialen Netzwerke gestellt werden kann. Jeder hat ein Mobiltelefon und es gibt kein Benehmen mehr. Das gilt ja nicht nur für Manager. Alle Menschen sind permanent unter Kontrolle, auch wegen „Me too", weil sie kein schlechtes Image von sich geben wollen. Manchmal war es nur ein dummer Witz, blöde Sprüche oder blödes Verhalten, die aber eigentlich nicht für Deine wahre Persönlichkeit und was Du denkst stehen. Einfach nur blöde Witze, zwischen Freunden, die nichts sagend sind und nicht Deine Werte darstellen, nur so dahin gelabert, das darf man nicht mehr. Jetzt muss man sich ständig selbst regulieren, denn das darf man nicht mehr. Es könnte große Konsequenzen geben für ein bisschen Aufgabe von Selbstkontrolle. Das gilt für alles heute. Man ist ständig kontrolliert. Alles kann gefilmt werden und im Netz landen. Zum Beispiel bestimmte Fußballer machen nur noch Witze mit der Hand vor dem Mund, aus Angst gefilmt zu werden. Man könnte das Gesagte von den Lippen ablesen. Daher die Hand vor dem Mund. Also es ist ja nicht bis zu dem Grad, dass man gar nichts mehr sagt, aber man will nicht als jemand wahrgenommen werden, der man im Kern gar nicht ist, tief drinnen.

Man will nicht als weißer Protestant wahrgenommen werden, als einer, der die Position nicht verdient, sie aber nur deswegen bekommt. Man will nicht als Rassist wahrgenommen werden. Genauso will man nicht als frauenfeindlich wahrgenommen werden, als Macho, vorsintflutlich, der die Entwicklung der Gesellschaft nicht verstanden hat. Es ist nicht nur wegen der Frauen. Es gibt viele Trends und sie werden gesellschaftlich aufgezwungen und man muss die Codes verstehen und befolgen. Gerade wenn man eine breite Diversität von Menschen führen will und man nicht von einer Gruppe abgelehnt werden möchte. Man will also einen Konsens herstellen und das ist auch ein großes Risiko. Das Risiko ist, dass man es recht machen muss und allen gefallen will und man verbringt die Zeit damit, ein Image zu kreieren. Das ist heute das Risiko. Wir verbringen viel Zeit mit unserem Image und der Kommunikation, wie wir vor der Kamera aussehen. Jedes Wort wird zweimal geprüft. Wir vergessen die Essenz unseres Jobs, und die Verantwortung, welche bedeutet Entscheidungen zu fällen, für die Effizienz und besten Ergebnisse. Heute geht es um Gender Diversität, gestern um etwas anderes und morgen wird es etwas Neues sein um uns, die Gesellschaft, in Opfer und Täter einzuteilen. Man will natürlich nicht der böse Kerl sein, also schluckst Du es und machst es. Hier in Thailand ist es einfacher für mich als in Frankreich. Frauen hier sind elegant, sehr elegant aber eben nicht sexy. Das haben wir in Frankreich. Hier kann wirklich so sein wie ich bin und habe nicht das ständige überlegen, ob ich so oder so sein muss. Einfach nur managen. In Europa ist es viel komplizierter.

Australischer GM: Also ich sehe sowas nicht. Was ich sehe ist, dass wenn du Menschen richtig behandelst, respektvoll und angemessen, dann gibt es keine Probleme. Ich denke, wenn du etwas Unangemessenes machst, dann ist das das Problem und Du solltest zur Verantwortung gezogen werden. Ich habe ja lange in den USA gearbeitet. Dann in Australien und Indien und ich hatte nie ein Problem. Ich habe jede Frau mit Respekt behandelt, wie ich Familienmitglieder behandeln würde. Ich bin verheiratet, warum sollte ich unangemessen handeln? Ich bin verheiratet, warum würde ich das tun? Es gibt Regeln und Erwartungen und sie sind aus gutem Grund da, weil unangemessenes Verhalten falsch ist. Ich finde es großartig, dass wir Regeln haben und ich verstehe die Leute nicht, die nicht verstehen was richtig und falsch ist. Die müssen zur Verantwortung gezogen werden. Wenn jemand über die Regeln verunsichert ist, dann ist er wahrscheinlich über das eigene Verhalten verunsichert. Sie sollten ihr Verhalten hinterfragen. Ich musste Untersuchungen führen bei unangemessenem verhalten Frauen gegenüber. Diese Männer überschreiten die Grenzen richtigen Verhaltens und ihre eigene Wahrnehmung ihres Verhaltens war das Problem. Sie hatten nicht die Wahrnehmung für richtig oder falsch. Die Regeln sind eindeutig- ich will nicht begrabbelt werden oder unangemessene Sachen hören. Fertig. Ich würde mich sehr unwohl fühlen, wenn mir das passieren würde. Warum also sollte ich das tun? Es ist dasselbe mit Ethnie, Religion und sexueller Vorliebe oder jedem anderen Unterschied zwischen Menschen. Mit Gender ist es augenscheinlich, weil es die Hälfte der Bevölkerung betrifft. Wenn man die Menschen respektiert und die Unterschiede respektiert, dann hat man nie ein Problem.

Die Waffen der Frauen – Mit erotischen Kapital nach oben

Die Frage, ob Führungskräfte, sei es Frauen oder Männer, neben allen Qualifikationen auch durch Verführung in Unternehmen aufsteigen, bleibt in der Wissenschaft weitestgehend unerforscht. Es ist ein schwieriges Thema und von dem vorherigen kaum zu trennen. Verführung im Management ist wissenschaftlich gesehen ein Tabu-Thema. So findet sich auch kaum Forschung zu dieser Fragestellung. Und doch ist sie ein Element des Spannungsfeldes zwischen Alpha-Mann und Alpha-Frau. Obwohl beide Geschlechter vermutlich die Möglichkeit hätten, ihre Anziehungskraft als Karrieretreiber zu nutzen,

wird überwiegend Frauen nachgesagt, durch Nutzung ihrer Verführungskraft aufzusteigen.

Die Soziologin Hakim (2011) der London School of Economics prägte den Begriff des
erotischen Kapitals, der für Aufregung unter Feministinnen und Feuilletonisten sorgte.

Sie definiert erotisches Kapital als eine Kombination aus ästhetischer, optischer,
sozialer und sexueller Anziehungskraft auf andere Mitglieder der eigenen Gesellschaft
und insbesondere auf die Angehörigen des anderen Geschlechts. Es wirkt im jeweiligen
sozialen und kulturellen Kontext. In dieses Kapital fließen erlernbare Fähigkeiten und
Merkmale, die von Geburt an feststehen. Der Philosoph Marion (1880) stellt die These in
den Raum, dass wer geliebt werden will, etwas dafür tun muss. Er erweitert das Spektrum der Faktoren, mit denen man Anerkennung erzielt, wie zum Beispiel Bildung, um
den Faktor Herzensbildung und den der Kunst der Verführung. Die Provokation der
Arbeiten der Wissenschaftlerin Hakim liegt nun darin, diese eher aus dem privaten
Kontext gezogene Erkenntnis im Zeitalter der Frauenquoten-Debatten auf das Berufsleben anzuwenden und somit ökonomischen, kulturellen und sozialen Erwägungen die
Facette erotisches Kapital hinzuzufügen. Auch spricht sie von diesem Kapital als einer
Form von Wissen, das zur Bildung zählt. Wobei „sexuelle Energie" nur eine von sechs
Kompetenzen ist, in denen sich laut Hakim erotisches Kapital entlädt. Die drei persönlichen Aktivposten von Individuen – ökonomisches, kulturelles und soziales Kapital
– die erstmals im Jahr 1982 von Bourdieu dargelegt wurden, werden von Hakim erweitert um diese vierte Kapitalform. Sechs Elemente machen diese vierte Kapitalform
aus: Schönheit, sexuelle Attraktivität, die Fähigkeit zum sozialen Austausch, Vitalität,
soziales Auftreten und Sexualität als solche. Frontfrauen der deutschen Frauenbewegung, wie Alice Schwarzer, äußern sich zu dem von Hakim entwickelten Konzept positiv.
Frauen hätten vor allem, weil man weiterhin weit von realer Gleichberechtigung entfernt sei, das Recht, mit den „Waffen einer Frau" um Karrierechancen zu kämpfen. Vor
allem französische und deutsche Feministinnen sind dem Konzept gegenüber aufgeschlossen.

Besonders interessant ist nun, dass die Wissenschaftlerin davon ausgeht, dass
Frauen mehr von diesem Kapital haben, mehr daran arbeiten und damit auf ein Defizit
bei der anderen Seite treffen. Auch US-Forscher stellen das Geschlechterklischee auf den
Kopf, indem sie nicht die Ohnmacht, sondern die sexuelle Macht der Frauen betonten
(Schmitt, 2012): Männer hätten demnach *„ein ständiges „Sexdefizit"*, auf welches Frauen
in *„evolutionär vorgegebenen Mustern"* reagieren, schrieben sie im Fachmagazin „Current Directions in Psychological Science". Der Volksmund benennt es einfacher und
spricht von „den Waffen einer Frau" und meint damit hauptsächlich gewisse Wesens-
und Körperzüge, die eine Frau einsetzen kann, um an ihr Ziel zu kommen. Es gibt insgesamt sehr wenige Untersuchungen zur Frage, inwieweit Frauen ihr erotisches Kapital
nutzen, um in Unternehmen aufzusteigen und wie erfolgreich dieses Vorgehen ist. Das
Thema ist komplex und stößt deshalb häufig auf Widerstand oder Ablehnung, da es auch
im Kontext des Missbrauches der Opfer von „Me too", bei denen Vorgesetzte ihre
Machtüberlegenheit ausnutzen, betrachtet werden müsste. Hakim schreibt dazu, dass

das Verhältnis von Frauen zu ihrem erotischen Kapital auch durch negative oder positive Erfahrungen mit Männern geformt wird.

> *Französischer CEO: Wie man es auch dreht und wendet, die Beziehung zwischen Mann und Frau hat immer diese Spannung. Wir können uns darüber aufregen oder entrüsten oder wie in den USA viele Regeln einführen, mit dem Ziel zu versuchen, dass dieser Aspekt verschwindet. Ich denke, dass geht an der Realität vorbei. Ich bin kein Fan davon. Ich denke, man muss es einfach akzeptieren, dass das ein Teil vom Leben ist. Und wenn jemand im Verführungsmode spielen will, da gibt es auch einige Männer, die andere Männer unglaublich gut verführen, die das im Business nutzen.*

Es gibt keine Studien, die dieses neue von der Wissenschaftlerin Hakim definierte Kapital in seiner Gänze quantitativ erfassen. Hakim bezieht sich auf Studien, die einzelne der von ihre beschriebenen sechs Element messen. Für den Bereich des Managements könnte nun die Vermutung gelten, dass hier nach Fachkenntnis und Wissen eingestellt wird. Zumindest aber der Zusammenhang von Erscheinung und sozialen Umgangsformen ist auch für die dünn besiedelten oberen Hierarchiestufen untersucht. Der sogenannte „Schönheitsbonus" ist wissenschaftlich erforscht. Interessant ist, dass letzterer sich für Männer eher auszahlt als für Frauen. Gutaussehende Männer starten mit höheren Gehältern und erhalten mehr Gehaltzulagen als gutaussehende Frauen. Letztere übertreffen in den Studien jedoch ihre nicht so attraktiven Geschlechtsgenossinnen, wenn es um Gehälter geht. Soziale Kompetenz als Element von erotischem Kapital wird im Management zum Schlüsselfaktor gepaart mit der Fertigkeit sich selbst zu präsentieren. Dabei ist die Fähigkeit von Bedeutung, die eigene Person in angemessener Weise zu präsentieren, also für die Gelegenheit passend.

Männern ist bewusst, dass Frauen das größere erotische Kapital haben und so bestimmt auch die Sorge, dass Frauen dieses Kapital einsetzen und sie übertrumpfen oder Rivalen fest im Griff haben, das Spannungsfeld von Männern und Frauen. Sie argwöhnen, wann und wie stark Frauen diesen strategischen Vorteil nutzen. Hakim folgert, dass viele Männer ihn im Business stärker einsetzen würden, wäre er denn nachgefragt. Eine Forsa Studie aus 2017 zeigt Daten, die in eine ähnliche Richtung gehen. Im Schnitt der Studien lehnten hier die Mehrheit der Frauen Intimitäten mit Vorgesetzen ab. Männer würden, wenn auch auf niedrigem Niveau, häufiger intim werden, wenn es ihnen einen Karrierevorteil verschaffen würde.

> *Französischer CEO: Da ist immer das Risiko der Verführung. Es ist ein glitschiger Pfad, wo es leicht Probleme geben kann. Probleme, die man nicht auslösen wollte, es ist ein Risiko. Mehr mit Frauen als mit Männern. Wenn die Frau gut aussieht und so weiter, dann gibt es ein Risiko, aber sie kann aus diesem Spiel nicht raus. Man muss eigene internen Verbündeten haben und sich deren Unterstützung sichern und von der Gruppe akzeptiert zu werden. Sich Zugang zu den richtigen Meetings verschaffen und auf der Liste von Leuten sein, selektiert, Leute müssen Dich kennen. Wenn einer oder eine dann um siebzehn Uhr geht, wird keiner sie kennen und nicht wissen, was die eigentlich so machen. Das ist die Wahrheit. Wenn man da schüchtern bleibt und sich nie zeigt, werden die Leute nicht wissen, was an einem einzigartig ist, sie werden sich einfach nicht erinnern.*
> *Bei einer sehr schönen Frau ist die Gefahr, dass alle denken, dass sie den Job hat, weil sie schön ist und verführt. Das wird keiner sagen, dass sie den Job hat wegen des Aussehens und nicht, weil sie klug ist und Entscheidungen fällen kann. Das ist sehr zweideutig. Man fühlt sich nicht wohl mit all dem, vor*

allem in Frankreich, wir sind immer borderline. Da ist eine Weiblichkeit, eine Verführung in der Luft, das gibt es in den USA nicht. Frankreich, Spanien, Italien, da wird immer geflirtet. Es ist Teil der Kultur. Wenn sich alles vermischt, wird man ganz konfus und viele Frauen versuchen jegliches Risiko zu vermeiden. Sie haben dann ein Augenmerk auf ihre Kleidung, bloß nicht sexy, bloß keine Farben. Große Einschränkungen. Vielleicht ist es richtig so in Frankreich, weil es bei der Arbeit immer nur darum geht: Die Beziehung von Mann und Frau. Hier in Asien ist es anders, weil wir in ganz unterschiedlichen Kulturen sind. Ich brauche gar nicht daran zu denken. Ich kann so sein, wie ich bin. Die Frauen sind elegant, aber nicht sexy wie in Frankreich.

In der Folge werden Ergebnisse einiger der wenigen zur Verfügung stehenden Umfragestudien zusammengefasst. Laut Pohl und Theiss (2009) hat zum Beispiel mehr als jede zehnte Österreicherin zwischen sechzehn und neunundzwanzig Jahren bereits einmal oder häufiger erwogen, aus Karrieregründen mit ihrem Vorgesetzten intim zu werden. Das ergab die Umfrage unter 1500 Personen. Die Erhebung ist eine der Grundlagen des Buches „Die schmutzige Emanzipation – wie Frauen über Männer an die Macht kommen" der Autoren. Sie sehen darin ein Indiz dafür, dass es für Frauen möglich ist, *„mit ihren klassischen Waffen den Geschlechtskontrahenten den Todesstoß zu versetzen".* Mit Beispielen von Madame Pompadour über Ivana Trump bis Carla Bruni und einer Analyse der modernen Arbeitswelt beschreiben die Autoren, mit welchen Strategien ihrer Beobachtung nach Frauen auf dem Weg nach oben Männer für sich einsetzen. Vierundsiebzig Prozent aller befragten Österreicher waren in der Untersuchung der Meinung, dass es schöne Frauen bei der Arbeit leichter haben. Dreiundsiebzig Prozent benannten zumindest einen Fall, wo eine Mitarbeiterin nach Meinung der Befragten gezielt ihre Weiblichkeit eingesetzt hatte, um aufzusteigen. Diese Untersuchung gibt dabei subjektive Beobachtungen wieder, von denen unklar bleibt, ob sie der Realität entsprechen. Jeder Zehnte der Befragten spielte mit dem Gedanken, sich mit dem Vorgesetzten einzulassen und die Hälfte der befragten Österreicher finden diese Karrierestrategie nicht verwerflich. Penz (2016) von der Wirtschaftsuniversität Wien führte Interviews mit beruflich erfolgreichen Männern und Frauen über das Thema Schönheit und Beruf. Eine Schlussfolgerung aus der Untersuchung war, dass ehrgeizige Frauen genau wissen, dass Attraktivität für sie zu den Erfolgsvoraussetzungen gehört, und viel Zeit und Geld in ihr Aussehen investieren.

Russischer CEO: Das ist jetzt nur meine Vorstellung, keine Realität. Eine tolle, schöne Frau kommt in die Verhandlung und alle Männer werden den Mund offen haben und denke „Oh ja. Schön, dass Du hier bist". In einigen Unternehmen funktioniert das prima, weil sie gut aussieht. Sie bekommt die besseren Verträge, weil sie eine schöne Frau ist. Ich aber denke, Frau hin oder her. Es kommt darauf an, wie professionell man ist im Job.

Deutscher Regionen Leiter: Ich habe ja damals neunundachtzig in der Ausbildung angefangen bevor ich dann noch studiert habe. Und da sahst du ganz eindeutig. Das waren diese Altherren Circle, mit ähnlicher Kleidung zum Beispiel und durch gewisse Codes, das Vorzimmer, die Sekretärin, dann wurde die Sekretärin auch noch die Geliebte, habe ich häufig genug gesehen.

Auch die Problematik vertikaler Intimitäten, also zwischen Chef und Untergebenen oder Partnern unterschiedlicher Gehaltsgruppen gehört in den Bereich. „No hanky-pank with the payroll" – keine Affäre mit Mitarbeitern, ist in den USA Richtlinie für die über-wiegend männlichen, aber auch weiblichen Vorgesetzten. Den männlichen Vorgesetzten droht bei solchen Konstellationen leicht ein Imageverlust, den weiblichen Geliebten wird nachgesagt, die Beziehung basiere auf einem karrieretaktischen Kalkül.

> *Deutsche Führungskraft: Was ich persönliche schade finde, ist, für mich sind Männer und Frauen völlig gleich. Ist mir wirklich egal. Ich habe eher vielleicht eine Tendenz zu Frauen, weil mir dieses Menschliche gut gefällt, ich connecte da besser mit. Leider habe ich auch noch sehr viele Frauen erlebt, die für sich diese Gleichberechtigung wollten. Wenn sie dann aber trotzdem noch so ihre Waffen der Frau einsetzen konnten und dann irgendwelche idiotischen Männer gefunden haben, die das auch noch dann gut gefunden haben...das habe ich in meiner Karriere sehr, sehr häufig erlebt.*

In einer repräsentativen Umfrage des Ifak Instituts bekennen sich 2,9 Millionen der rund vierzig Millionen Erwerbstätigen dazu, schon einmal eine Affäre am Arbeitsplatz gehabt zu haben (Ifak, 2018). Einundneunzig Prozent der Personal- und Finanzmanager haben keine Bedenken bei Liebesbeziehungen innerhalb der Belegschaft (Wiwo, 2008). Jeder sechste Befragte hatte laut einer anderen Untersuchung bereits eine Affäre am Arbeitsplatz. Davon gab jede vierte Frau an, schon einmal Intimitäten mit Vorgesetzen gehabt zu haben (Xing, 2017). Fünfunddreißig Prozent der Befragten unter dreißig Jahren akzeptieren Intimitäten mit dem Vorgesetzten als Karrieresprungbrett (Spiegel, 2013). Anders als in vielen US-Unternehmen sind intime Beziehungen im Arbeitsplatz-umfeld in Deutschland arbeitsrechtlich nicht gesetzlich eingeschränkt. Nur wenn der Betriebsfrieden gefährdet, wenn Kunden- oder Publikumsverkehr berührt sind oder die Beziehung zu einem „öffentlichen Ärgernis" wird, drohen arbeitsrechtliche Konse-quenzen.

Es bleibt bei diesem sensiblen Thema offen, welchen tatsächlichen Einfluss die Faktoren erotisches Kapital und Verführung letztendlich auf den beruflichen Erfolg von Frauen, aber auch Männern, haben.

> *Deutscher Marketingleiter: Ja. Zwei Beispiele, die wollte ganz taff sein, Engländerin, ist dann auch VP geworden, wollte wirklich gleichberechtigt sein. Aber wenn sie präsentiert hat an ein Männergremi-um, dann war es immer noch sehr sexy. Also durchsichtige Bluse und BH und enger Rock und so, sie konnte sich das auch leisten. Oder dann auch dieser große Blick mit großen Augen. Und die Andere, war genau dasselbe. Also sie hatte einfach, denn sie war smart, die war mit Abstand nicht die Beste, aber sie konnte den männlichen Chefs fast suggerieren, dass sie den absolut attraktiv findet, alles für ihn tut, ihn unheimlich schätzt. Die Art und Weise, wie sie sich hingesetzt hat, wie sie zugehört hat, nähergekommen, immer mit großen Augen angeguckt. Also wir hatten da einen Chef damals, der ist da absolut drauf eingefallen. Ich finde, das darf man so oder so nicht, das hat da im Büro nichts zu suchen. Und die wurde dann aber auch sehr schnell High Potential und in die USA befördert. Und da ist sie dann eine Frau geraten und die hat sie gefeuert. Weil sie nicht up to speed war. Dann gibt es noch diesen androgynen Stil bei Frauen, alle im Hosenanzug, kurze, rote Haare.*

> *Japanischer CEO: Ich weiß nicht, ob der Ausdruck jetzt angemessen ist. Sie haben Leadership. Und sie haben Charme. Ich meine nicht Schönheit. Es ist diese Art Charme, der von vielen Menschen anziehend gefunden wird. Männer können das auch haben. Aber besonders Frauen haben das. Bei einer Townhall zum Beispiel können sie das Ganze besser kommunizieren. Wie sie fühlen. Es ist gut, wenn Frauen*

diese Art Charme haben. Sie gewinnen die Männer im Team dann leichter für sich. Und überhaupt mag ich keine Meetings nur mit Männern, langweilig.

Ambivalenzen der Männer zur Quotenfrage

Quotenregelungen basieren auf der Annahme, dass ein höherer Anteil unterrepräsentierter Gruppen, zum Beispiel Frauen, in bestimmten Positionen ökonomisch sinnvoll ist. Hierbei wird davon ausgegangen, dass die Verteilung der relevanten Fähigkeiten unabhängig vom Geschlecht ist. Frauenquoten basieren auf dem Gedanken, durch Zielverpflichtungen der Unternehmen bei der Besetzung von Führungspositionen, die Beteiligung von Frauen an den Topmanagementpositionen zu erhöhen. Man unterscheidet im Allgemeinen zwischen den gesetzlichen Quoten, bei denen die Gesetzgeber des jeweiligen Landes festlegen, welche Frauenanteile in einem Land in bestimmten Funktionen der Wirtschaft erreicht werden müssen und der Selbstverpflichtung von Unternehmen, bei der intern freiwillig bestimmte Zielgrößen für die Einstellung und Beförderung von Frauen festgelegt werden. Letztere Selbstverpflichtung wird in vielen Ländern, unter anderem in Deutschland, als der erfolgsversprechende Ansatz von der Politik gefordert und gefördert.

Der angestrebte Zweck der Quote in Bezug auf das Management ist es, den Frauenanteil so zu erhöhen, dass langfristig eine Parität weiblicher und männlicher Führungskräfte in entscheidenden Positionen realistischer wird. Befürworter von Frauenquoten nehmen an, dass Frauen in Führungspositionen das Unternehmensresultat verbessern. Es gibt eine Vielzahl von Forschungen, die diese Annahmen untermauern. Unter Ökonomen gibt es jedoch auch Gegenmeinungen, die argumentieren, dass Unternehmensresultat und Governance nicht direkt kausal zusammenhängen. Es könnte auch sein, dass erfolgreiche Unternehmen eine Unternehmenskultur haben, die für die bessere Performance verantwortlich ist und zugleich mehr Frauen einstellen.

Französischer CEO: Es ist ein kultureller, politischer und gesellschaftlicher Trend in Europa, bei dem Minderheiten als Opfer dargestellt werden. Egal über welche Minderheit wir reden. Der Fokus ist auf den Opfern und auf der Diskussion um Diskriminierung. Dabei wird nichts gemacht, sondern nur diskutiert. In China zum Beispiel gibt es viele Frauen, die im Topmanagement sind und es wird nicht mehr so viel geredet. Vielleicht liegt es an der Kulturrevolution und der Partei, ich weiß es nicht. Auch in China haben Männer dominante Positionen im Vergleich zu Frauen. Aber sie reden nicht den ganzen Tag darüber. Gib ihnen den Job und wenn sie nicht gut sind, schmeißt sie wieder raus. Egal ob Frauen oder Männer. Sie wollen dieselbe Verantwortung, dann müssen sie sich genauso messen lassen. Das empfinde ich als ehrlicher. Es heißt dann nur „Bist Du gut? Akzeptierst Du das KPI als Messkriterium?". Dann aber geht die Diskussion los. Das Gefühl kommt auf, dass sie den Job jetzt bekommen, weil sie Frauen sind. Mit den Vorgaben. Das verpestet die Atmosphäre, echt.

Auf europäischer Ebene ist in Sachen Geschlechterquote Norwegen Vorreiter. Bereits im Jahr 2003 hat das Land eine Quote von vierzig Prozent für Aufsichtsräte staatlicher und börsennotierter Unternehmen beschlossen und für den Fall der Nichterfüllung teilweise sehr harte Sanktionen festgelegt, bis hin zur Auflösung der betroffenen Unternehmen.

In insgesamt zehn Ländern in Europa gibt es gesetzliche Quoten, die allerdings sehr unterschiedlich ausgestaltet sind. Zu den Ländern gehören unter anderem Belgien, Deutschland, Frankreich, Italien, Niederlande, Norwegen und Spanien. Während einundzwanzig weitere europäische Länder über keine gesetzlichen Regelungen verfügen, haben zumindest elf von ihnen eine Empfehlung in nationalen Kodizes, die jedoch zumeist nur für ausgewählte (meist börsennotierte) Unternehmen gilt. Zu dieser Gruppe gehören Schweden und Großbritannien. Für Japan setzte der ehemalige Premierminister Abé im Jahr 2014 mit den sogenannten „Womenomics" das Ziel von dreißig Prozent Frauenanteil, welches bis 2020 auf freiwilliger Basis erreicht werden sollte. Das Land ist heute weit entfernt von dieser Zahl. Karl (2020) veröffentlicht in einem Mitbestimmungsreport ein Ranking der europäischen Länder hinsichtlich ihres Ambitionsgrades in Bezug auf die Erreichung gesetzlicher Quoten. Österreich, die Niederlande und insbesondere Deutschland haben danach eine sehr geringe Ambition, insbesondere bei der Betrachtung der vom Gesetz erfassten Unternehmen. Die norwegische Quotenregelung zeigt im internationalen Vergleich mit vier von fünf Punkten den höchsten Ambitionsgrad. Die deutsche Quotenregelung erfüllt in der Vergleichsanalyse den geringsten Qualitätsstandard einer gesetzlichen Geschlechterquote (1,85 von fünf Punkten). Deutschland hat 2015 eine verbindliche Quote von dreißig Prozent für Aufsichtsräte von mitbestimmungspflichtigen Unternehmen eingeführt. Die Quote betrifft börsennotierte und paritätisch mitbestimmte Unternehmen. Seit 2021 gibt es die Frauenquote für Vorstände der Dax Unternehmen. Seitdem ist die Zahl der Vorständinnen auf vierzehn Prozent angestiegen, wenn auch nur in den wenigen Unternehmen des DAX.

Die Länder der europäischen Union einigten sich im Jahr 2022 auf eine Geschlechterquote mit einem Anteil von vierzig bzw. dreiunddreißig Prozent Frauen für alle börsennotierten Unternehmen, die ab 2026 gelten soll.

> *Deutscher Marketingleiter: Ich habe es ja häufig in letzter Zeit miterlebt, dass man doch irgendwie, um die Quote zu erfüllen, Frauen vorgezogen hat. Ich weiß es von einem guten Freund, der wieder aus Russland zurückkam. Da gab es einen guten Job in der Zentrale, auf den gab es drei Bewerber und da wurde ganz klar die Frau genommen. Sah besser aus. Denn dann fühlen sich manche Chefs auch besser, wenn sie diese Quote halt erfüllen können.*

Die Wirkung von Frauenquoten auf den Unternehmenserfolg wird in verschiedenen Forschungen untersucht. Dabei zeigen die Ergebnisse sowohl positive, neutrale als auch negative Effekte. In einer 2004 von Catalyst veröffentlichten Studie über 353 Fortune 500-Unternehmen erzielten die Firmen mit dem höchsten Frauenanteil in den Boards durchschnittlich höhere Werte für die Kennzahlen Eigenkapitalrentabilität und Aktienrendite als Firmen mit niedrigen Frauenanteilen.

In einer Studie über deutsche Unternehmen für das Jahr 2013 findet Laible einen leichten, jedoch signifikant negativen Zusammenhang zwischen dem Frauenanteil im Topmanagement und den Kennzahlen Umsatz, Pro-Kopf-Umsatz und Wertschöpfung.

Adams und Ferreira (2008) stellen in einer Studie über US-amerikanische Firmen fest, dass die Variable „Gender Diversity" einen negativen Effekt auf die Unternehmensperformance hat, obwohl ein positiver Einfluss auf abhängige Variable wie „Anwesenheit" und „Monitoring" gemessen wurde. Die Autoren schlussfolgern, dass Frauenquoten zumindest bei gut geführten Unternehmen zu einer Verschlechterung der Performance führen können. In einer Metaanalyse von Reinwald (2015), die sechsundzwanzig Studien zusammenfasste, kamen neun der untersuchten Studien zu dem Ergebnis ein höherer Frauenanteil wirke sich positiv auf relevante wirtschaftliche Kennzahlen aus, drei Studien ergaben, dass dieser sich negativ auswirke. Die Metastudie kommt zu dem Schluss, dass man nicht von einem kausalen Zusammenhang sprechen kann und es auf verschiedene Faktoren ankommt. Ein positiver Zusammenhang entsteht, wenn ein hoher Frauenanteil in der Belegschaft vorhanden ist, der Geschäftsfokus auf Privatkunden liegt und/oder der strategische Fokus auf Innovationsintensität liegt. Ein tendenziell negativer Zusammenhang konnte bei Unternehmen ausgemacht werden, die eine starke Adhokratie Kultur (Online-Organisationskultur) haben.

Kritiker einer institutionalisierten Frauenquote bemängeln, dass die gegenwärtige Diskussion zwar unter dem Gerechtigkeitspostulat einer Gleichstellung geführt wird, letztendlich aber nur den Frauenanteil, in den sehr wenigen Spitzenpositionen der Wirtschaft thematisiert. Ginge es allein um den gesellschaftlichen Ordnungsaspekt einer „Gleichstellung", wäre auch der Blick in anderen Bereichen einer nicht so attraktiven Berufswelt vonnöten. Als Beispiele werden hierfür Müllabfuhr, Straßenbau, Kanalreinigung oder Entsorgung von Gefahrgütern benannt. Hollstein (2011) bezeichnet die Diskussion um eine Quotenregelung deshalb als unredlich und als „Geschlechterkampf pur um Macht". Er argumentiert wie folgt „Die Debatte um die Frauenquote übersieht, dass Frauen längst keine armen Opfer mehr sind. Der wahre Skandal liegt darin, dass die Gesellschaft die Benachteiligung von Männern systematisch ausblendet." Diese Beschreibung passt zu den vorhergenannten Sorgen vieler männlicher Führungskräfte, aufgrund der laufenden Veränderungen verdrängt zu werden. Genauso ambivalent wie die Forschungsergebnisse zur Wirkung von Frauen Quoten sehen es die Alpha-Männer. Ein Teil spricht sich für Quoten aus, ein anderer lehnt diese ab, da Besetzungen von Positionen unter Druck mit ungeeigneten Kandidatinnen befürchtet werden. Das ist vor allem in STEM-Bereichen und der Schwerindustrie eine Herausforderung. Einige Männer beobachten Nachteile, die durch die Quoten oder Selbstverpflichtung für Männer entstehen. Es kommt zum Verteilungskampf um gut bezahlte hohe Positionen. Frauen drängen in die Unternehmensleitungen und Männer fühlen sich ausgebremst. Quoten sind somit auch ein weiterer Baustein im Spannungsfeld der Geschlechter.

CEO USA: Mein jüngster Sohn verlässt jetzt das College. Er hat einen Business Abschluss in HR. Er ist ein sehr offener junger Mann. Erzogen von gleichberechtigten Eltern. Meine Frau ist eine Forscherin. Er hat diesen gegenseitigen Respekt von uns gelernt. Er hat gesehen, dass wir Entscheidungen zugunsten der Karriere meiner Frau getroffen haben oder für meine. Jetzt sagt er mir: „Papa, es ist nicht die richtige Zeit für einen weißen Jungen einen Job zu finden". Er sagt das, weil viele Unternehmen offen oder versteckt nach einer Diversity Kandidatin suchen. Er ist jetzt in der Minderheit, was interessant ist. Ich glaube im Durschnitt haben es Männer immer noch leichter, aber es ändert sich rapide schnell. College Absolventen sehen heute, dass es schwieriger für weiße junge Männer ist als für schwarze Frauen. Ich weiß, dass das immer noch nicht die Norm in der Gesellschaft ist und denke, es ist immer noch leichter für weiße Jungs im Vergleich zu schwarzen Mädchen. Wir müssen jedoch die

Balance neu definieren. Wir müssen einen neuen Punkt der Balance finden. Für die jüngere Generation von Männern ist es viel schwieriger als für mich damals. Vielleicht ist es so, dass nach Jahren der Dominanz das Gefühl da ist, es den Männern zurückzugeben zu wollen. Für die fünfunddreißig bis fünfundvierzigjährigen Männer heute gibt es weniger Chancen in einem Wettbewerb. Sie denken sie haben weniger Chancen, als eine Frau ausgewählt zu werden.

Männer zwischen Sorge vor Bloßstellung und dem Wunsch nach Anerkennung

Im Miteinander der Geschlechter befürchten viele der Befragten Gesichtsverlust durch Bloßstellung durch kompetente Frauen und wünschen sich Anerkennung statt Aggressionen von Alpha-Frauen. Andererseits gehen die Alpha-Männer davon aus, dass Frauen sich auch im Managementumfeld in Konflikten besser verhalten als ihre männlichen Kollegen und begrüßen den befriedenden Einfluss von Frauen. Sie empfehlen, dass Frauen nicht männliches Verhalten adaptieren, sondern sich auf ihre Stärken im sozialen Miteinander konzentrieren.

Die hier interviewten Männer fühlen sich durch die „Me too" Bewegung mit an den Pranger gestellt, obwohl sie als Väter von Töchtern Unterstützer von Frauen sind. Sie beschreiben, wie aus ihrer Sicht harmloses Verhalten unter Männern nun in einem anderen Kontext bewertet wird und gleichgestellt wird mit tatsächlich übergriffigem Verhalten von Vorgesetzten Männern auf Frauen. Letzteres lehnen alle Männer, die an dieser Studie beteiligt sind, eindeutig ab. Allerdings fühlen sich einige der Interviewten eingeschränkt in ihrem Wunsch, sich unter Männern frei zu benehmen. Auch zu dem Tabu-Thema, ob Frauen ihr erotisches Kapital einsetzen, um auf der Karriereleiter aufzusteigen, äußern sich die Männer. Die zahlenmäßig wenigen Beiträge bleiben in einem Spannungsfeld von differenziert positiven Kommentaren, Bewunderung und Ablehnung des vermeintlich weiblichen Vorteils. Nur einmal wird erwähnt, dass sich auch Männer dieses Kapitals bedienen können. Frauenquoten werden von den Männern ambivalent und tendenziell negativ beurteilt. Alpha-Männer fordern, dass Frauen sich aus der Opferrolle herausbegeben und sich gleichwertig den Regeln des Karriereaufstieges sowie der Erfolgsmessungen anpassen.

Die Sorge aus Positionen verdrängt zu werden und das Gefühl eines unfairen Wettbewerbes, in dem die Männer ihrer Privilegien beraubt wurden, zugunsten eventuell minderqualifizierter Kandidatinnen, steht dem Gedanken, eigentlich Frauen doch helfen zu wollen gegenüber.

Alpha-Frauen über Konflikte mit Alpha-Männern

Bei den befragten Topmanagerinnen mit C-Level Positionen fällt auf, dass sie Ungleichheiten im Management zwar nicht gutheißen, diese aber nicht als Entschuldigungen für eigene Entscheidungen oder Misserfolge heranziehen. Sie verharren nicht in der Opferrolle, in der sie von Männern dominiert vom Aufstieg abgehalten werden. Die erfolgreichen Frauen, wissen genau, was sie wollen. Sie nehmen Situationen an und entwickeln eigene Strategien im Umgang mit den männlichen Entscheidern. Nach einer anstrengenden Lernkurve ruhen viele der erfolgreichen Frauen in sich, kennen ihre Stärken in Abgrenzung zu ihren männlichen Kollegen genau und setzen diese so ein, dass in den Leitungsebenen synergistisch die besten Ergebnisse erzielt werden. Dazu gehört auch, dass sie Schwächen von Männern als solche anerkennen, ohne in unnötige Konflikte zu gehen. Viele erkennen, dass es nicht zielführend für sie war, sich männlichem Verhalten anzupassen. Sie setzen bewusst einen Gegenpool in Männerrunden, was bedeutet, dass sie ihre weiblichen Stärken kennen und ausbauen.

Französische Verwaltungsrätin: Es gibt die Kultur, die Vergangenheit, die macht, dass die Machtkreise nur von Männern besetzt waren. Frauen müssen lernen sich in diesen Machtkreisen zu positionieren, mit Männern zusammenzuarbeiten, die nach anderen Regeln im Wettbewerb agieren.

Da, wo sie sich in offene Konfrontationen mit Alpha-Männern begeben, was die Frauen rückblickend häufig als Fehler werten, kommt es oft zu Niederlagen. Es kann helfen, dass Frauen sich die auf Geschlechterrollen basierenden Konfliktmuster zwischen Männern und Frauen im Management verdeutlichen und die Wirkung ihres eigenen Angriffsverhaltens auf Männer besser verstehen lernen, um dann Strategien anzuwenden, die ihnen bei ihrer Zielerreichung helfen. Nur einige der Topmanagerinnen sehen ihre befriedende Stärke als eine der Möglichkeiten, was darauf schließen lässt, dass viele Frauen weiterhin glauben sich stark männlichen Charakteristika annähern zu müssen. Alpha-Frauen beschreiben auch, wie sie rückblickend Situationen erleben, in denen sie von Männern ausgeschlossen wurden. Oftmals gingen Situationen voraus, in denen Frauen Männer öffentlich mit deren unterlegenen Kompetenz konfrontiert haben. Sie setzen damit das Signal, dass man ihnen nicht wirklich vertrauen kann und dass sie nicht einfach zu führen sind. Alpha-Mann witterte in diesen Situationen die Gefahr vom Thron gestürzt zu werden. Die Reaktionen der Männer waren zum Teil heftig und endeten in Kündigungen. Die Frauen schildern, wie sie im Verlauf ihrer Karriere erst lernen mussten, mit männlichen Entscheidern umzugehen und auf schwierigen Situationen mit männlichen Kollegen zu reagieren.

Deutsche Vorständin: Ich glaube sogar, dass ich für den ein Störfaktor war, weil er wusste, dass ich nicht so komplett nach seiner Nase springe. Der wusste nun, dass ich die besseren Lösungen hatte. Das hatte ich ja in den Meetings deutlich gemacht. Ich war ich mir meiner leider zu sicher. Und der musste mich loswerden, weil wahrscheinlich hatte er Angst, dass ich irgendwas von ihm rausfinde oder wie auch immer.

Deutsche CHO.: Hm. Am Ende trete ich schon. Also ich muss gefühlt als Gewinner rausgehen. Also mein Mann, der sagt auch immer, ich hätte immer dieses, immer besser werden, immer die Beste sein.

Weibliche CEO Russland: Wenn es in meinen Händen liegt, versuche ich, den Kampf zu vermeiden und herauszufinden, wie ich den Konflikt vermeiden kann. Der beste Weg, mit der anderen Seite zu sprechen. Ich habe immer gut verhandelt. Ich schätze, weil es nach meinen Erfahrungen mit den

Konflikten normalerweise so ist, dass die Leute nicht verstehen, was die andere Person meinte. Nicht, weil sie eine Waffe auf deinen Kopf legen. Nein, es ist normalerweise nur ein tiefes Missverständnis.

Französische Direktorin: Es waren acht Männer und ich stellte die neue Kommunikationskampagne vor. Das Team hatte viel daran gearbeitet. Und einer der Jungs beschloss plötzlich, über ein Problem zu sprechen, was gar nichts mit der Sache zu tun hatte. Also war ich irritiert. Der Typ wollte mich als Lügnerin dastehen lassen. Und ich wusste nicht, wie ich reagieren sollte. Ich hätte antworten sollen: „Dies ist hier nicht das Thema, wir werden später darüber sprechen." Ich aber trat vor allen in die Auseinandersetzung ein, bis mein Limit erreicht war. Ich war so wütend, ich musste weg. Ich bin gegangen.

Deutsche Vorständin: Ich habe Präsentationen, Seminare vorbereitet, die wir für unseren gesamten Länderchefs dann halten wollten. Und währenddessen habe ich dann eine Einladung bekommen, dass ich mal sofort kurz zum Konzernchef kommen soll. Ich habe meinem Vorgesetzten gesagt, du, ich muss mal ganz kurz aus dem Meeting, ich habe da noch mal einen anderen Termin. Und dann sagt er nur so: „Ja, okay, bis gleich." Aber schon wissend, dass ich jetzt gleich rausgeschmissen werde. Ich bin dann dahin gegangen und habe gedacht, dass wir uns über das Thema Corona unterhalten und wie wir denn bis jetzt die ganze Corona-Phase durchlaufen sind. Ob ich dann noch vielleicht Vorstellungen habe, wie man was noch verbessern kann und so weiter. Oder, dass er einfach noch mal kurz mit mir reden wollte. Ja, und dann hat das ganze Gespräch zehn Minuten gedauert und mir wurde da einfach nur gesagt: „Dein Vorgesetzter kann nicht mehr mit Dir zusammenarbeiten." Und dann war Schluss. Da wusste ich natürlich in dem Moment auch nicht so richtig viel, was ich sagen sollte. Richtig, ich war schon immer auf Krawall gegangen, es war nicht einfach zwischen mir und meinem Vorgesetzten. Also das, das weiß ich. Aber das war ja nur direkt mit dem. Und ich weiß, es lag nicht an mir, es lag an diesem Alphatier. Weil er jemand ist, der wirklich von oben herab als Einzelner durchdirigiert. Und sobald einer eine andere Meinung hat, ja? Und da können ja solche Worte fallen wie:" Was wollt ihr, erzählt mir das, meine Tür steht offen." Ja, nix da. Das ist wirklich ein absoluter Patriarch, oder weiß ich, wie man dazu sagt. Also wirklich auch ein Führungsstil, mit dem ich nicht klarkomme.

Ich habe es klar ausgedrückt, ich habe aber nie, sage ich mal, ihn angeschrien oder so. Ich habe halt meine Meinung sehr stark vertreten. Weil ich auch das Gefühl habe, ich bin auch aus dem Alter raus, habe auch so viel Erfahrung, dass ich mich da nicht mehr verbiegen lassen will. Und ja, dann ist halt wirklich eins zum anderen gekommen. Und obwohl der Austritt für mich extrem überraschend war, nach so vielen Jahren vor die Tür gesetzt zu werden, war es ja rückblickend doch nicht überraschend, weil ich glaube, auch sehr viel selbst dazu beigetragen habe und provoziert habe, dass es dazu kommt. Ich habe mich halt selbst oft nicht gehört gefühlt. Und wahrscheinlich hat sich da auch einiges bei mir angestaut, wo ich dann immer klarer meine Meinung gesagt habe. Ich kann nicht für Menschen arbeiten, die ich nicht respektieren kann, von denen ich nicht das Gefühl habe, dass ich was lernen kann. Gerade in der Konzernspitze. Und das passt nicht in mein Wertemodell herein, weil ich einfach kein, jetzt fällt mir gerade nur das Wort ein, was ich nicht sagen will. Weil ich kein (lacht) Arschkriecher bin. Und dann passe ich halt nicht zum Unternehmen, denn ich werde ja nicht komplett ein Unternehmen ändern. Und ich werde ja nicht komplett den absolut obersten Konzernchef oder den Eigentümer ändern können. Deswegen, da muss man immer wirklich gucken: Circle of Influence, was kann ich wirklich ändern?

Loyalitätspflege zu Alpha-Mann, um Sachthemen durchzusetzen

Ein besonderes Merkmal der erfolgreichen Frauen ist, dass sie Vertrauen zu Männern aufbauen können, in dem sie loyal und integer in ihren Bereichen wirtschaften, und ihnen dadurch hohe Positionen anvertraut werden. Gerade in Asien und Russland haben Frauen hier einen enormen Vertrauensvorsprung vor Männern. Männliche Entscheider vertrauen Frauen eher als Männern, wenn es um Compliance, Integrität und Loyalität geht und befördern sie deshalb in hohe Rollen zum Beispiel als Geschäftsführerinnen. Es ist eine Stärke der interviewten Frauen, strategische Allianzen mit den männlichen Entscheidern aufzubauen. Dazu gehört das Verständnis für die männliche Rolle in Meetings oder vor Dritten, gegen die erfolgreiche Frauen nicht angehen, sondern die sie sich eher zu Nutzen machen.

In Situationen, in denen Frauen mit Männern kämpfen und sich direkt in den Wettbewerb begeben, geraten einige in Situationen, aus denen sie als Verliererinnen hervorgehen. Ein Teil der Topmanagerinnen, hier vor allem die Französinnen, aber auch einige der deutschen Frauen, schildern Situationen, in denen sie Männer zur Durchsetzung ihrer Ziele angegriffen haben. Die Französinnen beschreiben sich hierbei als konfliktstark, ohne Angst vor Konflikten. Sie gehen den Konflikt direkt an und schildern aber auch, wie sie im Umgang mit Konfliktlösungen gereift sind. Kompromisse als Lösungsstrategie im Konflikt ist in Frankreich eher negativ belegt. Es geht also primär darum, sich im Konflikt durchzusetzen und als Gewinnerin hervorzugehen. Die Französinnen sind Kämpferinnen, die sich nicht scheuen, die Dinge direkt zu benennen. In diesem Punkt kommt auch ihre Durchsetzungsfähigkeit zum Ausdruck, die auf dem Ausfechten von Situationen beruht.

Die Erkenntnis der Frauen ist, dass es besser ist, mit männlichen Entscheidern frühzeitig starke und tragfähige Beziehungen zum Durchfechten gegensätzlicher Standpunkte aufzubauen und den frontalen, überraschenden Konflikt mit Männern zu meiden, selbst wenn dieser sehr sachorientiert ist. Dazu gehört auch, dass sie vor wichtigen Meetings absichern, für neue oder unpopuläre Ideen machtvolle Unterstützer zu haben oder ansonsten das Thema zu vertagen. Die von den Männern gewünschte Loyalität wird von den Frauen übersetzt in die frühzeitige Einbeziehung von Vorgesetzten oder Entscheidern, bevor konfliktgeladene Sachthemen auf die Agenden größerer Meetings kommen. Die Frauen sichern ab, dass sie von den Alpha-Männern als loyal wahrgenommen werden. Sie pflegen Loyalität zu männlichen Entscheidern, um sich ihre Unterstützung für schwierige Sachthemen zu sichern und lassen sie keinesfalls spüren, wenn sie inhaltlich schwächeln.

Deutsche CFO: Bei ganz vielen Frauen in meinem Netzwerk ist das Thema: der eigene Vorstandsvorsitzende. Es ist immer das Thema, sie gehen, weil die Beziehung zur direkten Führungskraft einfach nicht funktioniert. Gut, vielleicht gibt es ja auch keine zu, dass sie rausgeschmissen wurde, weil sie ihre Ziele nicht erreicht hat. Gut, bei XY (Unternehmen), das war ein bisschen anders, da wurde sie dort rausgenommen, weil sie sich da bei dem Thema Rassismus irgendwie sich falsch ausgedrückt hat. Aber sonst haben eigentlich fast alle immer gesagt, weil da die Alliance nicht da war. Also dieses Bündnis.

Deutsche COO: Das heißt, ich habe ihm letztendlich vor den anderen indirekt gesagt: „Ja, das Werk, was du da gegründet hast, Klammer auf, Klammer zu, das taugt nichts. Und wird auch nichts taugen.“ Dazu stehe ich heute noch. Aber da habe ich ihn quasi vorgeführt, unwissend. Denn das Werk war ja sein Baby. Und ich meine, da haben einige andere Senior Manager die Präsentation auch gesehen und auch den Vorschlag gesehen. Ich glaube nicht, dass sie mich da bewusst ins Messer haben laufen lassen. Das glaube ich einfach nicht. Aber es war einfach ungut. Und dann hieß es: „Ja, die blickt das nicht." Also bestimmt nicht. Ich blickte das sehr wohl. Ich habe einfach in dem Moment die Aufgabe missinterpretiert. Das ist in der Tat mein Beitrag zu der Misere. Aber betriebswirtschaftlich habe ich das schon richtig gelöst. Also schlechte Präsentation einfach. Ich konnte nicht mal zu Ende präsentieren, schon bin ich unterbrochen worden und einfach, ja, auf eine sehr unangenehme Art und Weise zurechtgewiesen worden. Und danach war das einfach schwierig. Weil, ich mich dann einfach in dieser Champions League nicht sehr wohlgefühlt habe. Wissen Sie, wenn man einem so vorm Publikum über den Mund fährt und ihn da als unfähig darstellt, dann traut man sich nicht mehr, dann war das so ein Teufelskreis.

Französische Geschäftsführerin: Ich bin frontal, ich gehe direkt in den Konflikt, ich bin ein Pitbull. Ich habe keine Angst, es gibt keinen Filter zwischen dem, was ich denke und dem, was ich sage ... und vielleicht habe ich die Tendenz, zu schnell voranzuschreiten, nicht genug Zeit in Anspruch zu nehmen, nicht genug zuzuhören und Kompromisse einzugehen.

Französische CFO: Wenn ich kämpfen muss, bin ich niedergeschlagen, und wenn ich gekämpft habe, ist es gegen Männer und nicht gegen Frauen. Aber das ist, weil Männer mehr Territorium haben wollen, die Firma und ihr Territorium sind verbunden. Ich versuche nicht mein Territorium zu erweitern, aber wenn man in meines vordringt, dann mag ich das gar nicht. Dann verteidige ich es und hier bin ich zu allem bereit ... Alles ... ich kämpfe um mein Territorium zu halten.

Chinesische Geschäftsführerin: Männer glaube ich, haben mehr Angst, das Gesicht zu verlieren, deshalb muss man vorsichtiger sein, weil sie Männer sind. Aber Frauen, einige Regionalmanagerinnen sind sehr hart, nach meiner Beobachtung. Sie sind aggressiv. Andernfalls würden sie nicht in dieser Position sein. Sie sind sehr wettbewerbsfähig. Sehr, sehr wettbewerbsfähig. Sie erkennen nicht, dass sie zu sehr kämpfen. Sie haben keine Angst, das Gesicht zu verlieren, weil sie so wettbewerbsorientiert und aggressiv sind. Sie wehren sich und wollen gewinnen. Sie wollen immer gewinnen. Wenn Frau und Mann in derselben Position sind, ist die Frau normalerweise drei Mal stärker als der Mann. Dies ist der Kommentar meines Chefs vor zehn Jahren. Wenn ich mir diese Frauen ansehe in meinem Team, dann erinnere ich sie häufig, dass sie sehr kämpferisch sind und ihre männlichen Kollegen sich möglicherweise nicht so wohl fühlen, damit umzugehen. Ich werde sie daran erinnern.

Chinesische General Managerin: Diese Entwicklung kam mit dem Alter. Am Anfang bei dem Joint Venture, als ich noch jung war, habe ich immer gekämpft, ohne Ende, bei Konflikten. Ich habe bis zum Schluss gekämpft und alles erreicht. Aber jetzt bin ich schon besser geworden und kompromissbereit. Kleine Sachen lasse ich, Peanuts. Bei kleinen Sachen bin ich locker, aber bei wichtigen Sachen kämpfe ich immer bis zum Schluss. Egal, bis zum CEO nach Deutschland, ich gehe überall hin. Man sagt ich sei durchsetzungsfähig.

Gut durchdachter Einsatz von erotischem Kapital

In Bezug auf den Einsatz von Erotischem Kapital, im Sinne der sechs von Hakim (2011) definierten Komponenten, gibt es verschiedene Hinweise, dass die Alpha-Frauen individuell einzelne Komponenten nutzen. Die Beschreibungen umfassen das äußere Erscheinungsbild, die Wirkung ihrer Weiblichkeit und die soziale Komponente der Beziehungspflege zu Männern. Die Schilderungen der deutschen Frauen im Zusammenhang mit der Wirkung des äußeren Erscheinungsbildes bleiben begrenzt und nehmen deutlich weniger Raum ein als in den Interviews mit den Französinnen oder Russinnen. Einige der deutschen Frauen schildern, dass sie im Verlauf ihrer Karriere sehr bewusst mit ihrem Äußeren beschäftigt haben und sich damit verbunden zur richtigen Kleiderwahl und Frisur haben beraten lassen. Schönheit, da sind sich die Frauen einig, kann auf dem Karriereweg zwar von Vorteil sein kann, aber nur, wenn sie gepaart ist mit Kompetenz und dem Wissen, wie man Männer für sich einnimmt, ohne dabei „in gewisse Probleme zu geraten". Mit Problemen sind hier Situationen gemeint, in denen Frauen Angebote von Männern zu Intimitäten ablehnen müssen. Es ist also ein feiner Grad, erotisches Kapital so einzusetzen, dass es nicht einseitig zu ungewollten Situationen führt.

Deutsche CFO: Da musst Du gut durchdacht vorgehen, wenn Du engere Beziehungen zu männlichen Entscheidungsträgern aufbauen willst. Es ist eine feine Linie und wenn du nicht aufpasst, landest du im Bettchen.

Deutsche CMO.: Nun ja, sagen wir mal so. Sie müssen mit dem, was Ihnen Gott gegeben hat, umgehen können. Ja, wenn Sie schön sind, haben Sie Vorteile und haben auch Nachteile. Schön hat den Vorteil, dass man Kollegen sagen hört, die laden wir gerne ein. Das ist eine Augenweide, wenn die bei uns im Raum sitzt. Also, Sie müssen damit umgehen können. Im Sinne, dass dann nicht übersehen wird, dass Sie auch was leisten. Oder was bringen. Ich glaube, das ist besonders schwierig, wenn Sie jünger sind. Dann ist Schönheit wahrscheinlich eher störend. Auf der anderen Seite, es öffnet Ihnen auch Türen, ja. Ich glaube, das ist eine Frage, wie Sie damit umgehen. Also, ob Sie es schaffen, es auch in irgendeiner Form einzusetzen. Und wenn Sie schön sind, erstmal herzlichen Glückwunsch. Das ist schon einmal klasse, ja. Und das gibt Ihnen dann natürlich das Interesse der Männer. Das müssen Sie dann nur schaffen umzubiegen, dass es eben nicht ein falsch gemünztes Interesse ist. Ja, also nicht zu viel flirten. Weil, dann wird es halt sehr schnell sehr gefährlich. Sie wollen ja auch nicht in einer Situation sein, wo Sie einem Kollegen oder Vorgesetzten dann die Tür vor der Nase zuknallen müssen und sagen: „Finger weg!" Ja. Aber es öffnet Ihnen bestimmt auch in manchen Situationen die Tür.

Vor allem russische und französische Frauen sind auf der Suche nach einer weiblichen Identität als Topmanagerinnen. Deutschen Frauen dagegen scheinen sehr pragmatisch vorzugehen. Sie haben kein Problem damit das, was man einen eher androgynen Businessstil nennt, zu pflegen, variieren ihren Stil jedoch situativ. Sie machen ihr Aussehen für sich zum Pluspunkt, indem sie sich von der farblosen Masse männlicher Führungskräfte absetzen, ohne dabei zu viele Reizsignale zu setzen. Sie wollen das Unternehmen nicht zum Schaulaufen ihrer Weiblichkeit machen und daher ist ein Businesslook gesetzt. Gleiches gilt auch für Chinesinnen und Japanerinnen. Zuviel gutes Aussehen sehen die Chinesinnen eher als Nachteil auf der Karriereleiter. Es führe zu Distanz, falschen Einschätzungen und Bewertungen im Sinne von „nicht so professionell". Ihre Sozialisierung und das Erbe der Kulturrevolution, in der Männer und Frauen quasi gleichgeschaltet wurden, lässt sie in diesen Punkt diametral anders beurteilen als ihre russischen und französischen Kolleginnen.

Chinesische Geschäftsführerin: Ich habe einige nicht gutaussehende Frauen gesehen, die sehr hochrangig sind... sehr klug, sehr scharf und auch sehr politisch.

Russische CFO: Diese weibliche Macht nutze ich hin und wieder. Ich benutze normalerweise diese allgemeine Einstellung zur Frau in der Wirtschaft. Ich kann dann sehr dumm werden. Es ist eine sehr gute Möglichkeit, ein eigenes Spiel zu spielen. Ich bin eine Frau, ich verstehe diese Zahlen nicht und beobachte die Reaktion. Wenn Sie in Verhandlungen sind, spielen Sie eine Rolle einer dummen Frau. Ihre Gegenseite, Ihr Gegner, er verliert die Aufmerksamkeit, sein Aufmerksamkeitsgrad wird langsamer. Sie können Ihre Ergebnisse schneller erhalten und sogar ein größeres Ergebnis erzielen, als Sie zuvor festgelegt haben oder als Ihre Gegner erwartet haben. Denn, wenn ein russischer Mann mit den schönen Frauen verhandelt, wird nicht auf das Verhandlungsthema geachtet. Ich betrachte mich nicht als schön, aber ich habe Freundinnen, die sehr klug sind und die wirklich schön sind. Wenn Männer mit schönen Frauen sprechen, denken sie, dass sie nicht schlau sind. Sie können nicht Cleverness mit Schönheit kombinieren, es ist eine andere Range für sie. Eine Frau kann diese Macht nutzen.

Französische Direktorin: Ich war immer sehr darauf bedacht, mein Gewicht zu halten und nicht zuzunehmen. Es ist sehr wichtig für mich, in Form zu sein. Ich war schon immer sehr weiblich. Ich trage jeden Tag Gloss. Ich achte darauf, Chic zu sein. Ich will bei der Arbeit natürlich nicht wie Cinderella aussehen. Als ich an der Wall Street war, trug ich jeden Tag Hosenanzüge. Ich repräsentiere äußerlich das Unternehmen. Ich habe gerne die richtigen Schuhe in der richtigen Farbe und die richtige Tasche. Im Sommer habe ich systematisch die Fußnägel immer lackiert. Das ist mir sehr wichtig. Ich mag keinen männlichen Look. Meine Tochter hat es übernommen von mir.
Ja, eine Frau in Frankreich muss, wenn sie eine bestimmte Position innehat, haben, was wir bei uns „tirée à 4 épingles" (die vier Nadel ziehen) nennen. Und wenn ich zu Kunden gehe und bin nicht gut gekleidet, dann war ich auch nicht gut und dann denke ich, verdammt, was habe ich da gemacht? Ich denke, das Image, was wir projizieren ist wichtig. Und, dass wir gleichzeitig die französische Gesellschaft vertreten müssen, in der es immer noch Geschmack gibt, Mode, den Schick. Es war mir immer wichtig. Für mich war das Image meiner eleganten Großmutter ein Vorbild. Und ich empfehle jungen Frauen, die in die Gesellschaft gehen, wenn sie repräsentative Rollen haben, klug zu sein. Vor allem in Frankreich, wo Mode und Geschmack wichtig sind.

Französische Verwaltungsrätin: Codes, ja, ich denke, es gab die Zeit, als Frauen in Frankreich und ich denke, es war nicht nur in Frankreich, die männlichen Codes genutzt haben, um Erfolg zu haben. Also dachten sie, um erfolgreich zu sein, müsste man es wie Männer tun und so sein wie ein Mann. Und so kleideten sie sich wie Männer in grauen und schwarzen Farben und so weiter. Es waren Verhaltensweisen, die sie mit männlichen Verhaltensweisen in Verbindung brachten, also hart zu sein ... Sie versuchten, männliche Codes, männliche Verhaltensweisen, anzunehmen. Nun, vielleicht war es damals der einzige Weg, ich weiß es nicht. Ich bin der Überzeugung, dass man so sein sollte, wie man ist. Ich bin also immer in hellen Farben gekleidet. Ich trage Glitzer... Außerdem hat es mir nie Probleme gemacht, eine Frau zu sein. Ich bin voll und ganz Frau. Ich spiele es nicht. Ich schätze es aber nicht, diese gewisse Art von Charme zu nutzen, überhaupt nicht. Ich bin eine Frau mit allem, was da ist. Ich gehe davon aus, dass es gut ist Frau zu sein. Und ich habe nie versucht, in meiner Art zu sein wie Männer. Sie sehen also, das Problem mit dem Code. Im ersten Kontakt wird man bewertet, alles wird bewertet, die Statur, die generelle Ausstrahlung, wie man schaut, wie man die Hand gibt. Erst später kommt das wahre Ich zu Geltung.

Französische Direktorin Kommunikation: Das, was in Frankreich immer noch ein Problem ist, ist eine bestimmte Position des Mannes, von denen viele nicht wollen, dass sich das ändert. Dass sich die Gesellschaft verändert. Aber einige Männer fürchten, dass Frauen ihren Platz einnehmen. Wenn wir in der Politik sehen, was passiert, wenn eine Frau in die Nationalversammlung kommt und was sie in einem Land wie dem unseren erzählt, es ist unheimlich. Ich denke, in Frankreich gibt es einen kulturellen Punkt, der wichtig ist, nämlich die Beziehung zwischen Mann und Frau. Auf der intimen Ebene. Und das lässt den Mann die Frau als Beute betrachten. Der Mann jagt die Frau wie eine Beute.

Russische Studien von Chirikova (2002) und Metcalfe (2003, 2005) berichten davon, dass russische Frauen anstreben, eine weibliche professionelle Führungsidentität zu führen. Ein sehr femininer Kleidungsstil, Make-up und feminine Verhaltensweisen gelten als wichtiger Bestandteil der weiblichen Professionalität. Diese Debatten stimmen mit zeitgenössischen Gender- und Managementstudien überein, die sich auf Ästhetik und Körpermanagement konzentrieren und die Fluidität der Geschlechterkategorie hervorheben. Ergebnisse einer Untersuchung von Gvozdeva (2002) zeigen, dass sich russische Frauen aktiv mit Weiblichkeit und Sexualität auseinandersetzen müssen, um Beschäftigungsmöglichkeiten und Zugang zu Ausbildung zu erhalten und für die berufliche Weiterentwicklung im Management berücksichtigt zu werden. *„Die Erwartung, eine Frau habe schön zu sein, ist ein russisches Phänomen. Schöne Frauen werden in Russland gesellschaftlich verehrt und vergöttert"* schreibt Boll-Palievskaya (2009) in ihrem Buch über russische Frauen. Dieser Aspekt spielt auch bei den Französinnen eine Rolle. Sowohl in Russland wie auch in Frankreich werden Ansätze diskutiert, einen weiblichen Managertypus zu definieren, der Professionalität und äußerlich gelebte Weiblichkeit in sich vereint. Die Wichtigkeit dieses Aspektes zeigt sich auch in der Unterschiedlichkeit von Medienberichten. In der französischen Presse ist es üblich weibliche Führungskräfte nicht nur aufgrund ihrer Leistungen zu bewerten, sondern vor allem hinsichtlich ihres Aussehens und ihrer Kleidung. Bei den Französinnen kommt eine besondere Komponente hinzu, die sich auf den intellektualisierenden Umgang mit Sprache als Überlegenheitsmerkmal gegenüber Männern bezieht. Französinnen positionieren sich Männern gegenüber also mit einer Mischung aus weiblichen Akzenten und in der Betonung eines intellektuellen Vorteils.

Russische CMO: Es gab viele Leute, die offensichtlich der Meinung waren, dass ich buchstäblich mit jedem einzelnen CEO jedes Unternehmens geschlafen habe, in dem ich arbeite. Dies ist die Art von Vorurteilen, die hier auftreten können. Jeder, der mich persönlich kennt, weiß offensichtlich, dass nichts davon wahr ist. Aber die Sache ist, dass Sie die Vorurteile hier sehen können. Ich denke, dass es in Russland ein bisschen offensichtlicher ist als im Westen.

Russische COO: Frauen in Russland mögen es, sich gut zu kleiden. Für die Hierarchie solltest Du Dich richtig kleiden, den Status mit Kleidung ausdrücken. Natürlich kann man Sneakers tragen, aber von Prada bitte. Rolex kann mit Zara kombinieren. Es ist wichtig, nicht wie eine Studentin auszusehen. Schöne Frauen habe es leichter, andere zu führen. Männer werden sie bewundern. Jeder mag schöne Menschen.

Deutsche CEO: Sie haben als Frau einen Vorteil, wenn Sie irgendwohin gehen. Ich gehe auf eine Konferenz, ziehe ein rotes Jackett an. Wenn Sie im Publikum sitzen und sich zu irgendwas zu Wort melden, Sie werden immer 'drangenommen. Wenn Sie einer der Männer sind im dunklen Anzug, fallen Sie nicht auf und Sie werden auch nicht gefragt. Man erinnert sich an die Frau.

Deutsche GM: Also, ich glaube, man muss eine gute Balance zwischen dem Frau bleiben, aber geschäftsmäßig Auftreten finden. Das heißt, jetzt sagen wir es mal ganz direkt: Zu kurze Röcke, zu tiefe Ausschnitte sind einfach kontraproduktiv. Was nicht heißt, dass das in manchen Situationen von Vorteil ist, dass aber natürlich gemäßigt. Ich ziehe zum Beispiel, zu einem Gespräch wo ich weiß, dass es kritisch wird, da ziehe ich definitiv mal einen Rock an, weil damit kann ich auch mit dem Frausein punkten.

Deutsche HRD: Und wenn sie zu schön ist, dann kriegt sie andere Probleme vielleicht. Dann geht der Wettbewerb unter Frauen wahrscheinlich los. Annahme, ist keine Tatsache.

Topmanagerinnen haben gelernt, dass es Quoten braucht

Politische Maßnahmen, wie die Quoten für Aufsichtsräte oder bestimmte börsennotierte Unternehmen zum Beispiel in Deutschland und Frankreich werden von den Frauen kontrovers diskutiert. Hier stimmen die Topmanagerinnen mit den Männern überein, die prinzipiell das Leistungsprinzip bei der Besetzung hoher Positionen bevorzugen. Frauen aus beiden Ländern wollen lieber keine Quotenfrauen sein, sondern aufgrund ihrer Leistungen an die Spitze kommen. Viele von ihnen sind skeptisch, ob sich Frauen mit Hilfe von Quoten wirklich Akzeptanz bei den männlichen Kollegen in den Unternehmensleitungen und bei weiblichen Zweiflern im Unternehmen verschaffen können. Vor allem Frauen, die es bereits ohne Quoten geschafft haben, weigern sich oftmals Quoten als Mittel zum Ziel zu akzeptieren. Da sich sowohl in Frankreich als auch Deutschland Erfolge der Quoten abzeichnen, hat sich die Meinung der meisten Topmanagerinnen für zeitlich begrenzter Quoten gedreht.

Französische Verwaltungsrätin: Ich war lange gegen die Quote. Ich war der festen Überzeugung, dass es ohne sie gehen muss. Aber dann haben wir gelernt, dass sich ohne diese Vorgaben einfach nichts ändert. Es dauert außerdem zu lange. Deshalb bin ich jetzt dafür Quoten eine gewissen Zeit einzusetzen, bis wir einen Schwellenwert erreicht haben, an dem es Normalität ist, wenn Frauen in den Unternehmensleitungen eine gleichwertige Rolle spielen. Natürlich haben die meisten Männer Probleme mit der Quote. Das liegt in der Natur der Sache. Ich würde mir auch nicht freiwillig das Zepter aus der Hand nehmen lassen.

Deutsche CHR: Oder es heißt, ach, das ist ja die Quotenfrau. Jetzt ist sie ist deswegen im Vorstand. So fühle ich mich nicht, ich möchte nicht die Quotenfrau sein. Ich bin hier, weil ich einen richtig guten Job mache. Und ich finde es schade, dass man deswegen eine Quote einführen muss. Wir kriegen das eigentliche Problem nicht gelöst. Und das ist, dass einmal die Sensibilität, das Bewusstsein bei den Männern verändert, aber auch bei den Frauen. Also deswegen. Ich will auch gar nicht immer nur gegen die Männer reden, sondern ich finde auch, viele Frauen sind halt zu zurückhaltend. Also kommen nicht mal aus ihren Schneckenhäuschen heraus. Und da würde uns eine Zielgröße schon helfen.

Französische CFO: In Frankreich haben wir zum Glück ein sehr starkes gesetzliches Arsenal für Gleichstellung. Also wir haben Gesetze, die eigentliche Frage ist, sie anzuwenden. Aber wir haben bereits das Gesetz, zum Beispiel das Equal Pay Act. Es gibt also immer noch Gesetze, es gibt Sanktionsverfahren. Zweitens waren wir eines der ersten Länder, dass das Quoten-Gesetz von vierzig Prozent im Verwaltungsrat, das Copé-Zimmermann-Gesetz, umsetzte. Wir sind also auch hier ziemlich weit vorne.

4 Boys-Clubs und Business Meetings- die natürliche Spielwiese der Männer

In der Debatte zu den Ursachen geringer Frauenanteile am Topmanagement spielen Netzwerke einflussreicher Männer eine Rolle, denen nachgesagt wird, Frauen systematisch auszuschließen. Es sind die sogenannten „Old Boys Clubs". Zusammenhänge von Beziehungspflege und Mitgliedschaften in starken Netzwerken mit Karriereerfolg sind durch die Forschung gut untersucht worden. Hier wird ein Blick auf die Wahrnehmung der Alpha-Männer, und im Anschluss daran der Spitzenfrauen, auf die Karriererelevanz von Netzwerkstrukturen geworfen. Die Alpha-Männer beschreiben ihre Verbindungen als natürliches Resultat von Männerfreundschaften, die sie als selbstverständlich ansehen. Gerade deutsche Führungskräfte beschreiben dabei interne männliche Machtzirkel, die Frauen systematisch ausschließen.

Die Spitzenmänner wünschen sich, dass Frauen in den Arenen der Unternehmen, den Meetings, sichtbarer werden und zugleich das Aggressionsverhalten von Männern befrieden. Dafür müssen sich Frauen auf eigene Stärken konzentrieren und gleichzeitig ihre Zurückhaltung aufgeben.

Männerbünde und Wettbewerb bei gleichzeitiger Solidarität sind Kernelemente männlicher Vergemeinschaftung

Der Begriff der Old Boys Netzwerke oder Clubs beschreibt informelle Systeme, in denen sich Männer mit ähnlichem sozialem Hintergrund gegenseitig unterstützen (Webster, 2022). Ursprünglich geht der Begriff zurück auf die Absolventen von privaten britischen Eliteschulen für Jungen. Heute wird der Begriff weiter gefasst und bezeichnet jede Art von geschlossenem System, welches Chancen nur den Mitgliedern ermöglicht (Palmer, 2000; Lalanne, 2022). Es kann also auch Mitglieder einer bestimmten Universität oder Schule unabhängig vom Geschlecht bezeichnen und könnte dann mit einer Alumni Assoziation gleichgesetzt werden. International wird der Begriff in leichten Variationen verwendet. Während in Australien neben Old Boy auch Old Girl Clubs die Alumni von privaten sehr bekannten Eliteschulen bezeichnet, gibt es in Finnland „Brüder Netzwerke", die von einflussreichen Männern besetzt sind, die sich gegenseitige Vorteile verschaffen. Auch in der Schweiz und den UK, Hong Kong oder in Indien beziehen sich Old Boys Netzwerke auf männliche Absolventen von privaten Eliteschulen. In den USA wird der Begriff überwiegend auf im beruflichen Kontext verwobene einflussreiche Mitglieder bezogen, aber teilweise auch auf die Zugehörigkeit zu den amerikanischen Eliteschulen (McClain, 2018). Der Studentenclub der Old-Boys wird im Zeitablauf zu einem beruflichen Männerclub. Diese Systeme sorgen für eine grundlegende Gruppenstärkung der bereits in der Universität geknüpften Bande. Nach dem Prinzip des Alt-Bekannten und des Vertrauten- Gleichen greifen die Mitglieder bei Arbeitsstellensuche auf die „Old-Boys" aus zurück. In den Antworten der Topmanager vermischen sich

https://doi.org/10.1515/9783111052182-004

Beispiele von externen Männerclubs mit unternehmensinternen Verbünden, die vor allem bei den deutschen Interviewten genannt wurden.

> *Deutsche Führungskraft: Da ist man halt eben im Kamin und dieser Kamin, der wird halt befeuert. Und er wird nicht notwendigerweise befeuert durch eigene, individuelle Leistung, sondern er ist eben befeuert durch ein Network und ein Boys Netzwerk. Ich habe mal mit X (Unternehmen) für eine Position interviewt und da kam ein interessanter Satz, der hieß dann, „Herr Doktor S., Sie müssen erst einmal Xsianisiert werden." Das beschreibt genau dieses Thema. Es ist eben dieser Kamin, dieser X-Kamin, der hat eben eine professionelle Seite, und dann die neben dem eigentlichen Job, diese in Anführungszeichen „soziale" Seite, aber die ist mehr als sozial. Die ist eben sehr beruflich bedingt und darüber werden dann auch Karrieren gemacht, das ist halt ganz einfach so bei X (Unternehmen).*

> *Spanischer CEO: Ich denke, es stimmt, dass Männer diese soziale Ader haben. Wir lieben es, Zeit zusammen zu verbringen, Party zu machen, essen zu gehen, Sport zusammen zu machen, weil wir wie Jungen sind oder große Teenager. Das bleibt bei Männern ein ganzes Leben so, egal wie alt sie werden. Das Gefühl von Freunden umgeben zu sein, Kameraden, unter Männern, trinken und Witze machen, es ist einfach die Wahrheit. Das ist ein Fakt.*
> *Ich mache all das, aber nicht innerhalb des Unternehmens. Ganz selten gibt es ein Essen oder eine Party im Unternehmen. Sicher nicht mit Mitarbeitern. Auch selten mit meinem Chef oder Peers. Ich mache das mit Leuten aus anderen Unternehmen. Es geht dabei um Spaß und ein dichtes Netzwerk, was nicht so sehr für die Karriere ist, aber für das Business. Und wenn das Business läuft, dann ist es gut für die Karriere. Ich denke erst kommt der Spaß, weil wir das einfach mögen und dann resultiert das in gute Kontakte für Business. Dann läuft die Karriere.*

Boys Clubs sind eine Form von Netzwerken, die innerhalb von Unternehmen aktiv werden oder sich über viele Berufszweige hinweg unternehmensunabhängig formieren. Verschiedene Forscher definieren Networking als eine mikropolitische Machttaktik, mit der organisatorische Akteure strategisch-planvoll, bewusst versuchen, das Beziehungsnetzwerk, das sie umgibt, zur Verwirklichung eigener Interessen zu gestalten und zu nutzen (Reiners 2008; Rastetter, 2011). Prozesse werden aus einer sozialen und interessengeleiteten Rationalität erklärbar und nicht mehr vor allem ökonomisch rational (Ortmann, 2003). Mikropolitik ist nach Neubauer (2006) *„das Arsenal jener alltäglichen ‚kleinen' Techniken, mit denen Macht aufgebaut und eingesetzt wird, um den eigenen Handlungsspielraum zu erweitern und sich fremder Kontrolle zu entziehen".* Organisationen sind hier definiert als Arenen, in denen die Mitwirkenden interessensgeleitet intervenieren und verhandeln. In diesem Zusammenhang spielen die zugrundeliegenden Motive für Netzwerke eine Rolle. Max Weber definiert Macht in dieser Rationalität als Chance den eignen Willen innerhalb einer sozialen Beziehung auch gegen Widerstreben durchzusetzen (Weber, 1972). Persönliche Macht ergibt sich anders als hierarchische Macht aus dem mikrotaktischen Verhalten zu dem Networking gehört. Jede Führungskraft ist in ein Netzwerk von internen und externen Beziehungen eingebunden. Die sich individuell abgeleitete Matrix von Beziehungen ist dynamisch, da sich jedes Mitglied mit dem Erwerb von Machtmitteln beschäftigt. Macht wird konkret, wenn sie auf der Beziehungsebene als Machttaktik aufgebaut, ausgebaut und genutzt wird. Zur mikropolitischen Kompetenz gehört das Erkennen von mikropolitischen Strategien anderer und die Integration geeigneter mikropolitischer Taktiken in das eigene Handlungsrepertoire (Cornils, 2020). Networking und das Bilden von tragfähigen Stakeholder Beziehungen, also enger Koalitionen, sind aufstiegsfördernde Strategien. Eng verbunden mit Networking, ist die Taktik Koalitionen zu bilden. Führungskräfte im Management haben in der Regel eine Fülle von Stakeholder wie Kollegen, Mitarbeiter, Vorgesetzte, Dienstleister, Geschäftspartner und viele andere. Jeder dieser Akteure hat das Ziel bestimmte Interessen durchzusetzen und ist auf situativ richtige Taktiken angewiesen.

Deutsche Führungskraft: Es gibt genügend Unternehmen, glaube ich, in denen diese Kultur dieser Bündelei durchaus ausgeprägt ist. Es gibt aber auch Unternehmen, in denen es, es zum guten Ton gehört, dass dort Frauen ganz normal auch mit dabei sind. Da gibt es halt diese sozialen Events, wobei, die haben insgesamt eine ganz andere Dynamik und da ist es jetzt nicht notwendigerweise damit verbunden. Ich glaube, da ist der soziale Aspekt dann ein ausgeprägterer, als eben in diesem klassischen Männer-Barbecue-und- „Wir reden über Autos, Fußball und Frauen"- Kind of Thing. Ich glaube, es hängt natürlich immer von dem Unternehmen ab. Aber es ist, glaube ich, unheimlich schwer für eine Frau, sich da reinzureklamieren und ich glaube auch nicht notwendigerweise, dass sie daran Freude hätte.

Grundelemente aller hierarchischen Ordnung sind Ausschluss und Vergemeinschaftung (Türk, 1995). Spezifische Ausschlussmechanismen sichern die Realisierung exklusiven Chancen, die über Netzwerken realisiert werden. Frauen im Management sind von dem Ausschluss oder fehlenden Zugang zu karriererelevanten Netzwerken besonders häufig betroffen. Dieses Phänomen lässt sich aus dem Zusammenhang von Geschlecht, Vergemeinschaftung und sozialer Schließung erklären. Max Weber (1972) prägte den Begriff der „sozialen Schließung" und bezeichnet damit die Monopolisierung von Privilegien, Macht und Ressourcen. Vergemeinschaftung und soziale Schließung zählen zu zentralen Funktionen und Wirkungsweisen von Männernetzwerken (Jüngling, 2009). Die Prinzipien der Vergemeinschaftung ähneln jenen rein homogen zusammengesetzten männlichen Gemeinschaften oder Männerbünden, wie sie im Militär, in Kirchen, Männerclubs und Burschenschaften zu finden sind (Doppler, 2007).

Japanischer CEO: Es ist richtig. Wir haben viele Männer-Clubs. Golf ist da ein typisches Beispiel. Ich spiele zwei Mal im Monat Golf. Ich gehöre zu einem Club und habe Freunde dort, bin Mitglied und klar, da sind Senior Führungskräfte. Die reden immer übers Geschäft, Politik, Zeitungsartikel. Da ist keine Frau dabei, um es ganz ehrlich zu sagen. Da schließen wir Verbindungen, vielleicht über das Golf spielen hinaus. Ich kann zum Hörer greifen und einen davon anrufen und ihn was fragen. Informationen bekommen über Geschäfte. Das ist so. Das sind Männer Clubs, die sogenannten. Ich bevorzuge es, ehrlich gesagt, nur mit meinen männlichen Freunden zu trinken. Mit diesen Drinks oder Essen baue ich meine Business Beziehungen aus und bekomme Informationen über andere Unternehmen, Insider Informationen. Das ist der japanische Stil, vielleicht auch US oder Europa. Männer Welten. Die Frage ist, wie Frauen da hineinkommen? Ich habe da keine Antwort darauf. Aber ich habe einige sehr hohe Frauen kennengelernt. Auch in der Regierung. Die haben ihr eigenes Netzwerk. Vielleicht ein Netzwerk unter Frauen. An einem Punkt werden Männer erkennen, dass sie auch in die Frauennetzwerke hineinmüssen, weil es für das Business besser wäre. Ein gemischtes Netzwerk? Nicht so einfach denke ich. Weil viele Frauen Kinder haben. Ich spiele am Wochenende Golf und meine Frau ist bei den Kindern. Sie beschwert sich dann. Deshalb gehe ich nur zwei Mal im Monat.

In Teamspielen lernen Jungen und Männer früh, miteinander zu kooperieren und gleichzeitig Konkurrenten zu sein. Pierre Bourdieu (1982) nennt dies die „ernsten Spiele des Wettbewerbs", die Männer unter sich austragen. Männlicher Habitus wird demnach in einem nur Männern vorbehaltenen Raum „konstruiert und vollendet", in dem sich Wettbewerb unter Männern abspielt. Die Wettbewerbsspiele, die Bourdieu anführt, werden in verschiedenen Handlungsfeldern gespielt, wie beispielsweise der Wirtschaft, der Politik, Wissenschaft und weiteren Bereichen. Auch Vereine und Freundschafts-kreise zählen hierzu. Frauen kommt dabei eine nicht unwichtige Rolle zu, die der Zu-schauerinnen, die den Männern ein möglichst positives Bild ihrer selbst zurückspiegeln. Männer stehen sich als Partner-Gegner gegenüber. Der Wettbewerb trennt also Männer nicht voneinander, sondern ist ein wesentliches Mittel männlicher Vergemeinschaftung (Meuser, 2003). Wettbewerb und Solidarität sind dabei zentrale Elemente. Studenten-verbindungen sind gute Beispiele hierfür. In ihnen erleben Männer Konkurrenzdruck bei gleichzeitiger Kameradschaft. Trinkrituale, bei denen Männer um die Wette ge-geneinander und miteinander trinken veranschaulichen den scheinbaren Gegensatz. Das Mensur-Schlagen ist ein anderes Beispiel, wo in dem wechselseitigen Versuch den anderen zu verletzen, Gemeinschaft gestiftet wird.

Der Konstruktion von Männlichkeit liegt eine Logik der Unterscheidung von Do-minanzverhalten anderen Männern, sekundär aber auch Frauen gegenüber, zu Grunde, welches Bourdieu (1982) als „Libido dominandi" bezeichnet. Der erste männliche Freundeskreis, die Clique, verdeutlicht die Abgrenzung gegenüber Frauen, die oft mit einer Abwertung einhergeht. Darin kommt auch die „Stärke schwacher Beziehungen" zum Ausdruck. Männer profitieren voneinander, ohne sich zwangläufig sympathisch oder in der Sache einig zu sein. Wettbewerbsdenken trägt dazu bei, Beziehungen in-strumentell zu bewerten und von sich als Person zu trennen.

Es sind männliche Vergemeinschaftungspraxen, auf denen männerbündische Netzwerke basieren. Für männerbündische Strukturen in Unternehmen ist die Stabi-lisierung männlicher Identität ein zentrales Motiv. Dabei konstruiert sich Männlichkeit trotz des Wandels hin zu mehr Gender Diversität im Management über die Führungs-tätigkeit. In den Interviews beschreiben vor allem europäische und japanische Alpha-Männer den Ausschluss von Frauen aus internen Netzwerken. Die in Asien und Russ-land tätigen Männer bewerten das Thema positiver und berichten von für Frauen of-fenen Netzwerken.

Networking im chinesischen Kontext bekommt besondere Bedeutung vor dem Hintergrund chinesischer Guangxi-Prinzipien, die gesellschaftlich fest verankert sind und somit weitaus größere Bedeutung für Karrieren bekommen können als das Net-working im rein westlichen Verständnis. Guangxi kann als ein definiertes System be-trachtet werden, das verwendet wird, um Gefälligkeiten auszutauschen und Ziele zu erreichen (Yang, 1986). Diese Gefälligkeiten sind ein gleichwertiger Austausch zwischen zwei oder drei Parteien, verstoßen gegen keine Regeln und sind als solche in der engen Definition des Begriffs nicht korrupt. Chinesen sind sich des Guangxi sehr bewusst, wenn es darum geht, Beziehungen aufzubauen, zwischenmenschliche Bindungen zu intensivieren und persönliche Abhängigkeit aufzubauen. Nach Leung (2002) übt Guanxi

Macht über die eigene Karriere aus und hat einen signifikanten Einfluss auf das Erreichen persönlicher Ziele. Obwohl Männer und Frauen Guangxi dieselbe starke Wirkung zusprechen, sehen sie den Nutzen für ihre Karrieren unterschiedlich. Studien zu folge, sind Männer eher in der Lage, Guangxi relationships aufzubauen. Guangxi ist dabei assoziiert mit *„face"*, dem Selbst-Image was jemand öffentlich anstrebt. Der Grund für eine weniger starke Nutzung von Guangxi bei Frauen wird hauptsächlich darin gesehen, dass traditionell der Ruf einer Frau in der chinesischen Gesellschaft leiden könnte, wenn sie zu starke Verbindungen zu Männern mit dem Ziel aufbauen, in ihrer Karriere aufzusteigen.

> *GM China: Netzwerke? Meinen Sie Guangxi oder die Verbindungen zu Ausländern. Das funktioniert etwas anders. Ohne Guangxi geht in China nichts. Frauen machen das genau wie Männer. Manchmal ist es vielleicht für Männer einfacher, im Norden. Aber hier in Shanghai sind Frauen stark darin. Unternehmerinnen machen ihre Geschäfte genau wie die Männer mit Guangxi. Vielleicht müssen Frauen manchmal mehr aufpassen, aber die wissen schon, was sie wollen, im Umgang mit männlichen Geschäftspartnern.*

> *CEO Deutschland: Ich kann es nachvollziehen. Ich kann es sehr gut nachvollziehen sogar und ich habe es auch so erlebt. Ich habe es aber nie so gespielt. Ich fand es durchaus auch immer mal wieder lästig. Also ich muss dazu sagen, diese Boys-Clubs, um dieses Wort zu nehmen, ich weiß, dass es sie gibt und sie haben mich immer wahnsinnig angekaast, weil ich gar nicht der Typ bin, der das tut. Also abgesehen davon, dass ich kein Barbecue mag, also kein Fleisch esse. Aber sagen wir mal so, es klingt stereotyp. Es ist in der Tat so, es ist die Realität, so, wie ich sie in den unterschiedlichsten Kulturkreisen, in den unterschiedlichsten Unternehmen kennengelernt habe.*

> *Holländischer CEO: Ich habe mich das öfter gefragt, wie das wohl wäre, wenn ich eine Frau wäre. Auf den langen Fahrten. Wie würde das wohl gehen? Die Witze waren oft, naja.... Ich habe darauf keine Antwort. Ich denke, man muss seine Limits ganz klar machen. Dann bekommt man auch Respekt. Ich selbst habe mich auch an zwei Abenden ausgeklinkt, weil ich genug hatte. Zwei Abende war ich dabei und zwei nicht. Das wurde dann respektiert. Es ist schwieriger für eine Frau. Da würde viel mehr Druck entstehen. Man muss irgendwie einen guten Kontakt herstellen, aber immer seine eigenen Grenzen klarmachen. Auch ich muss das. Einer der Ausländer erzählte mir in China, dass er abends eigentlich zu müde war. Und am nächsten Tag waren die Entscheidungen alle beim Abendessen gefallen, ohne ihn. Man muss da mit, ob man will oder nicht. Frauen müssen ihren eigenen Weg finden, an dem Tisch dabei zu sein. Wenn sie sagen, dass sie nicht an dem Dinner teilnehmen, hmm, dann sind sie nicht Teil der wichtigen Diskussionen. Die Frage wäre dann, wie sie Teil der wichtigen Diskussionen sein könnten und gleichzeitig ihre eigenen Grenzen durchsetzen. Ich denke, wenn man das gar nicht will, ist man draußen. Das ist die Wahrheit.*

Verschiedene Wissenschaftler haben sich mit der Frage des Einflusses von Netzwerken auf Karrierechancen und Aufstiegsmöglichkeiten beschäftigt. Den Einfluss von sogenannten „Schattenstrukturen" (aus dem engl. „shadow structures") innerhalb von Unternehmen beschreiben Forscher wie Kanter (1977) und decken auf, wie Frauen und Minderheitsgruppierungen von informellen Informationen und sozialen Aktivitäten ausgeschlossen werden. Die Folge daraus, so die Forscher, ist primär ein schlechterer Zugang zu Beförderungschancen.

Diese Argumentation steht im Einklang mit den Vorteilen, die den sogenannten „Old-Boy" Netzwerken zugeschrieben werden, in denen in der Regel einflussreiche

Männer Mitglied sind und durch ihre Zugehörigkeit Zugang zu Einfluss und Status erhalten. Die Mitgliedschaft in diesen Netzwerken wird auch verbunden mit informellem Zugang zu karriererelevanten Informationen und einer erhöhten Chance zu Beförderungen (Hogan 2008; Oakley, 2000). Das bedeutet im Umkehrschluss, dass ein Ausschluss aus den Netzwerken, den Zugang zu wichtigen Informationen erschwert oder unmöglich macht und Auswirkungen auf den Aufstieg in einem Unternehmen hat. Auch der Zugang zu guten Positionen im Markt wird ohne Netzwerk erschwert.

Französischer CEO: Ja das stimmt alles. Ich spiele Golf und ich liebe Barbecue und ich mache so Geschäfte. Gerade habe ich ein Fußballspiel für alle Kunden organisiert. Wir haben viel Spaß, die Familien kommen alle, die Kinder. Wir trinken zusammen, es ist eine große Familie. So kann ich als CEO nahbarer werden, mich mit den normalen Mitarbeitern mischen.
Innerhalb des Unternehmens läuft das nicht. Gerade in Frankreich haben wir keine Burschenschaften wie in den USA, aber wir haben eine spezielle Beziehung der Absolventen der gleichen Schulen. Ich denke nicht, dass man seine Karriere dadurch macht, viel Zeit mit internen Beziehungen zu verbringen. Sicher, wenn man Beziehungen hat, hilft das schon. Aber am besten geht das, wenn die Leute, die die eigene Karriere beeinflussen können, sich an einen erinnern. Laut und klar sprechen während der Meetings. In den Meetings beobachten die Entscheider und manchmal identifizieren sie Kandidaten dort. Eigentlich ist es verrückt. Man nimmt das Mikro, redet drei Minuten brillant, jeder erinnert sich und man kommt auf die Liste der fast Tracks. Nur weil man drei Minuten brillant geredet hat. Es ist schon verrückt. In Frankreich ist es so. Du bist Ingenieur dieser Ecole. Dann nimmst Du einen Ingenieur von Deiner Universität für den Job. Egal ob Mann oder Frau. Das ist gleich. Das Netzwerk der Ecole ist ausschlaggeben, nicht das Geschlecht. Ob Frauen da mitmachen sollten? Ich denke, sie sollten, ganz klar.

CFO Deutschland: Also sagen wir mal so, ich fand diese Boys Clubs immer lästig. Ich meine, es ist ja nicht so, dass ich mich da immer zu hundert Prozent entziehen hätte können. Sagen wir es mal so, jetzt in prozentualen Anteilen: An etwa fünf Prozent habe ich teilgenommen. Also von eben hundert Treffen bin ich eben zu fünf Treffen gegangen, so ungefähr. Vielleicht waren es auch zehn, also zehn Prozent. Warum geht man da hin? Es geht ganz einfach darum, ein enges Netzwerk zu pflegen. Man ist mit dem Line Manager dort, man ist mit seinem Abteilungsleiter dort. Es geht eben darum, das Gesicht zu zeigen, es soll die Karriere befördern. Streckenweise, für mich war es immer ein bisschen bündeln sozusagen. Was ich im UK erlebt hatte, war dann eben halt ein Club. Dann war es eben halt ein guter Ton, dass man eben einem Club angehört hat, teilweise eben halt auch ein reiner Gentlemen-Club, wo eben nur Männer reingehen konnten. Man war unter sich und es war halt eben fast schon wie eine Kaste. Das hatte eben etwas sehr Konservatives an sich, etwas sehr eben Bündlerisches oder früher waren es eben diese Verbindungen, diese studentischen Verbindungen. Ein Überbleibsel eines Relikts aus längst vergangenen Zeiten, an denen man halt gerne festhält. In Deutschland ist es dann die Grillparty bei jemandem zuhause, wo halt die Frauen auch nicht mit dabei sind. Aber die Hierarchie ist mit dabei. Die Vorgesetzten, die klassischen Alpha-Tiere, verharren dann in ihrer Rolle und die Themen werden dann relativ schnell sehr, sehr eindimensional. Die können sich bei den Treffen „entsprechend produzieren". Und eben, es gibt genügend Leute, die sich da sehr, sehr wohlfühlen da drin. Für viele stellt es sicherlich auch eine gewisse Flucht dar, so nach dem Motto, in der Tat, „Was soll ich zuhause machen? Da sitzt meine Frau mit den beiden kleinen Kindern. Also bevor ich jetzt die Kinder ins Bett bringe und ich weiß nicht was, dann bin ich doch lieber mit meinen Kumpels oder ich gehe am Samstag zum Golf." Und ja, da ist sehr viel Wahres dran.

Holländischer CEO: Na klar, mache ich das. Ich nehme dann zwei Whisky, obwohl ich eigentlich nicht viel trinke, aber für meinen Kunden ist es wichtig. Er mag über Strategien reden, wenn wir im Auto herumfahren. Weite Strecken. Einmal bis Kroatien. So ohne Plan. Abends dann trinken. Ich musste da mit und habe meine eigene Agenda im Hinterkopf behalten und den Moment gesucht die Dinge anzusprechen, die ich wollte. Ich habe also zwei bis drei Drinks genommen, weil ich wusste, dass es nicht gut ankommt, wenn ich das ablehne. Ich weiß aber jederzeit, was ich erreichen will, bei solchen Abenden.

Befragt nach der Bedeutung von „Old Boys Clubs" für die eigene Karriere unterscheiden die Alpha-Männer zwischen Businessnetzwerken außerhalb des Unternehmens und internen Beziehungen. Die Mehrheit pflegt externe Netzwerke mit Mitgliedern aus anderen Unternehmen. Primäre Motivation, gerade bei den Expat CEO ist es, gemeinsam Hobbies nachzugehen, Sport zu machen und als guter Nebeneffekt Kontakte für das Geschäftsleben aufzubauen. Einige der CEOs, die in China tätig sind, schildern, dass hier auch selbstverständlich Frauen dabei sind, wenn sie das Hobby teilen.

Mehrere der Männer erläutern, dass sie in ihrem Unternehmen vor Ort keine Netzwerkaktivitäten pflegen, die einzelne Gruppen ausschließen. Sie begründen das mit ihrer verantwortlichen Rolle in der Landesorganisation und dem Wert, die Mitarbeiter gleich zu behandeln. Gerade in China entspricht das der gängigen Businesspraxis und gemeinsame Abende finden mit Frauen und Männern gleichermaßen statt. Die Netzwerkaktivitäten verlagern sich auf außerhalb des Unternehmens. Da sie selbst bereits an der Spitze der Macht angekommen sind, sind nützliche interne Beziehungen nicht vor Ort, sondern im weit entfernten Mutterhaus angesiedelt.

Französischer CEO: Sie haben Recht. Ich mache das auch. Sport und so- männliches bonding, Beziehungspflege. Ich mache auch gern Musik. Ich hatte immer männliche Freunde und wir haben zusammen unsere Zeit verbracht. Aber das ist ja nicht exklusiv. Meine Frau hat auch ihre Girls-Runden. Für mich sind diese Freundschaften Zeit für mich. Teil meiner persönlichen Entwicklung, Beziehungspflege. Männer Bindungen sind für mich Freundschaften. Das hat nichts mit „wir gehen jetzt mal trinken" zu tun. Das gibt es in China. Abendessen und dann muss man dann betrunken werden, als Business Ritual. Da sind übrigens auch Frauen in hohen Positionen mit dabei. Es ist nicht so mein Ding. Ich habe keinen guten Drink mit Leuten, die ich kaum kenne oder mit Mitarbeitern. Mit mir würde man nicht unbedingt trinken gehen wollen.

Nur wenige der Männer, die sich selbst als eher introvertiert sehen, halten nicht viel von den üblichen Trink- und Grillabenden, die im englischsprachigen Raum für die Männerrunden stehen. Sie gehören der Minderheitsgruppe von männlichen Führungskräften an, die soziale Zusammenkünfte unter Männern aber auch gemischte Events meiden, weil sie nicht ihrer Grundpersönlichkeit entsprechen. Sie berichten, dass dieses Verhalten auch bei diesen Männern zu kritischen Bemerkungen oder Wertungen führte. Bei ihnen selbst vollzog sich der Aufstieg über andere Mechanismen, die keinen Schwerpunkt auf Vernetzung haben, wohl aber auf Sponsoring. Sie kommen zu dem Schluss, dass es trotzdem für sie als Mann immer leichter war, Karriere zu machen als für eine Frau.

US CEO: Was für ein interessanter Gesprächsstart. Es ist beleidigend zu glauben, dass alle Männer gleich ticken, genauso wie es beleidigend wäre zu glauben, dass alle Frauen gleich ticken. Ich selbst spiele kein Golf, ich trinke nicht. Ich bin ein Introvertierter. Ich mag die Gesellschaft meiner Frau als

Freund und als Partnerin mehr als alles. Wenn ich diese blöden Interviewfragen von Zeitungen bekomme „Mit wem würden Sie gern essen gehen?" Dann sage ich „Mit meiner Frau". Weil ich dann ganz ich selbst sein kann. Ich bin also nicht der richtige für diese Frage. Ich mag es nicht, das trinken und golfen. Ich bin ein Arbeiter. Ich weiß, dass andere denken, dass ich nicht in ihrem Club bin. Unabhängig davon ist es klar, dass es für Männer bisher einfacher war, egal welchen Weg sie wählen. Das ändert sich aber gerade. Ich glaube, es hängt auch davon ab, was man als Boys-Club definiert. Ist es leichter für Männer? Historisch gesehen, eindeutig ja. Ich glaube in jeder Gesellschaft wird die dominante Gruppe die befördern, die ihnen ähnlich sind, eher als die die anders sind. Ich glaube das gilt für einen Stamm in Australien, wie für Jugendliche in Schottland, die im Park trinken am Samstag. Das ist also nicht erstaunlich, dass das als Boys Club gesehen werden kann. Ich bin mir nicht so sicher, ob diese Boys Clubs so viel Wert haben. Bis zur Mitte der Karriere sind sie wertvoll, aber darüber hinaus, bis zum CEO, muss man performen. Ich würde es als Netzwerk und nicht als Boys-Club bezeichnen, da das zwei unterschiedliche Dinge sind. Ein Netzwerk von Beziehungen ist natürlich von Vorteil. Solange man es nicht nur zum Trinken oder Golf nutzt. Wenn Frauen das als Boys-Clubs interpretieren, denke ich, dass das Wort Netzwerk positiver wäre. Netzwerke sind positiv, wenn sie richtig genutzt werden. So wie ich ausschließlich LinkedIn nutze, keine anderen Social-Media-Kanäle. So wie wir uns für diese Forschung vernetzt haben. Sie machen etwas Sinnvolles. Das hat ein sinnvolles Ziel. Also ist es gut zu Netzwerken, egal ob sechzig oder einundzwanzig, egal ob Mann oder Frau.

Australischer Executive: Ich komme nach Hause und verbringe Zeit mit der Familie. Ich spiele kein Golf. Ich habe definitiv keinen Boys Club. Ich habe aber definitiv männliche Freunde, aber auch weibliche Freunde. Der Grund, warum ich nach Hause gehe, ist bei meiner Familie zu sein, meiner Frau, meinen Töchtern und meinem Sohn. Früher gab es das wirklich, aber auch heute immer noch, diese Kerle, die zur Arbeit gehen und dann trinken gehen, rumhängen. Traditionell ist es nun mal so, dass die Frauen für die Erziehung zuständig waren. Ich denke erst in der letzten Generation ändert sich das. Aber es ändert sich noch nicht so viel, wie nötig wäre. Bei meiner Schwester ist der Ehemann zu Hause und sie ist die Senior Führungskraft. Meine andere Schwester leitet ihr eigenes Unternehmen. Ich komme also aus einem eher untypischen Umfeld.

In der Literatur werden auch die sogenannten „Neuen Old Boys"-Netzwerke diskutiert. Damit gemeint sind Netzwerke, die sich durch die Internet Communities gegründet haben. Gab es am Anfang die Hoffnung, dass diese sich hinsichtlich der Diversity von den „Old Boys" Netzwerken unterscheiden, kommen Forscher zu der Erkenntnis, dass sie zwar von außen betrachtet jünger und trendiger scheinen, im Kern aber viele Gemeinsamkeiten mit den alten Strukturen aufweisen. Der Grund wird darin gesehen, dass auch in der Internetindustrie eine Mehrheit der entscheidenden Toppositionen von Männern bekleidet wird (Griffith, 2000). Technologie ist seit je her ein Bereich, in dem Frauen Mangelware sind und die „Neuen Old Boys Netzwerke" erschweren den Aufstieg für die wenigen Frauen, die es in diesem Bereich versuchen.

CEO US: Ich sehe jetzt neue Arten von Boys Clubs. Ich sehe das in Silicon Valley, in den STEM Jobs mit weniger als zehn Prozent Frauen. Es geht um Computer, Coding, vierundzwanzig Stunden am Tag. Das machen die Jungs scheinbar lieber als die Frauen. Es gibt einfach mehr Männer dort.

Auf die Frage, wie Frauen in relevante Netzwerke im Unternehmen kommen können, gibt es verschiedene Sichtweisen und auch nachdenkliche Momente. Den Männern ist bewusst, dass Frauen bei Männerrunden oder längeren Ausflügen in einem Dilemma sein könnten, welches oftmals als der „feine Grad" beschrieben wird. Sie kennen Beispiele von Frauen, die mit stereotypen männlichen Verhalten in Trinkrunden ihren „Mann standen". Und sie beschreiben auch, die Möglichkeit sozial geächtet zu werden, wenn eine Frau männliches Feierverhalten im Geschäftsumfeld adaptiert.

Japanischer CEO: Ja, früher war das sehr normal. In Japan ist Golf Freizeit, aber auch um Business Kontakte zu pflegen. Manchmal auch eine Ausrede, um raus zu kommen, jemanden zu treffen. Diese Männer Clubs haben also eine Menge von Gründen. Aus Sicht einer Frau ist das natürlich merkwürdig. Wir haben auch Barbecue und das Trinken. Nach der Arbeit Essen gehen und dann trinken, das ist Tradition, vor allem auch mit Kunden. Jetzt wird das alles etwas weniger. Jetzt wollen einige das nicht mehr. Sie bevorzugen Frühstückstreffen oder Mittagessen. Das ist der neue Kompromiss. Aber es gibt immer noch viele Männer, die den alten Stil bevorzugen. Ich selbst passe sehr auf solche Dinge auf, da ich fünf Frauen unter mir habe und sieben Männer. Wir machen dann Mittagstermine, denn abends wollen viele Frauen nicht kommen, wegen der Kinder. Und es gibt jetzt auch Mitarbeiter, die tatsächlich Geld für Überstunden am Abend verlangen. Es ist auch eine Generationenfrage. Im Unternehmen denke ich ist es jetzt halb und halb bei den Männern. Frauen müssen ihr Unternehmen leider sehr sorgsam wählen, wählen in welche Kultur sie kommen.

Ein Beispiel aus den Medien ist von einer Politikerin. Sie beschrieb in einem Interview, dass sie niemals ein Abendmeeting mit Trinkerei ausgelassen hat. Das hat sehr kontroverse Reaktionen ausgelöst. Einige sagen, so müssen wir Frauen das machen. Andere meinen, das sei Vergangenheit. Früher bekamen die Politikerinnen, die abends mit ausgegangen sind bessere Positionen. Heute gibt es dazu gemischte differenzierte Reaktionen. In einigen Unternehmen läuft es weiter so, in anderen nicht. Für Beförderungen ist der soziale Aspekt wichtig. Bei gleicher Qualifikation, wenn eine Führungskraft nicht am Sozialleben teilnehmen kann, dann ist es ein Minusfaktor, egal ob Mann oder Frau.

Russischer CEO: Ich denke, das ist irgendwie Vergangenheit. Vielleicht in der Vergangenheit, da war es so, aber heute sehe ich keinen Unterschied in den Karriereverläufen von Männern und Frauen. Ich selbst zum Beispiel trinke kein Bier, ich trinke eh keinen Alkohol und mag kein Barbecue. Ich spiele kein Golf, aber was ich mache ist viel Sport, Judo. Da sind viele Männer, viele Führungskräfte kommen dahin, um Stress abzubauen. Deshalb haben wir unseren Männer Club. Ich gehe auch schwimmen und laufen, da ist nicht wirklich Unterhaltung mit Frauen dabei. Wenn ich Business in China gemacht habe, waren wir oft im Restaurant, im Nachtleben, auch Sauna und haben da unsere Verhandlungen geführt. Wenn Frauen aus Russland dazu kamen, hatte ich meine chinesische Partnerin und sie ist mit den Frauen gegangen. Dann haben wir hinterher verhandelt. Meine chinesischen Geschäftspartnerinnen hatten immer männliche Mitarbeiter dabei und die sind dann hinterher für die Nachverhandlungen mitgegangen. Der Kern, wie sie Geschäfte machen, war derselbe. Die Verhandlungen wurden im Konferenzraum geführt. Hinterher waren die Männer unter sich. Wenn die Frau die Entscheiderin war, gab es aus meiner Sicht keinen Unterschied, bis auf, dass sie beim Ausgehen nicht in der Männergruppe war.

Deutscher Marketingleiter: Bei einigem kann ich zustimmen, bei anderen nicht. Wo ich auf jeden Fall zustimmen würde, ist, dass Männer länger im Büro bleiben, um die Kinder nicht mehr zu sehen. Das ist bei mir auf gar keinen Fall der Fall, aber ich habe ganz viele davon beobachtet. Wenige, die so wirklich mit anpacken und nochmal einkaufen und so. Ich kannte da einige, für die war es ganz nett, wenn da die Kinder noch auf einen Gutenachtkuss kamen, aber ansonsten keine Arbeit mehr. Ich persönlich habe das 1997 noch in Australien gesehen, dieses Barbecue und trinken und Club und so weiter. Aber das baut sich sehr stark ab, finde ich. Weil wir Männer nun auch mehr Verantwortung übernehmen, im Haus helfen. Ich glaube, das, was die Amerikaner so oder Engländer so Butch nennen, diese Männerclique, das verändert sich gerade.

Männer empfehlen mehr eigene Frauen-Clubs und Solidarität unter Frauen

Die Männer reflektieren verschiedene Möglichkeiten, wie Frauen ihr Netzwerkverhalten stärken können. Neben der Empfehlung geschickt bei den Männern mitzumischen, stehen eigene Frauennetzwerke oben auf der Liste der Empfehlungen. Die Männer sehen weiterhin zu wenig kritische Masse in den verschiedenen Ländern. Außerdem beobachten sie eine Schwäche bei einiger Frauen, die diese an effektiver Unterstützung hindert. Sie beobachten mangelnde Solidarität vieler Frauen, mit besonders erfolgreichen Geschlechtsgenossinnen. Männer beobachten, wie Frauen andere Frauen durch Bias und negative Urteile ihrer Kompetenz in ihrer Position schwächen. Diejenigen Männer, die sich ausführlich mit Diversitätsfragen beschäftigt haben, verstehen die Gründe dafür, dass Frauen weiterhin nicht gelernt haben, gleichzeitig im Wettbewerb zueinander zu stehen und Solidarität zu leben. Die Gründe liegen wiederum in den erlernten Rollen und den weiblichen Regeln für die Gemeinschaft in Frauengruppen, die nicht auf Wettbewerb ausgerichtet waren. Die Männer geben Schützenhilfe, wenn sie Situationen beobachten, in denen Frauen andere Frauen bekämpfen. Sie empfehlen den Kolleginnen unbedingte gegenseitige Unterstützung. Das gilt für die Vernetzung zwischen Frauen in Frauen-Clubs und genauso für die Präsenz mehrerer Frauen in Meetings.

CFO Deutschland: Ob jetzt dann eine Parallel-Veranstaltung eingerichtet wird und man es eben ganz einfach in gleicher Form tut, aber halt eben als Frau oder unter Frauen oder ganz bewusst einen Kontrapunkt setzt und eben eine entsprechend gemischte, also eine diverse Veranstaltung dann da ins Leben ruft, das bedarf natürlich dann auch, wenn man jetzt in einer Linien-Organisation ist, natürlich auch entsprechender Umsetzungsstärke, indem dann halt wirklich auch Frauen dann Wortführer werden, die jetzt beispielsweise im Vorstand sind. Bei der Deutschen Telekom beispielsweise mit einer C. oder bei einer PWC mit einer P. Und ich glaube, es wichtig, dass es eben diese Diversität, dass die wesentlich stärker gelebt wird, und auch tatsächlich gemacht wird.

CEO US: Ich denke, Frauen schaffen manchmal einen Wettbewerb, der viel grausamer sein kann als bei Männern. Männer sind wie ein stumpfes Instrument. Wir sind wie ein Hammer. Es ist sehr klar, wenn ein Mann einen anderen verprügelt, und ich meine nicht körperlich, ich meine verbal, ich meine, intellektuell. Frauen sind viel mehr wie ein Skalpell. Es gibt eine Annahme, ich denke, dass viele Männer es fördern, dass Frauen sich gegenseitig helfen, weil sie immer noch in der Minderheit sind. Wenn ich mit Frauen aus meinen Teams spreche, erfahre ich öfter, dass sie von einer anderen Frau niedergemacht wurden, anstatt sich gegenseitig zu unterstützen. Anstatt zu sagen: „Oh, das ist fantastisch, dass Frau zum VP-Quality befördert wurde. Das ist super." beginnt die Subtilität der Erosion mit ihrer Kompetenz. Negative Kommentare kommen von Frauen. Natürlich mögen nicht alle Frauen alle Frauen, nicht alle Männer mögen alle Männer. Aber wir denken dann öfter„Wow, das sind zwei Frauen in der Höhle des Löwen, man könnte meinen, sie würden sich gegenseitig beschützen, anstatt sich gegenseitig zu opfern".

Deutscher Regionen Leiter: Das deutsche Umfeld ist da vielleicht auch noch fairer, kommt drauf an, wo man fragt. Also, im Osten wird gedolcht, bis zum geht nicht mehr. Da wird auch präventiv intrigiert. Und in Russland war es ganz krass. Also was ich da erlebt habe, wie die Frauen auch untereinander waren. Also, meine Chefin musste einfach die stärkste sein im Wolfsrudel, weil da wirklich auch alle anderen ihren Job haben wollten und das auch sehr eindeutig gemacht haben. Die ist ja jetzt die

Leiterin der Ukraine. Also dieses präventiv abmurxen, das hat schon was Stalinistisches. Das ist hier ähnlich, also da hat Deutschland wirklich spezielle Kultur. Von den anderen Ländern in Europa kann ich es nicht sagen, Frankreich ist vielleicht auch noch anders durch diese Elite Kader. Das ist nochmal was anderes. In Amerika war es teilweise auch sehr aggressiv. Also, da wurde auch gut übereinander hergezogen, das was ich erlebt habe. Denn in Amerika ging alles um den letzten Kampf, den Kampf um VP zu werden.

Alpha-Frau kann Aggressionsverhalten von Männern in Meetings befrieden

Meetings sind in Unternehmen wie Arenen, in denen wichtige soziale Prozesse stattfinden. Die Anteile von männlichen und weiblichen Teilnehmern in Meetings hat Auswirkungen auf die sozialen Interaktionen in den Besprechungen. Die Geschlechterzusammensetzung von Teams zeigen signifikante Auswirkungen auf die Teamleistung, Verhaltensmaßstäbe, Bewertungen und soziale Einflüsse. Meetings sind entscheidende Orte, um Mitarbeitern Schlüsselbotschaften zu vermitteln über die Organisationskultur, Organisationsziele und Umgangsformen im Unternehmen. Die Teilnehmer von Unternehmensmeetings erfahren schnell, welche Rolle sie und ihre Teams im Unternehmen haben. Meetings sind also Arenen, in denen die Teilnehmenden auch erkennen, welchen Stellenwert Gender Diversity in ihren Organisationen hat.

Französischer CEO: Die Qualitäten, die sie bringen, mehr Höflichkeit, Frauen sind in gewisser Weise emotional reifer. Männer driften, wenn sie zusammen sind, in diese Geschichte der Jungen ab, was in einem bestimmten Alter wirklich nur noch lächerlich ist. Ich denke, Frauen bringen mehr Reife mit.

Forscher wie McGrath (1964) unterscheiden Interaktionen und Beziehungen zwischen den Teilnehmenden, die bereits vor dem Meeting bestehen. Während des Meetings beobachtet er die Dynamik zwischen den Teilnehmenden und den Einfluss auf Ergebnisse des Meetings. In Bezug auf Meetings fanden weitere Forscher wie Baines (2010) und Berger (2015) drei zentrale Aspekte. Erstens wurde analysiert, dass es oftmals zu abwertenden Haltungen gegenüber Frauen und ihrer beruflichen Rolle kommt, zum Beispiel in Form von Witzen auf Kosten der Frauen. Darüber hinaus konnte beobachtet werden, wie zum Beispiel Frauen systematisch als Assistentinnen oder Sekretärinnen eingestuft und behandelt wurden. Zweitens verbünden sich Männer mehr mit anderen Männern und dabei spielen alte Bindungen eine wichtige Rolle, die von außen in das Meeting getragen werden und im Meeting gefestigt wurden. Neue Verbindungen zu Frauen werden dadurch erschwert. Diese Punkte führen drittens dazu, dass Frauen sich von ihrer Weiblichkeit distanzierten durch Anpassung ihres Verhaltens und ihrer Einstellungen. Beispiele hierfür sind starke Demonstration von Fachwissen oder das Herunterspielen kritischer Situationen in den Sitzungen durch die weiblichen Teilnehmerinnen selbst.

Diese Untersuchung verdeutlicht die zentrale Rolle der Geschlechterkonstruktion in organisatorischen Kontexten, insbesondere in Meetings. Die Ergebnisse verdeutlichen, wie sich stereotype Konstrukte in Meetings negativ auf Teilnehmerinnen auswirken.

CEO Irland: Was tun Männer, um Frauen in Meetings ein wenig zu untergraben? Ich denke, sie reden zu viel, sie unterbrechen, sie erniedrigen sie in gewisser Weise. Sie ändern das Thema ein wenig, ohne dass es offensichtlich ist, so dass Frauen von dort weggelenkt wurden, wo ihre Meinung eigentlich sehr richtig und wichtig war. Ändern das Szenario ein wenig. Du hörst Männer sagen: „Ja, aber du warst noch nie draußen im Feld, oder du warst noch nie bei einem Kunden, wette ich." Na und? Die Frau könnte sagen, „Und du warst noch nie in der Produktionsstätte. Du hast nie Qualität verantwortet." Anstatt den Einwand aufzulösen, lässt eine Frau sich meiner Meinung nach einschüchtern. Sie könnte sagen, „Der Mann hat Recht. Ich war nicht bei den Kunden. Ich kenne sie nicht so gut wie er, aber der Mann war dafür nicht in den Produktionsstätten. Er kennt sich nicht mit der Produktion aus." Frauen machen das selten.

Deutscher CFO: Was aber halt unheimlich wichtig ist, gerade für einen CEO, ist eben, diese Atmosphäre zu schaffen, dass Frauen sich in diesen Gesprächskreisen auch wohlfühlen. Und da muss ich halt auch sagen, in einer solchen Situation war ich nie, dass diese Situation geschaffen war, dass sich auch eine Frau wohlfühlt in dem Gespräch, in der unmittelbaren Sitz-Atmosphäre. Nur in einem Fall war es mal anders. Also, wenn selbst ich dann manchmal Gänsehaut bekomme, dann will ich gar nicht wissen, was eine Frau dann darüber gedacht hätte.

CEO US: Männer sind unangenehm. Männer streiten sich gerne. Männer gewinnen gerne. Männer schaffen gerne Konflikte, auch wenn es nicht nötig ist. Frauen nehmen in der Regel ein etwas größeres Bild ein. Sie sind weniger an Konflikten interessiert. Sie interessieren sich mehr für den Gruppensieg. Nun, wenn ich ein Profil zeichne, wenn ich ein Pareto zeichne, überlappen sich Männer und Frauen, aber wenn ich sagen wollte, füge das Angenehmste und das sehr hohe Extrem von Annehmbar hinzu, wette ich, dass es hauptsächlich Frauen sind. Auf dem sehr niedrigen Extrem von unangenehm, ich wette, es sind hauptsächlich Männer. Das bedeutet nicht, dass alle Frauen angenehmer sind als alle Männer.

CEO Russland: Wenn Frauen im Meeting sind, wird die Atmosphäre sofort eine andere. Erwachsener? Freundlicher, so könnte man es sagen. Dazu müssen die Frauen aber sie selbst sein und nicht in die aggressiven Spielchen unter Männern einsteigen.

Geliebte Männerrunden sollen bleiben, neue Frauen-Power-Netzwerke entstehen

Die Alpha-Männer stehen vor allem zu ihren Boys-Clubs und den Vorteilen, die aus ihnen resultieren, wenn es sich um unternehmensexterne Netzwerke handelt. Nicht alle Führungskräfte denken, dass unternehmensinterne Boys-Clubs wichtig waren für ihren Aufstieg. Vor allem die Expat-CEO halten lokale interne Netzwerke für nicht so bedeutsam wie ihre externen Netzwerke. Sie sehen für die eigene Karriere eher die Bedeutung von Sponsoren und gezielten Stakeholder-Beziehungen im Mutterkonzern. Umfelder, in denen männliche Netzwerke innerhalb von Unternehmen Frauen bewusst ausschließen, werden von den Interviewten negativ beurteilt. Beispiele kommen aus Europa und Japan. Frauen, die Erfolg haben wollen, sollten sich aus Sicht der Alpha-Männer in bestimmten Netzwerkaktivitäten einbinden. Die Frage, wie sie sich als

Frauen hier positionieren können, bleibt offen. Die interviewten Männer bleiben in ihrer Dissonanz verhaftet, dass sie eigentlich ihre reinen Männerrunden sehr genießen, aber gleichzeitig wissen, dass Frauen bisher Nachteile dadurch haben, nicht so einfach in die Clubs und Netzwerke aufgenommen zu werden. Die Alpha-Männer sehen die Herausforderung, als Frau unter Männern vor allem bei Abenden unter Alkohol zu bestehen, ohne dass Kontakte die „feinen Linien" überschreiten. Da, wo es um externe Kontakte geht, werden verschiedene Beispiele gegeben, wie Frauen dieses Problem umgehen können.

Die Spitzenmänner denken außerdem, dass Frauen in ihren eigenen Frauen-Clubs und Verbindungen gleiche Vorteile wie Männer erzielen könnten, sehen aber das Problem noch geringerer Reichweiten. Unzureichende gezielte Unterstützung von Frauen untereinander und mangelnder Solidarität zwischen Frauen schwächen qualifizierte Frauen beim Aufstieg bzw. beim Halten von Leitungspositionen.

In Meetings haben Frauen einen befriedenden Einfluss auf Männer. Ihre Kern-stärken, wie etwas Empathie und Kommunikation, lassen die Effizienz der Meetings steigen. Dieser Mechanismus funktioniert nur, wenn Frauen sich auf ihre Stärken konzentrieren und nicht die männlichen Verhaltensweisen übernehmen.

Alpha-Frauen und ihre Netzwerke

Die Pflege von professionellen Netzwerken haben auch für die Karrieren der inter-viewten Topmanagerinnen einen hohen Stellenwert. Diese Verbindungen sind beson-ders wichtig, da Frauen mit Hilfe der richtigen Netzwerke sich nicht nur mit karriere-relevantem Wissen versorgen, sondern hier strategische Ratschläge für ihren Karriereaufbau bekommen. Netzwerke ermöglichen Ihnen auch den Zugang zu Men-toren und Sponsoren, die wiederum Sichtbarkeit in den Entscheider Gremien ermög-lichen. Gleichzeitig zeigt die Forschung, dass genau diese zentralen professionellen Netzwerke bei Frauen oft weniger leistungsfähig und effektiv hinsichtlich der daraus erwachsenden Karrierevorteile sind.

Neben den „Old-Boy" Netzwerken gibt es die Perspektive der „Wrong-Networks", also der Zugehörigkeit zu Minderheitsnetzwerken von Frauen oder anderen Minder-heitsgruppen. Diese „falschen Netzwerke" führen zu wenig karriererelevanten Infor-mationen am Arbeitsmarkt oder im Unternehmen (Fernandez, 2006). Frauen, die in diesen Netzwerken verbleiben, werden in der Regel keine relevanten Informationen zu offenen Stellen erhalten. Daher scheint es für Frauen besonders wichtig zu sein, diverse Netzwerke zu pflegen, um an eine Bandbreite von wichtigen und zielführenden Jobin-formationen zu gelangen (McDonald, 2011).

Ohne Kenntnis über die Wirkmechanismen männlicher Netzwerke, die sich durch gegenseitige Unterstützung, Verbündung über männliche Aktivitäten, Verlässlichkeit und Solidarität auszeichnen, dürfte es für Frauen schwierig sein, einen möglichen internen Ausschluss zu unterwandern und selbst akzeptiertes Netzwerkmitglied zu werden. Männer untereinander können sich besser in ihren Handlungen einschätzen. Durch

Solidarität entsteht sozialer Rückhalt und Anerkennung der Männer untereinander im Sinne einer Identitätsstabilisierung. Je höher Frauen aufsteigen, desto eher befinden sie sich in einer Minderheitenposition und benötigen deshalb besondere eigne mikropolitische Strategien (Raststetter, 2011).

> *Französische GM: Frauen haben einfach keine Zeit hier für Netzwerken. Sie laufen zu ihren Kindern oder ihrer Familie. Sie lassen das einfach aus, wenn sie Kinder haben. Deshalb werden sie bestraft, haben Nachteile. Ich mache es trotz der Kinder. Frauen sind beim Networking okay, nicht großartig, aber okay. Keine Frau hat vom Networking wirklich etwas. Wenn die Leute auf der Suche nach Board-Leuten sind, nehmen sie ihre Freunde, gute Freunde und davon haben sie viele. Oder sie gehen zum Headhunter und der hat wieder viele Freunde. Sie schauen nicht mal den CV an. Das liegt daran, dass es in Frankreich kein sehr rationaler Prozess ist. Es geht immer noch um Leute, die man kennt, um Freunde und solche Sachen. Sie werden nicht in das zufällige Netzwerk von Frauen gehen und für Board Positionen suchen. Siehst du was ich meine?*

Frühere wissenschaftliche Studien haben geschlechtsspezifische Unterschiede in der Größe und Qualität von professionellen Netzwerken identifiziert. Frauen bauen demnach in Summe weniger Verbindungen auf und tendieren zu weniger einflussreichen und weniger mächtigen Netzwerkpartnern, was ihnen einen strukturellen Nachteil verschafft.

Das Forscherteam Greguletz, Diehl und Kreutzer (2019) zeigt auf, dass neben den externen strukturellen Barrieren des Ausschlusses von Frauen aus Machtnetzwerken auch intrinsische Barrieren, soziale Beziehungen zu instrumentalisieren, zum Beispiel bei deutschen Frauen, eine Rolle spielen. Den Ausschluss von Frauen sehen sie als Resultat des Konflikts zwischen Beruf- und Familienleben sowie von sozialer Homophilie. Die intrinsische Motivation für das Netzwerken unterscheidet sich bei Männern und Frauen.

In den Studien von Henn (2012) geben neun Prozent der befragten weiblichen deutschen Führungskräfte an, kein Netzwerk zu haben oder bewusst kein Netzwerk zu wollen. Dreiundzwanzig Prozent geben an, dass Frauen-Netzwerke nicht nutzen bzw. schlecht im Networking seien.

Bezüglich der persönlichen Zurückhaltung von Frauen, Netzwerkbeziehungen einzugehen und sich aktiv in Machtnetzwerke einzubringen, haben Forscher zwei Faktoren identifiziert: Ersten sehen sie eine beziehungsorientierte Moralität, die die Tendenz von Frauen bezeichnet, eine einseitige Bevorteilung der eigenen Person durch eine Netzwerkbeziehung zu unterbinden. Zweitens beschreiben sie eine geschlechtsspezifische Bescheidenheit, Ausdruck für die Tendenz zur Selbstunterschätzung von Frauen im beruflichen Kontext. Frauen, so die wissenschaftlichen Ergebnisse, zögern mehr Vorteile aus Netzwerken herauszuziehen, als sie nach eigener Selbsteinschätzung im Gegenzug einbringen können. Männer gehen ihre Netzwerke verstärkt utilitaristisch an, Frauen verfolgen im Vergleich eher einen sozialen Ansatz.

> *Deutsche HRD: Aber Netzwerken in dem Sinne, dass ich an irgendwelchen Veranstaltungen oder Vorträgen teilnehme und wirklich jemanden finde, mit dem ich mich total gern unterhalte und mir auch was bringt, ohne diese Karriere im Hintergrund zu haben, und man dann in Kontakt bleibt, das*

entspricht mir sehr. Ich möchte schon sagen, dass Generation CEO mir wirklich sehr, sehr geholfen hat, also, ich bin schon jemand, der sich mit den Menschen verbindet und nicht das Netzwerk als Institution sieht. Entweder klickt es und ich treffe mich gerne und dann reden wir auch mal über andere Dinge als nur, wie man sich helfen kann, sondern ich würde mit den Leuten auch genauso gerne, weiß ich nicht, joggen oder mich wirklich auch privat umgeben. Das ist dann bei mir so fließend, das muss so natürlich kommen. Als, dass ich jetzt denke: Wow, die Frau ist also das und da zück ich jetzt mal mein Kärtchen. Das wäre überhaupt nicht ich und das mag ich auch bei anderen nicht.

Trotzdem können gezielte Netzwerkstrategien von Frauen traditionelle Geschlechtergrenzen überwinden und Frauen einen Zugang in Männernetzwerke ermöglichen. Eine Möglichkeit ist dabei die Nutzung von Mentoren, die ihnen Türen öffnen. Weibliche Führungskräfte können durch bewusstes Ausbalancieren von Nähe und Distanz, Networking Chancen mit Männern nutzen. Dafür müssen sie sich den Zutritt zu traditionell männlichen Netzwerken verschaffen und sich darauf einstellen, dass sie dadurch stereotype Geschlechterrollen verändern. Networking reproduziert also nicht automatisch Geschlechterungleichheiten, sondern kann diese auch verringern.

Networking von Frauen, so eine Schlussfolgerung aus den Ergebnissen von Rastetter (2012), muss mit einer klar kommunizierten Aufstiegsbereitschaft kombiniert werden, um nicht in den Verpflichtungen „starker Beziehungen" mit nur einem Mentor gefangen zu bleiben. Je größer und vielfältiger das Netzwerk ist, desto häufiger können Frauen ihre Karrierepläne signalisieren und desto besser finden sie bei ungünstigen Bedingungen im eigenen Unternehmen neue Positionen in anderen Organisationen. Bei sämtlichen Networking Aktivitäten, insbesondere bei engeren Beziehungen zu männlichen Kollegen, Vorgesetzten und Geschäftspartnern ist der Zielkonflikt „Nähe-Distanz" zu beachten.

Französische CEO: Frauen haben die Bedeutung von Netzwerken und Netzwerken nicht immer verstanden. Wir müssen als Frauen zusammenstehen, einander helfen, genauso wie Männer. Manchmal stehen Frauen im Wettbewerb zueinander, und das ist eine Schande. Dies sind also Themen, die mit Frauen angesprochen werden sollten, damit sie das Interesse an einem Netzwerk verstehen, das eine gegenseitige Hilfe ist und nicht da ist, um miteinander zu konkurrieren.

Frauen, die verstanden haben, dass sie einen Teil ihrer Priorität und Zeit in Netzwerke investieren, haben große Vorteile. Viele der interviewten Frauen verfügt über gefestigte Netzwerkstrukturen und aktivieren das eigene Netzwerk vor allem bei Wechselentscheidungen. Kommt man zum Beispiel von außerhalb nach Frankreich, hört man schnell den Rat, dass man, um sich beruflich zu etablieren, von jemanden in „die richtigen Netzwerke" eingeführt werden muss. Der Zugang zu bestimmten Netzwerken und Machtkreisen ist also für die Laufbahn in Frankreich wichtig. Der Karriereerfolg von Frauen hängt aber in allen Ländern der Studie mit der Bereitschaft zusammen, die ohnehin knappe Zeit in diesen Bereich zu investieren. Er hängt unter anderem von einer geschickten Nutzung von Netzwerken und den sich daraus ergebenden Kontakten ab. Dabei sind die vielen rein zu diesem Zweck organisierte Netzwerkveranstaltungen für Frauen in Frankreich weniger erfolgreich als etablierte Netzwerke von Eliteuniversitäten, bestimmter großer Konzerne, privater Kreise oder anderer Wirtschaftsverbindungen. Die Vermischung privater Netzwerke mit beruflichen Interessen ist etwas, was die Frauen stärker bei Männern beobachten, die diese Strategie sehr erfolgreich anwenden.

Die deutschen Alpha-Frauen erzählen, dass Netzwerken bisher eher verstanden wird als reine Ausweitung des Kontaktnetzes und als Lern- und Informationsbörse, ohne es jedoch zielorientiert für den Karriereaufstieg zu nutzen. Frauen teilen gern Erfahrungen, lernen gemeinsam und tauschen sich über Herausforderungen aus.

> *Deutsche HRD: Es ist extrem wichtig, weil die Männer machen das seit Jahrzehnten. Und wenn die Jobs frei sind, dann rufen die sich einfach gegenseitig an. Es gibt viele Jobs, die einfach unter der Hand vergeben werden, weil sie sich einfach kennen, fertig. So, und Frauen, wir könnten das genauso. Das fängt gerade erst an bei uns. Also, das müssen wir viel verstärkt machen, das ist extrem wichtig. Genauso wichtig wie Leistung.*

Viele deutsche Frauen stecken weiterhin in einer Ambivalenz, ob und bis zu welchem Grad man das Netzwerk dann auch zielorientiert für die Karriere nutzen darf. Hier zeigt sich, dass die meisten noch in einer Lernkurve dazu sind, wie sie ihre Netzwerke gezielter für die Karriere nutzen und was sie andererseits im Netzwerk dafür geben wollen. Die Idee des Gebens und Nehmens in Bezug auf Karriere ist nicht gelernt. Es gibt kein gelerntes Regelwerk für die Nutzung von beruflichen Frauen-Netzwerken. Somit ist auch die Angst vor Enttäuschungen da, wenn andere Frauen in einem nicht gelernten Spiel die Regeln verletzen und mehr Eigennutzen aus einem Kontakt ziehen, als etwas zurück zugeben. Zudem begrenzt die Angst als „Quotenfrau" zu gelten oder gar als „eine Quotenfrau" eine andere Frau zu fördern, die Möglichkeiten von Frauen für ein wirklich machtvolles Netzwerken unter Frauen.

> *Japanische Präsidentin: Ich wurde automatisch in dieses Netzwerk eingeschrieben, da ich vom Junior-Level aus angefangen habe. Später beim nächsten Unternehmen gab es Diversity mit Zielvorgaben. Ich hatte tatsächlich große Schwierigkeiten, im Zentrum der Diskussion zu stehen, weil Männer ein eigenes Netzwerk haben, um Dinge zu diskutieren und zu entscheiden, und sie wollten nicht, dass ich involviert bin. Jetzt habe ich, weil ich die ranghöchste Frau war, ein Networking für Senior Frauen gestartet, um alle einzubeziehen und damit wir enger zusammenarbeiten.*

Japanerinnen beschreiben beispielsweise viele Anlässe, bei denen Top-Managerinnen sich selbst bekannt machen. Sie melden sich aktiv innerhalb des Unternehmens für Sonderprojekte, wie zum Beispiel Initiativen zur Förderung von Frauen, in denen sie Rollenvorbilder sind. Durch ihre Ausnahmepositionen werden sie in ihren Umfeldern sehr schnell bekannt und für bestimmte exponierte Aufgaben vorgeschlagen. Die Japanerinnen können hier also von ihrem Status als seltenes Rollenvorbild profitieren.

Ein anderes Thema ist die Frage für Asiatinnen, wie sie es als Frauen schaffen, in die Netzwerke der zumeist männlichen Ausländer im multinationalen Konzern vorzudringen und sich hier geschickt zu positionieren. Die befragten Asiatinnen analysieren die Strukturen in ihrem Mutterkonzern, unter anderem mit Hilfe ihres Coaches, und entwickeln Vorgehensweisen, um ihre Kontakte zu den ausländischen Entscheidungsträgern aufzubauen und zu verfestigen.

Bei den Chinesinnen kann genau wie bei den Männern ein Zusammenhang zwischen *Guangxi* Beziehungen der Eltern im Hinblick auf den Einstieg in die Karriere hergestellt werden. Rund achtzig Prozent dieser Frauen erwähnen *Guangxi* Verbindungen der erweiterten Familie bei der Frage, wie sie diese erste Stelle in einem staatlichen Unternehmen oder einer staatlichen Institution bekommen haben. Es lässt sich abschließend aus den Studien nicht genau beurteilen, in welchem Umfang *Guangxi Netzwerke* für die Karrieren dieser Frauen eine Rolle spielen (Al-Sadik-Lowinski, 2018). Da die Frauen in einem kulturell gemischten Umfeld agieren und die Entscheidungsträger für hohe Managementfunktionen in der Regel Ausländer waren, kann vermutet werden, dass *Guangxi* Netzwerke zwar eine Rolle spielen, genauso aber Netzwerkstrategien über kulturelle Grenzen hinweg erlernt wurden. Die Netzwerke der Chinesinnen sind zum Teil innerhalb der Unternehmen, aber auch unternehmensübergreifend positioniert und gehen in den privaten Bereich über.

Jede der befragten Topmanagerinnen investiert gezielt Zeit in Netzwerke und baut ihre Netzwerke vielfältig und differenziert auf.

Alpha-Frauen „unter Jungs"

Die Frauen beschreiben Unterschiede im Verhalten von Männern und Frauen in Meetings, die sich verstärken, wenn Männer in großer Überzahl anwesend sind. Das von den Alpha-Männern vorab beschriebene Verhalten „unter Jungs" wird, wenn nur Ausnahmefrauen anwesend sind, fortgesetzt und es hängt viel davon ab, wie Frauen diese Situationen erleben. Die Topmanagerinnen versuchen, in diesen Situationen gelassen zu bleiben und viele setzen auf ihren Vorteil als Frau.

Deutsche Personal Vorständin: Und die Themen, die sind halt wirklich, naja Fußball. Es ist eine Body Language, wo ich manchmal dann doch ein bisschen schmunzeln musste. Beziehungsweise, was mir ganz klar auffällt, ist, dass die Sprache, die genutzt wird, die ist viel derber, als wenn Frauen miteinander reden. Also, manche Wörter, wie „Fuck" oder so etwas wie „So ein Vogel, den müssen wir rausschmeißen!" Solche Äußerungen über Leute habe ich eigentlich fast nie bei Frauen so gehört. Also, da war es wirklich alles sachlicher. Und klar, wenn ich nur Frauenmeetings habe, da reden wir über andere Themen, als wenn das so mehr diese Männerrunde ist. Ich habe aber schon das Gefühl, ich rede anders als die Männer. Und das ist wirklich diese Wortwahl, wo ich so manchmal so ein bisschen zucke, weil das für mich einfach auf C-Level einfach nicht passt. Vielleicht bin ich da auch schon altmodisch. Teilweise dieses breitbeinige Sitzen. Aber auch wo ich sitze, klar, jeder kennt da seine Rangordnung, die Hackordnung. Man weiß ganz genau, wer sitzt vorne, oben auf dem Platz. Und jeder hat seinen bestimmten Platz. Auf gar keinen Fall setzt du dich woanders hin. Das habe ich bei Frauenmeetings auch weniger erlebt. Und auch wenn gestanden wird, es ist schon alles bisschen demonstrativer. Also wie halt gestanden wird und die Hände hier rein. Also wirklich, es wird mit allen Mitteln gezeigt: Ich bin das Alphamännchen und ich weiß alles. Jetzt rede ich. Also ich habe wirklich meine Männer jetzt gerade vor Augen.

5 Männliche Topmanager über Charakteristika und Leadership erfolgreicher Frauen

In diesem Kapitel beschreiben die Topmanager Charakteristika und Fähigkeiten, die sie bei sehr erfolgreichen Frauen beobachten konnten. Die Beobachtungen kommen zu den Faktoren Selbstbewusstsein, Ambition und Karriereorientierung. Sie empfehlen, dass Frauen ihre Karriereziele deutlicher kommunizieren. Was die Männer bei der Mehrzahl von Frauen vermissen, ist Entscheidungsstärke gepaart mit Schnelligkeit und einer aus ihrer Sicht notwenigen Risikobereitschaft. Sie sprechen über die Notwendigkeit, dass Frauen echte Verbündete finden. Bezüglich der Frage der Vereinbarung von Familie und Karriere haben die Männer bestimmte Anforderungen an die Frauen, jedoch keine Patentlösungen zur Umsetzung. Die Stärken weiblicher Führungskräfte, die Alpha-Männer an Alpha-Frauen bewundern, runden die Analysen ab.

Selbstbewusstsein aktiviert Frauen zum Erfolg

Erfolgreiche Führungskräfte, egal ob männlich oder weiblich, benötigen ein hohes Selbstbewusstsein. Dazu gehört die Kenntnis eigenen Stärken und das Vertrauen in die eigene Leistung. Die Alpha-Männer sehen in diesen Punkten Aufholbedarf bei den Frauen.

Es gibt in der Forschung Hinweise darauf, dass Frauen oftmals nicht so viel Selbstvertrauen haben wie Männer. Selbstvertrauen ist definiert als die Wahrnehmung der Kompetenz und Fähigkeit, die eine Person benötigt, um verschiedene Situationen erfolgreich zu bewältigen (Shrauger, 1995). Selbstbewusstsein resultiert dabei aus einer inneren Überzeugung von den eigenen Fähigkeiten sowie einem hohen Selbstwert als Person und Führungskraft. Es drückt sich nach außen in selbstsicherem Auftreten aus. Führungskräfte werden im Allgemeinen als selbstbewusste Menschen charakterisiert. Mitarbeiter wünschen sich von ihren Führungskräften, dass sie Vertrauen in eigene Handlungen und Entscheidungen haben und ihre Teams damit zu besseren Lösungen führen können. Selbstvertrauen hängt also auch mit der Effektivität von Führungskräften zusammen. Führungskräfte mit hohem Selbstvertrauen überzeugen ihre Mitarbeiter eher, ihrer Vision zu folgen, während Führungskräfte mit geringem Selbstvertrauen ihre Anhänger eher dazu zwingen oder keine Visionsfähigkeit zeigen (Gamson, 1968).

> *Französischer CEO: Es ist dieses „Ich bin nicht gut genug", „Ich werde das nicht schaffen" oder diesen Komplex nicht so gut wie andere zu sein. Frauen denken immer, nicht so gut wie andere zu sein und in den meisten Fällen ist das nicht wahr. Wenn sie kein Selbstvertrauen haben, können sie andere Menschen nicht führen. Man muss sich selbst vertrauen, wenn man will, dass andere Menschen einem vertrauen. Was ich allen Frauen sage und ich schätze sehr, wenn sie mich um Rat fragen, „Vertrau Dir". Das ist die Nummer eins. „Du hast diesem Komplex, nicht gut genug zu sein".*

https://doi.org/10.1515/9783111052182-005

Frauen am Arbeitsplatz haben viel mehr mit ihrem Selbstvertrauen zu kämpfen als Männer (O'Neill, 2013). Im „Confidence Code" von Kay und Shipman (2014) stellen die Autoren dar, dass basierend auf Selbsteinschätzungen nur fünfzig Prozent der Frauen im Vergleich zu siebzig Prozent der Männer ein hohes Maß an Selbstvertrauen haben. Frauen fühlen sich demnach nicht so gut auf Beförderungen oder neue Möglichkeiten in ihrer Karriere vorbereitet wie Männer. Dies hängt auch mit einem langsameren Karrierefortschritt als bei Männern zusammen. Außerdem ist es für Männer eher als für Frauen normal, sich für ihre Karriereentwicklung zu exponieren. Die Ursache hierfür wird von den Forschern zurückgeführt auf Verhaltensweisen, die in der frühen Kindheit entwickelt wurden.

> *CEO USA: Es könnte ein Mangel an Selbstvertrauen sein. „Nein, ich kann es nicht. Ich werde es nicht schaffen", oder dieses komplexe Zeug, nicht so gut zu sein wie andere Leute. Sie denken immer, dass sie nicht so gut sind, wie andere Menschen um sie herum, was meistens nicht stimmt. Wenn Frauen das Selbstvertrauen nicht haben, können Sie keine gute Autorität über die Gruppe und die Führung haben. Du musst Dir selbst vertrauen, wenn Du willst, dass andere Dir vertrauen. Männer haben solche Probleme nicht. Sie denken immer, dass sie die Besten sind und ihre Position wirklich verdienen, sie verschwenden keine Zeit damit, darüber nachzudenken. Frauen haben den Komplex, nicht legitim zu sein, weshalb ich ihnen immer sage: ‚Hör auf, darüber nachzudenken, es ist Zeitverschwendung. Die Leute sind nicht dumm, wenn sie Dich auswählen, weil Du den Job verdienst. Ende der Geschichte. Und sowieso, am Jahresende wird man anhand des Ergebnisses sehen, dass Du gut bist.*

Frauen in Führungspositionen zeigen also in verschiedenen Forschungen ein geringeres Vertrauen in die eigene Leistung als Männer (Gill, 2015). Diese Ergebnisse deuten darauf hin, dass sich Frauen in höheren Positionen häufig fehl am Platz fühlen, aber sie implizieren nicht, dass Frauen keine effektiven Führungskräfte sind. Tatsächlich ergab eine Studie aus dem Jahr 2012 von Zenger, dass Frauen in Bezug auf die Führungseffizienz höher eingestuft werden als Männer. Flynn (2011) analysierte, dass etwa fünfzig Prozent der Frauen im Vergleich zu einunddreißig Prozent der Männer von Selbstzweifeln bezüglich ihrer Leistung berichten. Stereotype und Bias wirken auf das Selbstbewusstsein von Frauen im Management. Dabei kann die innere und externe Ebene von Selbstvertrauen unterschieden werden. Stereotype und Bias, wie zum Beispiel die Annahme, dass Frauen am Arbeitsplatz emotionaler reagieren, wirken sich bei Frauen negativ darauf, wie sie von anderen eingeschätzt werden. Als Folge wurde ein negativer Zusammenhang zwischen Selbstvertrauen und Beförderungen analysiert.

> *Französischer CEO: Frauen steigen aus zwei Gründen nicht auf. Ersten, weil sie abgelehnt werden. Dann aber auch, weil sie damit rechnen, dass die Leute nein sagen würden, also bewerben sie sich nicht einmal. Meine Schwester ist eine Mutter von vier Kindern. In der Schule war sie immer brillanter als ich. Sie absolvierte eine großartige Schule in Frankreich mit nur siebzehn Jahren, also zwei Jahre früher als der Durchschnitt. Sie hatte eine glänzende Karriere. Sie war mit zweiunddreißig CFO in China und ich sagte nur: „Wow, du bist eine Wunderfrau." Dann ein Kind, zwei Kinder, drei Kinder, vier Kinder, sie war dann nur noch für Taxes zuständig und dann kam ein Shift. Man hatte das Gefühl, es würde abdriften. Sie kümmerte sich um das vierte Baby und sie ging nicht zurück. Ich sah in ihrem Kopf, die Selbstzensur. Wir hatten eine Diskussion und ich sagte ihr: „Ich glaube, Du wirst von deinem Umfeld geschlagen, aber vielleicht schlägst Du Dich auch selbst." Vielleicht ist es ein bisschen unfair,*

aber ich sagte ihr: „Schauen Dir die nächsten dreißig Jahre an und was Du in einem Unternehmen machen könntest." Ein Jahr später übernahm sie wieder eine leitende Position. Ich denke, wir haben die Verantwortung, die Selbstzensur von Frauen zu bekämpfen und Werbung für Frauen zu machen. Das ist meine Wahrnehmung.

Frauen in Führungspositionen müssen gemocht werden, um als kompetent und selbstbewusst wahrgenommen zu werden, während Männer als kompetent und selbstbewusst wahrgenommen werden können, ohne beliebt zu sein (Guillén, 2016).

Führungspositionen erfordern agentische Qualitäten, wie Dominanz, Selbstvertrauen, Beharrlichkeit, Besonnenheit, Individualität und Gewissheit, die als Stereotype eher mit Männern verbunden werden (Eklund, 2017). Frauen mit eher beziehungsorientierten Charakterzügen fühlen sich dadurch benachteiligt. Dies wirkt sich wiederum auf ihr Selbstvertrauen aus, da ihre Kollegen und Untergebenen sie zwar mögen, sie aber nicht als kompetente Führungskräfte ansehen. Frauen mit eher agentischen Eigenschaften andererseits werden zwar als kompetente Führungskräfte angesehen, sind aber bei ihren Kollegen und Untergebenen nicht sehr beliebt. Dies schafft eine Hürde für Frauen am Arbeitsplatz, da Frauen niemals als kompetent und sympathisch gesehen werden – es ist das eine oder das andere.

Französische CEO: Ja, ich denke, dass es nicht damit zusammenhängt ob man Mann oder Frau ist. Es hängt mit der Persönlichkeit einer Führungskraft zusammen. Es geht darum sich nach vorne zu stellen und die Hand zu heben und nicht um das Geschlecht. Meinen Töchtern sage ich, wenn ihr wollt, wird es auch funktionieren. Meine Älteste ist in der Modebranche und hat schon Senior Level. Es gibt kein Problem da, wo siebzig Prozent Frauen sind. Ich ermuntere beide, Selbstvertrauen zu haben in dem, was sie tun. Die Leute rings herum zu beobachten und bestimmte Charaktermerkmale zu verstehen und wie man sie nutzen kann, denn die Herausforderung ist nicht Mann oder Frau zu sein, sondern wie man sich von anderen abhebt. Das diskutiere ich mit den beiden. Ich frage sie, ob sie an sich selbst glauben. Ich bin in einem Alter, wo ich ihnen Dinge erklären kann und sie können meiner Erfahrung vertrauen. Ich sage ihnen, dass ich volles Vertrauen in ihre Fähigkeiten habe.

Flynn et al. (2011) erkannten vier Führungsverhaltensweisen, die sich bei Führungskräften mit geringeren Selbstvertrauen zeigen. Die erste ist, übermäßig bescheiden zu sein. Männlich Führungskräfte feiern ihre Siege öffentlich, Frauen dagegen sind oftmals der Überzeugung, dass ihre Siege „für sich selbst sprechen" sollten. Frauen exponieren ihre Leistungen seltener, was dazu führt, dass sie von Vorgesetzten, Kollegen, Untergebenen und Kunden unbemerkt bleiben. Zweitens werden Frauen bei Beförderungen häufiger auch deshalb übergangen, weil sie sich nicht dafür bewerben. Viele Frauen halten es für einen riskanten Schritt sich für höhere Positionen zu bewerben und fragen aus verschiedenen Gründen nicht nach Beförderung. Das dritte Verhalten ist, sich einzufügen. Viele Frauen vermeiden Aufmerksamkeit und geben sich Mühe, sich bei Vorstandssitzungen einzufügen und eher unauffällig zu verhalten. Dies Frauen verpassen dabei wichtige Gelegenheiten, sich zu äußern und sich von ihren Kollegen abzuheben. Das letzte beobachtete Verhaltensmerkmal, welches im westlichen Kulturkreis, anders als beispielsweise in Asien, mit geringen Selbstvertrauen assoziiert ist, ist Schweigen. Frauen melden sich oftmals nicht zu Wort, um zur Diskussion in wichtigen Meetings beizutragen. Dieses ist je nach Kontext jedoch für ihre Karriereentwicklung unerlässlich.

In „Nice girl don't ask" liefert Babcock (2003) weitere Hinweise dafür, warum viele weibliche Führungskräfte nicht so viel Selbstvertrauen zeigen, wie männliche Führungskräfte und in der Konsequenz weniger einfordern. Die Ergebnisse aus den drei Studien fassen zusammen, dass Männer eher als Frauen über das verhandeln, was sie erreichen wollen. Dieses kann daran liegen, dass Frauen schon in jungen Jahren beigebracht wird, die Bedürfnisse anderer über ihre eigenen Bedürfnisse zu stellen und nicht nach dem zu streben, was sie selbst wollen.

> *Australischer Executive: Die Männer fühlen sich vielleicht auch nicht voll qualifiziert, aber selbstsicher genug, es zu versuchen. Die sagen dann „Weißt Du was, das ist eine gute Herausforderung". Und bewerben sich. Nur zehn Prozent der Frauen machen das auch so. Das zeigte eine Studie in Australien. Frauen würden in der Mehrheit sagen „Ich bin noch nicht so weit". Beide wären qualifiziert genug. Die Frage ist, wie wir das Selbstbewusstsein aufbauen. Das ist meine Rolle als Mentor. Ich sage dann „Deine Führung ist klasse. Dein Potential ist groß". Frauen müssen mutig kommunizieren und etwas risikobereiter sein. Und Dinge von den Chefs einfordern und sie nach Rat fragen. Dann müssen sie sich klar werden, was es braucht, um Erfolg in der Organisation zu haben. Also als Frau selbstbewusst sein und zu fordern und das in einer angemessenen Art und Weise und die Zukunft im Visier zu haben, nicht nur Aufgaben für heute erledigen. Natürlich ist es meine Aufgabe, diesen Prozess zu unterstützen.*

> *Japanischer CEO: Wahrscheinlich sind Männer ein bisschen dominanter, vielleicht. Es ist keine Tatsache, aber meine Beobachtung ist, dass die weibliche Seite nicht viel Selbstvertrauen hat, sich zu äußern. Ich denke, sie haben eigentlich gute Ideen, aber ein bisschen mangelndes Selbstvertrauen, und so neigen sie dazu, in Meetings eher still zu sein. Wenn man Frauen aber direkt fragt, werden sie ihre Meinung auch vertreten.*

Die interviewten männlichen Führungskräfte beobachten bei sehr erfolgreichen Frauen ein starkes Selbstvertrauen, welches sie auch gegen vermeintlich stereotypische Erwartungen wappnet. Der Schlüssel zum Erfolg ist ihrer Meinung nach eine Mischung aus einem gesunden Selbstvertrauen und einer Portion Gelassenheit, die den Frauen hilft, sich von den stereotypen Erwartungen zu befreien.

Ambition und Entschlossenheit als Erfolgsmotoren der Karriere

Die Karriereambitionen der Mehrheit der Frauen hinken, so die Analysen von Hays (2016), oftmals denen von Männern hinterher. Viele Frauen setzen aus verschiedenen Gründen weiterhin ihre Ziele niedriger als Männer und beschränken ihre Ambitionen eher auf mittlere Führungspositionen. Weniger Frauen als Männer erwarten, am Ende ihrer Karriere die Ebene eines General Managers oder die eines CEO zu erreichen. Viele der Beschreibungen talentierter, qualifizierter Frauen gehen in diese Richtung. Die Ambitionen der Frauen bleiben unklar.

Japanischer CEO: Einige wollen einfach nicht befördert werden. Aber für einen Aufstieg muss man das wollen. Ich respektiere es, wenn eine Frau ein anderes Leben wählt.

CEO USA: Mehr als alles andere, glaube ich, dass Hunger der beste Driver ist.

Ambition kann definiert werden als der Drang, das eigene Talent einzusetzen, um Veränderungen voranzutreiben. Unter Ehrgeiz, welcher im deutschsprachigen Raum oft mit Ambition gleichgesetzt wird, versteht man das Streben eines Menschen nach persönlichen Zielen wie Leistung, Erfolg, Anerkennung, Einfluss, Führung, Wissen oder Macht. Im Ursprung kommt Ehrgeiz von Ehre und Gier. Somit ist mit dem Begriff Ehrgeiz im deutschen Sprachgebrauch auch häufig eine negative Wertung verbunden. Anders als „Engagement" ist Ehrgeiz eher auf den eigenen Nutzen, als auf altruistische Ziele gerichtet. Im englischsprachigen Raum hat der Begriff Ambition diese negative Konnotation nicht oder nicht in dem Maße. Ambition ist hier als Begriff eher positiv belegt, als Voraussetzung für die Erreichung einer erfolgreichen Karriere. Dabei steht der Wunsch nach Erfüllung innerer Anliegen im Zentrum (Assig, 2012).

Ambition ist eine klassische Eigenschaft mit zweierlei Maß, etwas, das bei männlichen Unternehmern und Geschäftsleuten gefeiert wird, aber bei Frauen in der gleichen Position eher negativ bewertet wird. Wähler vertrauen Politikerinnen nicht, die zu „ehrgeizig" sind, und mächtige Frauen sind „unsympathisch". Frauen werden also gesellschaftlich beeinflusst, ihre Ambitionen zu relativieren. Diese sozio-kulturellen Maßstäbe prägen Frauen in ihrem Kontext und führen bei vielen dazu, dass sie ihre Ziele zu niedrig stecken.

Spanischer CEO: Im Übrigen denke ich, dass das vielleicht ein Grund ist – aber da bin ich mir nicht ganz sicher, aber es ist eine Art Intuition. Ich denke, dass Männer im Wettkampf aggressiver sind. Wenn man um eine Position oder Beförderung kämpfen muss, ist der Mann aggressiver. Er ist bereit, weiterzugehen als eine Frau, die – wie soll ich sagen – mehr ist – ich meine, sie ist in der Lage, mit der Situation etwas Abstand zu gewinnen. Sie ist aber nicht bereit, alles Notwendige zu tun, um die Stelle zu bekommen. Du weißt was ich meine? Die Männer sind bereit zu töten, um die Position zu bekommen, während die Mehrheit der Frauen, nicht so aggressiv in der Verfolgung ihrer persönlichen Ziele sind. Nun, ich denke, dass ein Mann, der eine Stelle bekommen will, bereit ist, seine Konkurrenten offen zu kritisieren, und er ist in der Lage, seiner Karriere einige Hindernisse in den Weg zu legen und sich selbst im besten Licht darzustellen, um den Job zu bekommen. Ich denke, dass es bei den Frauen eine bessere ethische Einstellung gibt. Ich denke, dass sie viel weniger aggressiv sein werden und viel weniger – wie soll ich sagen – gewalttätig. Ich denke, dass Frauen viel gemäßigter sind. Es ist offensichtlich, dass sie es versuchen werden getreu dem Motto: „Okay, ich bin die beste Kandidatin", aber sie werden anderen keine Schuldgefühle machen. Wohingegen die Männer, meiner Meinung nach, dazu viel eher bereit sind.

Kray (2017) untersucht, wie festgefahrene Geschlechterrollen und geschlechtsrelevante Überzeugungen im westlichen Kulturkreis unsere Wahrnehmung voneinander beeinflussen. Die Berkeley-Professorin, argumentiert, dass Männer und Frauen in bestimmten Gesellschaften vorgegebene, geschlechtsspezifische Rollen einnehmen, die ständig durch soziale Erwartungen gerechtfertigt werden. Diese Erwartungen werden oft von psychologischen Stereotypen darüber geprägt, wer diese Positionen besetzt: Führungskräfte gelten als aggressiv und dominant, Eigenschaften, die normalerweise mit Männern übereinstimmen. Frauen in männlichen Berufen zu sehen, führt je nach eigener Sozialisierung zu kognitiver Dissonanz und kann das Verständnis fester Geschlechterrollen bedrohen. Ein Ausweg aus diesem Dilemma könnte sein, sowohl männliche als auch weibliche Formen der Macht anzunehmen. Die Forscherin bietet als Lösung für das Dilemma einen „Dual-Power-Ansatz": die Wertschätzung von Führungseigenschaften, die traditionell sowohl mit Frauen als auch mit Männern assoziiert werden.

> *Holländischer CEO: Also was mir da in den Sinn kommt ist Entschlossenheit. Ich meine zum Beispiel auch bei meiner Frau, sie ist sehr entschlossen, es zum Laufen zu bringen, und das spürt man bei allem, was sie tut. Einige weibliche Führungskräfte in unserem Unternehmen sind wirklich entschlossen, es zum Laufen zu bringen, und es steckt viel Leidenschaft dahinter. Wir haben eine weibliche Führungskraft. Sie ist um die vierzig und sie leitet unsere Forschungsabteilung. Sie liebt es, Kunden zu helfen. Bei allem, was sie tut, spürt man diese Entschlossenheit. Deshalb wurde sie befördert. Sie ist auch eine Person, die etwas trinken geht und dann auch buchstäblich um drei Uhr zum Hockeyspiel oder was auch immer geht. Sie ist sehr offen, klar, das ist genau das, was ich tun möchte. Wenn Frauen sich nicht ganz klar sind, wohin sie wollen, was soll sich dann ändern?*

Es in vielen Teilen der Welt ist traditionell die Erwartung, dass Frauen zuerst anderen dienen und die Ambitionen anderer fördern. Die Wahrnehmung fester Geschlechterrollen ist abhängig vom sozio-kulturellen Kontext verinnerlicht. In Japan ist die Trennung der Geschlechterrollen immer noch stark präsent. In vielen kommunistisch geprägten Ländern dagegen wurde das Rollenverständnis unter anderem dadurch aufgeweicht, dass schon seit mehreren Generationen Frauen in Vollzeit erwerbstätig sind und auch in typischen Männerberufen wie zum Beispiel im Maschinenbau oder Straßenbau tätig sind. Die Selbstwahrnehmung basiert immer auch auf gesellschaftlichen Klischees, weshalb es manchen Frauen schwerfällt, sich ihren Ehrgeiz einzugestehen. Die Bereitschaft einer Person, Ambition zuzulassen, hängt auch mit der Aussicht auf eine möglichen Zielerreichung und Anerkennung zusammen. Dieses ist für Frauen problematisch, da sie manchmal weniger Anerkennung für ihren Erfolg bekommen. Ein weiterer Aspekt, der hinzukommt und Frauen in ihrer Ambition hemmt, ist die Sorge zu scheitern.

In den Beschreibungen der Männer zu diesem Punkt kommen Unterschiede in der sozio-kulturellen Prägung zum Ausdruck. Männer aus den kommunistisch geprägten Ländern bewerten unklare Ambitionen bei Frauen kritischer als Männer, die aus Gesellschaften kommen, in denen die Mutterrolle von Frauen im gesellschaftlichen Zentrum steht.

> *Russischer CEO: Es ist nur meine Meinung. Ich denke, es ist egal ob Mann oder Frau. Es hängt von der Einstellung der Person ab. Wenn eine Person ein Ziel hat und etwas ändern will, dann wird er oder sie den Weg gehen, der zu dem Plan passt. Dann wird sie das Ergebnis erreichen. Einige Frauen hatten eine Gehirnwäsche, sie denken, sie müssen zu Hause sitzen und ihre Kinder erziehen. Sie finden bequeme Ausreden, wie „Oh, die Welt ist grässlich mit den Männern, die da Bier trinken und sich verbünden" und „der Grund, warum ich nicht erfolgreich sein konnte, sind diese Glassdecken, Mauern". Ich sehe viele weibliche CEOs in Russland und China, die sehr erfolgreich und reich sind. Diese Frauen*

sagen „Bier und Barbecue, wer hält mich davon ab, das mitzumachen". Oder„Ich war erfolgreich, weil ich hart gearbeitet habe und nicht wie die Kerle nur gesoffen habe". Wir sind nicht in Ländern wie Afghanistan, wo Frauen keine Rechte haben. Wenn wir über Europa, Russland, reden, dann hängt es nur von der inneren Einstellung ab.

Australischer CFO: Sie muss halt ein wenig lauter sprechen und bereits sein, ihre Karriereagenda zu pushen und ein wenig Risiko einzugehen, das bisschen Risiko einzugehen. Also sollte sie im Unternehmen klar machen, was ihre Ziele sind und was sie erreichen wollen und was ihre Fähigkeiten sind. Und dazu gehört auch, ganz klar zu äußern welche Unterstützung sie dafür benötigen.

Französischer CEO: Eine eigene Vision haben, ein eigenes Projekt und es dann konsequent verfolgen. Das ist wichtig. Viele Frauen haben andere Ambitionen in ihrem Leben, wie zum Beispiel gute Freundschaften zu pflegen. Ich glaube, dass Frauen vielleicht andere Ambitionen im Leben, als die der Arbeit, haben. Sie haben vielleicht den Ehrgeiz, ein gutes Leben oder eine gute Freundschaft oder andere Dinge zu führen. In meiner Generation gab es für eine Frau, die von der Uni kam, nicht nur den einen Weg einer Karriere. Auch hier denke ich, dass Frauen dem Leben oder vielen Dingen, die man tun kann, schon immer ein bisschen aufgeschlossener gegenüberstanden.

Von diesem Standpunkt aus gesehen sind Frauen, viel diverser als Männer, auch wenn die junge Generation der Männer sich ändert. Für mich war das immer klar: Schule, Universität und dann Karriere. Da gab es noch nicht mal ein Fragezeichen dabei. Heute ist das auch bei den Jungs nicht mehr so klar. Die jüngere Generation ist sich ähnlicher. Frauen hatten schon immer einen breiteren Blick auf das Leben und die Optionen. Sie waren offener für viele Dinge, die man im Leben machen kann. Wie gesagt, heute, mit der jüngeren Generation ist das ganz anders.

Frauen, die das „System Unternehmen" verstehen und Verbündete finden

Erfolgreiche Spitzen-Führungskräfte zeichnen sich neben anderen Faktoren durch drei Fähigkeiten aus. Sie haben erstens die Machtzusammenhänge im Unternehmen verstanden und wissen sich im Rahmen dieser zu positionieren. Damit gemeint sind das Erkennen, die Analyse und Nutzung des Beziehungsgeflechtes und der Entscheidungshoheiten im Unternehmen. Zweitens haben erfolgreiche Führungskräfte die Karrierelogik ihres Unternehmens studiert und verstanden. Viele Frauen glauben weiterhin, dass sie durch gute Sachleistungen im Unternehmen befördert werden und beschäftigen sich nicht ausreichend mit den Gesetzmäßigkeiten der Besetzung hoher Positionen in ihrem Konzern. Dazu gehört auch die Erkenntnis, dass ein Aufstieg gegebenenfalls nur durch einen Wechsel möglich ist, wenn zum Beispiel die eigene örtliche Mobilität nicht den Erfordernissen einer Karriere im derzeitigen Unternehmen entspricht. Eine regelmäßige Prüfung eigener Ziele und ein Abgleich mit den Gegebenheiten im Unternehmenssystem helfen Frauen Karrieremöglichkeiten und Anforderungen des Unternehmens besser zu verstehen.

Drittens haben erfolgreiche Führungskräfte ein enges Netz von internen sowie externen Verbündeten aufgebaut, die sie in schwierigen Situationen unterstützen und schützen. Da Frauen im Topmanagement weiterhin in der Minderheit in den Wirtschaftsunternehmen sind, sind diese Faktoren von großer Bedeutung für ihr weiteres Fortkommen. Diese Fähigkeiten müssen idealerweise schon in den ersten Karrierestufen, gleichzeitig mit anderen Managementkompetenzen entwickelt werden. Es scheint, als ob viele Frauen sich auf die Entwicklung und Verstärkung ihrer die Sachkompetenz fokussieren und diese wichtigen Faktoren vernachlässigen.

Holländischer CEO: Sie waren nicht Teil des Netzwerks, nicht mit der Geschäftsleitung verbunden. Normalerweise war es eine persönliche Entscheidung. Es war nicht so, dass sie das Unternehmen verlassen mussten. Mehr, dass sie das Spiel einfach nicht gespielt haben. In gewisser Weise hat das mit Anpassungsfähigkeit zu tun und Systemverständnis, das System zu fühlen und seine Rolle darin zu finden. Sie müssen ein Gleichgewicht zwischen dem finden und natürlich selbst auch mit diesem Netzwerk verbunden sein. Tatsächlich sind mir einige Frauen in den Sinn gekommen. Sie waren an der Spitze des Projektmanagements und gingen völlig auf in den Plänen usw. Am Ende des Tages geht es um Menschen, und das bestimmt achtzig Prozent Ihres Erfolgs, es kommt darauf an, wie Sie mit Menschen umgehen. Kannst Du sie inspirieren? Kannst Du sie engagieren? Wenn Du das vergisst, dann gibt es für Dich keine Rolle im Vorstand.

CEO Hong Kong: Ich denke über Beispiele nach. Sie haben gute Arbeit geleistet, sich mit ihren Kollegen und anderen Funktionen zu verbinden und wirklich eine starke Beziehung, ein hohes Vertrauen, eine starke Zusammenarbeit, sowohl männlich als auch weiblich, aufzubauen. Vielleicht ist es einfacher für Frauen, eine Beziehung zu einer Frau aufzubauen. Meine Personalleiterin hat wirklich hart an ihren Beziehungen zu ihren weiblichen, aber auch männlichen Kollegen gearbeitet.
Ich würde sagen, Leistung wird von allen erwartet. Wenn es gut läuft, sind Beziehungen weniger wichtig, aber wenn es schwierig wird, dann sind sie sehr wichtig. Diese erfolgreiche Frau hatte fantastische Beziehungen aufgebaut. Es ist nicht gut, sich auf einer Art Insel abzuschotten. Nochmals, es ist wichtig, wirklich zu versuchen, diese starken Peer-to-Peer-Beziehungen sowohl mit Männern als auch mit Frauen rund um die Arbeit aufzubauen und sich die Unterstützung zu sichern. Sie können Ihnen den Rücken freihalten, wenn es schwierig wird.

Absichtlich gewählte Unsichtbarkeit in Sichtbarkeit wandeln und Karriereziele klar kommunizieren

Die Topmanager beobachten, dass erfolgreiche Frauen ihre Karriereziele für sich selbst definiert haben und an entscheidender Stelle, zum Beispiel bei ihnen, klar kommunizieren. Genau wie Männer, werden diese Frauen in den wichtigen Arenen für Karriereentscheidungen sichtbar. In diesem Zusammenhang kommt die Frage, der Relevanz von Selbstdarstellung auf.

Hinter der Dimension Fähigkeit zur Selbstdarstellung, die Miner (1978) als „Standing out from the group" benennt, steht, dass Individuen in sozialen Situationen bewusste Strategien einsetzen, um einen möglichst positiven Eindruck von sich selbst zu geben und das Bild, welches andere von ihnen haben, zu beeinflussen. Dahinter steckt die Annahme, dass soziale Interaktion die Fähigkeit erfordert, die verbale und non verbale Selbstdarstellung zu kontrollieren, um einen positiven Eindruck bei anderen hervorzurufen. Es gibt Hinweise, dass sowohl eine extreme Fähigkeit zur Selbstdarstellung als auch das Fehlen dieser Fähigkeit eine positive Wirkung im Berufsleben zeigen können (Williams, 1997). Führungskräfte ohne diese Fähigkeit werden als ehrlicher wahrgenommen. Führungskräfte, die über diese Fähigkeit verfügen und ihre Leistungen positiv herausstellen, erfahren mehr Unterstützung von Mitarbeitern. Beide Aspekte können also einen positiven Beitrag zur Karriere leisten. Die Fähigkeit zur Selbstdarstellung ist bereits in frühen Phasen der Karriere wichtig. Manager, die eine ausgeprägte Selbstdarstellung haben, werden von anderen als besonders effektive Führungskräfte eingeschätzt. Allerdings können beim Umfeld Zweifel im Hinblick auf die Kompetenz aufkommen.

Verschiedene Studien mit weiblichen Führungskräften zeigen nun, dass ein Teil der Frauen absichtlich hinter den Kulissen bleiben, um mögliche Gegenreaktionen zu vermeiden und einen professionellen Status quo aufrechtzuerhalten. Während diese beabsichtigte Unsichtbarkeit es Frauen ermöglicht, sich erfolgreich in geschlechterungleichen beruflichen Umfeldern zurechtzufinden, ist sie gleichzeitig eine zusätzliche Herausforderung für den beruflichen Aufstieg.

Die Forscher untersuchen, wie Frauen absichtliche Unsichtbarkeit nutzen, um auf Vorurteile am Arbeitsplatz zu reagieren, während sie männliche Berufsnormen ablehnen. Im Gegensatz zum Akzeptieren oder Enthüllen von Bias oder Stereotypen bietet absichtliche Unsichtbarkeit Frauen eine Möglichkeit, berufliche und persönliche Anforderungen in Einklang zu bringen und gleichzeitig ein authentisches Selbstwertgefühl zu vermitteln. Indem sie hinter den Kulissen bleiben und sich auf gemeinschaftliche Arbeit konzentrieren, lehnen Frauen, die absichtliche Unsichtbarkeit annehmen, die männliche Norm der idealen Führungskraft ab, anstatt sie zu verkörpern.

Obwohl die Forschung zeigt, wie wichtig Sichtbarkeit für den beruflichen Aufstieg ist (Correll, 2016; Ibarra, 2013), zeigen andere Untersuchungen, dass selbst wenn Frauen berufliche Ambitionen äußerten, sie trotzdem nicht nach Sichtbarkeit streben (King, 2017). Auch in den Untersuchungen von Ballakrishnen (2019) sehen es Frauen als eine befriedigende und beruflich strategische Option, hinter den Kulissen zu bleiben. Dabei spielen drei miteinander verbundene Motivationen eine Rolle dafür, absichtliche Unsichtbarkeit trotz ihrer potenziellen Nachteile zu akzeptieren. Erstens ermöglichte die absichtliche Unsichtbarkeit weiblichen Führungskräften, Konflikte sowohl mit ihren Kollegen auf gleicher Ebene als auch mit den von ihnen geleiteten Teams zu vermeiden. Zweitens nutzten Frauen die Unsichtbarkeit, um ihre persönliche Identität mit ihrem Selbst am Arbeitsplatz in Einklang zu bringen, da es sich für sie authentischer anfühlt, hinter den Kulissen zu bleiben, als im Rampenlicht zu stehen. Unsichtbar zu bleiben, ermöglichte es Frauen schließlich, bei der Arbeit in Ruhe feministische Ziele und Bestrebungen zu verfolgen, ohne dabei bei ins Hintertreffen zu geraten.

Die Frauen, die bewusst eher im Hintergrund bleiben, erkennen, dass dies ihre Aufstiegschancen einschränken kann, wenden sich aber dennoch der Strategie zu, um Konflikte zu vermeiden, ein authentisches Selbst zu projizieren und ein Gefühl der Stabilität zu erlangen. Die männlichen Führungskräfte gehen davon aus, dass der Aufstieg ein gewisses Maß an Sichtbarkeit in den entscheidenden Gremien notwendig macht. Auch wenn sie selbst das „Spiel der Selbstdarstellung" nicht uneingeschränkt positiv bewerten. Sie wünschen sich von mehr Frauen eine klare Kommunikation ihrer Karriereziele und eine stärkere Executive Presence.

Holländischer CEO: Weibliche Führungskräfte sagen manchmal nicht explizit genug, was sie wollen. Ich habe vor langer Zeit gesagt: „Hey, ich möchte CEO werden, weil ich in einer Position sein möchte, in der ich für das Unternehmen am wertvollsten sein kann." Ich habe ausgedrückt, was ich wollte. Wenn Sie es nicht ausdrücken, dann sind Sie vielleicht nicht auf dem Radarschirm und sie wissen nicht, dass Sie es wollen würden, und dann werden sie Sie nicht in Betracht ziehen. Männliche Führungskräfte machen das „Hey, ich möchte in dieser Position sein. Wenn ich nicht befördert werde, werde ich das Unternehmen verlassen, bla, bla, bla, bla." Meine Mitarbeiterin dagegen denkt: „Wenn ich die harte Arbeit mache, wird es jemand bemerken und ich werde die Credits bekommen." Und nun wird es für sie noch schlimmer. Sie muss auch Ihr eigener Markenbotschafter sein und ihre Leistungen zeigen. Sie muss für andere kommunizieren „Das ist es, was ich geleistet habe und das ist wertvoll." Manchmal sind weibliche Führungskräfte zu bescheiden.

Französischer CEO: Als ich jung war, hatte ich schon einige Vorstellungen davon, was ich machen wollte. Ich erinnere mich sehr genau, eines Tages wollte ich in die USA. Fragt nicht warum, aber ich wollte in die USA gehen. Ich erinnere mich, dass ich damals bei X (französisches Unternehmen) arbeitete, ich ging zu dem Typen, den ich kannte, er war relativ hoch in der Organisation. Wir hatten eine ziemlich gute Beziehung, aber er war zwei oder drei Ebenen über mir. Ich ging zu ihm und sagte: „Ja, ich möchte in die USA gehen. Können Sie mich in die USA schicken?" Er war nicht einmal in meiner direkten Hierarchielinie und ich war in einer anderen Organisation. Ich wusste, dass er eine Organisation in den USA hatte, ich ging zu ihm und sagte noch einmal: „Ich möchte in die USA gehen." Das ist in gewisser Weise ein mutiger Schritt, war wahrscheinlich eine Sache, die mir sicherlich geholfen hat, denn als ich aus den USA zurückkehrte, war ich in einer höheren Managementposition, das war ein großer Startschuss für meine Karriere.

Das andere, woran ich mich genau erinnere, als ich für Y (Unternehmen) gearbeitet habe, ein Familienunternehmen, wo Sie jeden Morgen im Aufzug den Besitzer treffen können. Dies ist eine etwas andere Geschichte, es ist nicht Ihr Chef, er ist der Eigentümer. Ich erinnere mich, dass er mich eines Tages zum Mittagessen einlud, um mir eine neue Organisation zu erklären, in der ich einen Job haben sollte, der mir aber nicht gefiel. Ich habe es ihm damals gleich gesagt: „Nein, das mache ich nicht", und ich kann Ihnen sagen, zu diesem Typen hat niemand „Nein" gesagt. Dann bat er mich, noch etwas länger zu bleiben, wegen der internen Politik. Damals sagte ich: „Nein", ich hatte keine Ahnung, was ich danach machen würde, ich hatte keine Ahnung, was meine Zukunft sein würde oder was auch immer, aber für mich sind meine persönlichen Werte wichtiger. Werte des Respekts, Werte der Anerkennung, das ist wichtiger als alles andere. Jedes Mal, wenn ich mich in einer solchen Situation befinde, in der ich das Gefühl habe, nicht respektiert oder schlecht behandelt zu werden, dann habe ich mich verändert. Dann bin ich hierher gewechselt und dieser Move stellte sich als goldrichtig heraus, weil ich jetzt hier als CEO angelangt bin.

Hartnäckigkeit und Frustrationstoleranz bei Rückschlägen

Ein Faktor, der im Zusammenhang mit beruflichem Aufstieg von Forschern gerade auch im Management als wichtig erachtet wird, ist die emotionale Stabilität einer Führungskraft. Darunter verstehen sie die rasche Überwindung von Rückschlägen sowie ausgeglichene und wenig sprunghafte Reaktionen im beruflichen Kontext (Hossiep, 2003). Neurotizismus bezeichnet in diesem Zusammenhang das genaue Gegenteil-emotionale Labilität. Damit werden Menschen beschrieben, die weniger in der Lage sind ihre Bedürfnisse zu kontrollieren. Die Kontrolle eigener Emotionen und Bedürfnissen ist ein wesentlicher Aspekt der emotionalen Stabilität (Borkenau, 1993). Personen mit geringer emotionaler Stabilität neigen dazu ihre berufliche Position eher ständig in einem negativen Licht zu sehen. Stress und Burnout kommen häufiger vor. Emotionale Stabilität dagegen hilft nicht nur gegen Stress, sondern wird auch mit einer größeren gesundheitlichen Belastbarkeit in Verbindung gebracht. Die interviewten Topmanager sehen bei erfolgreichen Frauen, die Fähigkeit mit Rückschlägen umzugehen und ihre Ziele konsequent trotz aufkommender Hindernisse zu verfolgen.

Deutscher CEO: Ich habe jetzt natürlich unterschiedliche Frauen vor meinem geistigen Auge. Also eine Mitarbeiterin von mir, mit der ich seit Jahren eng verbunden bin und wo ich für mich reklamieren würde, sie entdeckt zu haben, beziehungsweise sie aus ihrem Dornröschenschlaf geholt zu haben, die hat es wirklich bis ganz nach oben geschafft. Sie sitzt jetzt im Vorstand, in UK. Der Unterschied war sicherlich der, eine gewisse Hartnäckigkeit dranzubleiben und auch eine sehr, sehr hohe Frustrationstoleranz. Im Sinne von, ja, man macht es halt noch einmal und man macht es noch einmal und man toleriert es eben, etwas vergeblich gemacht zu haben, um es dann noch einmal zu machen. Und das verlangt Hartnäckigkeit, also diese Persistence und auch eine Widerstandsfähigkeit. Ich glaube schon, dass das etwas Besonderes ist und das geht über das hinaus, was andere haben. Klar, die fachliche Qualifikation, würde man sagen, ist jetzt das Grundfundament. Du musst ganz einfach da sein, der Wille, die halt immer frisch zu halten, aber das unterstelle ich ganz einfach mal als Pflicht. Wenn es dann zur Kür kommt und ich glaube, wo dann auch wirklich sich die Spreu vom Weizen trennt, ist dann halt wirklich der Wille, Rückschläge hinzunehmen. Das heißt, die Verkraftbarkeit von Rückschlägen und sich dadurch nicht entmutigen zu lassen, sondern halt wirklich hartnäckig dranzubleiben und zu sagen, „Ich zeige es dir jetzt erst recht." Also das ist sicherlich vom Wesenszug her.

Deutscher CFO: Ja gut, sagen wir mal so, was ein Wesensmerkmal dessen ist, um da voranzukommen, ist sicherlich die Hartnäckigkeit. Das heißt also mehr oder weniger, das Ziel im Auge behalten und sich immer bewusst sein, glaube ich, dass das Erreichen dieses Zieles eine enorme, ja, Frustrationstoleranz, Hartnäckigkeit, Widerstandsfähigkeit benötigt. Und, dass man sich eben immer bewusst sein muss, dass es ganz einfach nicht einfach sein wird. Es ist ja auch für einen Mann schon nicht einfach. Das darf man ja mal nicht unterschätzen. Ich meine, da oben, in einem Vorstand, ist es unheimlich einsam und für eine Frau wahrscheinlich dann gefühlt noch einsamer.

Männer wollen schnellere Entscheidungen und mehr Risikobereitschaft

Alle interviewten Männer beschreiben einen Unterschied zwischen den Geschlechtern in Bezug auf Risikoabwägungen und Entscheidungsverhalten. Zu diesem Punkt kommen eine Vielzahl von Beispielen, die die Männer aus allen Kulturkreisen beobachtet haben.

Die Forschung hat geschlechtsspezifische Unterschiede im Entscheidungsprozess aufgezeigt, die zeigen, dass Frauen tendenziell nachteiligere Risikoentscheidungen treffen als Männer. Führungskräfte müssen täglich Entscheidungen treffen und mit diesen Entscheidungen sind Risiken verbunden. Wie Führung gilt auch Risikobereitschaft seit langem als Merkmal hegemonialer Männlichkeit. Aus sozialer Sicht können Frauen als „Risikoavers" oder starke Gegner der Risikobereitschaft stereotypisiert werden. Die Theorie von Arnett (1992) deutet darauf hin, dass die Höhe der Risikobereitschaft einer Person von zwei Faktoren abhängt: endogene Tendenzen, wie das Suchen nach Aufmerksamkeit und die Einschränkungen der Risikobereitschaft durch die

Kultur des einzelnen wie zum Beispiel Gesetze, Normen oder Erziehungspraktiken. Kulturelle Einflüsse dämpfen die Neigung eines Sensationssuchers, Risiken einzugehen, beseitigen die Tendenz aber nicht vollständig. Das Modell von Arnett zeigt auf, dass Männer in den meisten Kulturen mehr Risiken eingehen als Frauen, auch weil das Bedürfnis nach Aufmerksamkeit häufiger bei Männern als bei Frauen gefunden wird.

CEO UK: Ich denke, diese Verträglichkeit bei Frauen ist es in einem kritischen Gleichgewicht hilfreich für ein Team zu sein, um zu einem Konsens zu kommen und um Szenarien zu bewerten, zu denen die eine oder andere Situation führen kann. Für einen Mann ist das manchmal gefühlt wie: „Oh, mein Gott, wir verlangsamen alles".

Französischer CEO: Erfolgreiche Frauen haben mehr Energie als andere. Das lernt man nicht in der Schule. Man hat es, oder nicht. Diese natürliche Autorität und Führung. Diese Frauen wissen, wie man Leute führt. Sie akzeptieren ein Maß an Risiko und versuchen nicht, sich immer zu schützen. Sie akzeptieren, dass immer ein Risiko dabei ist und in der Konsequenz sind sie bereit, die Verantwortung für ihr Ergebnis zu übernehmen. Verantwortungsbereitschaft. Nicht immer leicht zu finden. Viele Leute sind gut, smart, schlau, wollen aber kein Risiko eingehen. Sie bevorzugen in ihrer Komfortzone zu bleiben, aber würden sich nie in Gefahr begeben. Sie bevorzugen sich hinzusetzen und dass jemand anderes diese Verantwortung oder Initiative übernimmt. Das macht den Unterschied: Energie, Führung, natürliche Führungsfähigkeit, etwas Organisation, ein Minimum an technischen Skills. Ein Sinn für Verantwortung. Lust haben, die Verantwortung zu übernehmen, weil Business ohne Risiko nicht existiert.

In gleicher Weise erklärt Wilson (1985), dass Unterschiede zwischen Männer und Frauen sich nicht für alle kulturellen Kontexte darstellen lassen, dass aber Männer in Kontexten mit hoher Genderdifferenzierung mehr Risiken eingehen. Diese Autoren argumentieren, dass ein hohes Risikoverhalten ein „Attribut der männlichen Psychologie" ist, welches sich als Reaktion auf die Wettbewerbsanforderungen der Primatengesellschaften entwickelt hat. Der Wettbewerb zwingt der Theorie folgend, dominante Individuen Risiken einzugehen, um ihre Machtpositionen zu erlangen. Je größer die Belohnungsspanne zwischen Gewinnern und Verlierern ist, desto größerer der Anreiz, Risiken einzugehen. Dieses deutet darauf hin, dass Männer nur dann eher Risiken eingehen würden als Frauen, wenn der Kontext wettbewerbsgetrieben ist und eine große Bandbreite an Belohnungen für Gewinner bietet. Für alle anderen Kontexte würde die Lücke zwischen Männern und Frauen vermutlich kleiner sein.

Das Eingehen von Risiken mag als „anti-weiblich" erscheinen und gegen vorher festgelegte „Normen" verstoßen. Maxfield (2010) befragte 661 amerikanische weibliche Führungskräfte und stellte fest, dass auch Frauen Risiken eingehen. Faktoren wie Macht, Selbstwirksamkeit und Netzwerke motivieren zum Eingehen von Risiken. Trotzdem bleibt ein Stereotyp der Risikovermeidung von Frauen bestehen, auch weil Fälle von Risikobereitschaft von Frauen unsichtbar bleiben. Laut dem Autor ist diese Unsichtbarkeit beim Eingehen von Risiken bei Frauen ein Produkt der Gesellschaft und Frauen selbst. Maxfield vermutet, dass die Gesellschaft möglicherweise nicht sieht, dass auch Frauen Risiken eingehen, weil die amerikanische Kultur nicht erwartet, dass Frauen Risiken eingehen. Frauen sind tendenziell bescheidener bezüglich ihrer Risiko-Entscheidungen und verwenden oft das kollektive „Wir", um sich auf ihre eigenen Leistungen zu beziehen. Damit lenken sie auch die Entscheidung, Risiken einzugehen, auf andere um (Tannen, 1993).

Spanischer CEO in Asien: Ich denke, ein grundlegendes Auswahlkriterium von Top-Führungsleuten ist für mich die Fähigkeit, Entscheidungen schnell zu treffen und sie effizient umzusetzen. Ich weiß nicht, ob das an der Genetik liegt, oder an der Natur der Frau, oder an der Erziehung, die von Generation zu Generation an Frauen weitergegeben wird. Es stimmt, dass es viele Jahre schwierig war, Frauen zu finden, die bereit waren, schnelle Entscheidungen allein zu treffen. Vielleicht ist es das Bedürfnis nach Konsens, vielleicht ist es das Bedürfnis, alle dazu zu bringen, dass sich alle auf etwas einigen, aber es stimmt, dass es den Frauen sehr oft gefehlt hat, diese Fähigkeit, schnelle und agile Entscheidungen in einer Region, wie meiner, zu treffen, wo die Umgebung sich sehr schnell entwickelt. Als ich die drei Frauen auswählte, die heute Geschäftsführerinnen, CEOs in meiner Region sind, war das ein grundlegender Faktor. Abgesehen von all den traditionellen positiven Aspekten, die weibliche Führungskräfte haben, haben sie auch die Fähigkeit, schnelle Entscheidungen zu treffen und Entscheidungen ziemlich schnell in Taten umzusetzen. Diese Handlungsorientierung gefällt mir sehr gut und es war für mich ein wichtiger Faktor, mich für diese Frauen anstelle anderer Kandidaten zu entscheiden. Ich denke schon, dass mein Kosmos da repräsentativ ist. Die Fähigkeit zu entscheiden und aktionsorientiertes Handeln sehe ich im Durchschnitt eher bei männlichen Führungskräften. Bei Männern könnte es meiner Meinung nach schneller gehen. Schneller, weil Sie weniger Erklärungen benötigen. Ich denke, dass Frauen im Allgemeinen analytischer sind und jede Entscheidung begründen müssen. Wohingegen Männer sicherlich – ich meine, sie sind nicht dumm und sie brauchen auch eine rationale Entscheidung, aber sie haben eine höhere Orientierung an schnellen Entscheidungsprozessen, ohne alle Details zu bekommen und ohne alle Gründe zu bekommen.

Die Art von Frauen, die diese Entscheidungsfähigkeit nicht haben oder die keine Handlungsorientierung mögen, werde ich nicht für diese Art von Position vorschlagen. Denn bei Männern ist ein Geschäftsführer ein Entscheider. Sicherlich ist es viel mehr als das. Er ist der, der die Vision mitbringen muss, er ist es, der dem Team Energie einflößen muss, der das Beste aus dem Team herausholen muss, der vor allem aber ein Entscheidungsträger ist. Frauen, die nicht aufsteigen, haben nicht diese Fähigkeit zu entscheiden, weil sie immer Zweifel bekommen, weil sie alle Daten erhalten müssen, bevor sie eine Entscheidung treffen, und dann warten sie und so weiter. Sie können extrem intelligent sein, sie können extrem brillant sein, aber ein Geschäftsführer ist ein leitender Job und führen kommt von der Ausführung, was Handeln ist, und Handeln erfordert eine Entscheidung, um zu entscheiden, was zu tun ist, und es dann zu tun.

Ich weiß nicht, ob meine Welt repräsentativ für die gesamte Realität ist. Wahrscheinlich nicht, aber wenn es um Entscheidungsfähigkeit und Handlungsorientierung geht, denke ich, dass diese Eigenschaften bei Männern häufiger vorkommen als bei Frauen.

Tannen (1993) geht in ihrer soziolinguistischen Arbeit auf unterschiedliches Entscheidungsverhalten von Männern und Frauen ein. Männer begreifen danach die Welt als Individuum in einer hierarchischen sozialen Ordnung, in der sie entweder unter- oder überlegen sind. Gespräche sind entsprechend Verhandlungen, bei denen man die Oberhand gewinnen und behalten muss. In den Gesprächen geht es für Männer um Status und um Unabhängigkeit. Dies wirkt sich auf Entscheidungsprozesse aus: Entscheidungen werden getroffen. Frauen begreifen nach Tannen die Welt als Individuum in einem Netzwerk zwischenmenschlicher Bindungen. Gespräche sind Verhandlungen über Nähe, bei denen man Bestätigung und Unterstützung geben und Übereinstimmung erzielen will. Letztendlich geht es um Intimität und die Vermeidung von Isolation, deshalb werden Unterschiede minimiert und es wird Übereinstimmung gesucht. Eine Entscheidung wird also beispielsweise erst besprochen.

Spanischer CEO: Ehrlich gesagt, bin ich davon überzeugt, dass eine vielfältige Organisation per Definition stärker ist als eine monolithische Organisation. Natürlich muss man auch die Voraussetzungen dafür schaffen, dass man das Geschäft mit der richtigen Geschwindigkeit und dem richtigen Weg führt. Was ich Ihnen sagen werde, ist sehr persönlich, aber ich denke, dass eine Führungskraft viel mehr ist als jemand, der die Stimmen oder Meinungen zu einem Thema zählt. Meine Rolle besteht nicht darin, zu sagen: „Okay, wer will in den Urlaub nach London und wer nach Paris?" Dann wollen drei nach Paris und vier nach London. Ich denke, dass ich mit dieser demokratischen Sichtweise der Rolle des Leaders nicht einverstanden bin. Jedenfalls funktioniert es nicht in Ländern wie China, in Ländern wie Japan, in Ländern wie Korea und so weiter. Ich denke, dass eine Führungskraft jemand ist, der Input vom Team erhält und die Bedingungen dafür schafft, dass das Team ihm individuell und kollektiv die besten Inputs liefert. Nachdem die Führungskraft allen zugehört und sich von deren Inputs gespeist hat, trifft sie eine Entscheidung, egal ob achtzig Prozent dafür oder dagegen sind. Sicherlich ist es besser, alle dafür zu haben. Ich sage meinen Teams gerne, dass es zwei verschiedene Phasen gibt, wenn man mit mir arbeitet. Die erste ist die Diskussionsphase und die zweite die Entscheidungsphase. In der Diskussionsphase sind wir alle gleich, und meine Aufgabe ist es, die Bedingungen zu schaffen, damit jeder seine Meinung frei und ohne Zwang äußern kann. Ich mag Menschen sehr, die unabhängig sind und ihre Meinung äußern, ohne zu überlegen, was ich hören möchte. Danach wird die Entscheidung getroffen und jeder steht zu ihr. Ich hasse zum Leute, die sagen: „Okay, ich möchte in den Urlaub nach Paris fahren." Dann sage ich: „Nein, aber wir gehen nach London." Dann, bevor wir in den Flug nach London einsteigen, sagt derjenige: „Weißt du, es regnet in London. Ich habe es Dir ja gesagt, dass wir nach Paris hätten gehen sollen." Das geht gar nicht, die Entscheidung war gefallen. Wir müssen alle kollektiv und individuell Entscheidungen treffen.

Japanischer CEO: Man hörte immer das Argument in meiner Generation, dass Frauen die finale Entscheidung meiden. Sie sind gute Zuhörerinnen, gut darin die verschiedenen Optionen zu hören. Am Ende müssen wir schnelle Entscheidungen treffen. Frauen überlegen immer viele Details und Fragen. Frauen sind besser darin, die Kommentare einzusammeln, Optionen und Vorschläge zu hören. Also, in der Kommunikationsfähigkeit sind sie gut. Das hilft uns, uns frei auszudrücken. Neue Ideen zu besprechen und zu finden. Wie bei der Geldanlage, früher fest anlegen, das geht heute nicht mehr. Auf der anderen Seite braucht es schnelle Entscheidungen. Um auf das Beispiel zurückzukommen. Bei den ganzen Anlegemöglichkeiten könnte man endlos nachdenken. Keinem gelingt es, alles zu wissen. Männer fühlen sich wohl in einer Kommandoschleife. Sie bekommen eine Ansage und es ist klar, was zu machen ist. Sie reden immer von Effizienz. Aber heute gibt es keinen einzigen richtigen Weg mehr. Die Situationen ändern sich und wir müssen uns anpassen, neue Wege finden.

Holländischer CEO. Im Allgemeinen sollten Frauen, und das ist auch, was Sie sagen in Ihrer Forschung, mutig sein zu entscheiden, daran glauben. Ich denke manchmal, um gehört zu werden, muss man ein bisschen Schwarz-Weiß-Aussagen machen. Das sehe ich oft bei männlichen Führungskräften. Sie treffen eine schnelle Schlussfolgerung, es ist sehr schwarz und weiß und sie halten sich daran und sagen: „Nun, es ist mir egal. Es muss nur getan werden, bla, bla, bla." Ich sehe nicht viele Frauen, die das tun. Es ist auch nicht mein Stil, aber um gehört zu werden, muss man es manchmal tun und sich einfach entscheiden. Mach es einfach, egal was andere Leute dazu sagen. Ändere deswegen nicht den Kurs. Das ist eigentlich das, was ich in den letzten drei Jahren in Holland gelernt habe, manchmal tut man gut daran, eine Entscheidung zu treffen und dann aufzuhören zuzuhören und einfach loszulegen. Ich habe gelernt, egal was die Leute sagen, mach es einfach. Manchmal muss ein CEO sagen, das ist, was ich will, das muss getan werden. In Corona Zeiten hat mir das gute Ergebnisse gebracht.

CEO USA: Alles wird jetzt zehnmal länger dauern. Was macht ein Mann? Auch ich mache das als Mann mit hauptsächlich weiblichen Vorbildern. Ich sitze da und denke: „Oh mein Gott, ich habe das Gefühl, ich kenne die Antwort, zu der wir kommen werden, oder wir müssen einfach die nächsten zwei Stunden damit verbringen, allen zu zeigen, was es meiner Meinung nach ermöglich hat, diese Antworten zu finden. Ich denke, Vielfalt ist wertvoll. Das kommt auf die Situation an. Ich benutze das Beispiel, Sie sind auf dem Schiff der Titanic. Sie sehen den Eisberg. Sie holen die Crew nicht zusammen, um sie nach ihrer Meinung zu fragen, was wir tun sollten.

Auf der anderen Seite verlassen Sie gerade den Hafen von Southampton mit der Titanic und fünfundzwanzig der Gäste fragen, ob sie zum Abendessen eine andere Art von Musik haben könnten. Darüber können wir diskutieren. Nun, ich will die beiden Stile nicht werten, ich denke nur, dass es manchmal einen Moment gibt für schnelle Entscheidungen. Manchmal mag die Entscheidung dann die falsche sein, aber es braucht Entscheidungen. Warum Frauen scheitern? Viele scheuen es, Entscheidungen zu treffen. In Krisen, da gebe ich meinen Leuten zwei Minuten, bang bang bang, entscheiden. Das ist sehr effektiv.

CEO USA: Erfolgreiche weibliche Führungskräfte und einige erfolgreiche männliche Führungskräfte sind „reflektierte Entscheidungsträger". Die nicht im Detail, nicht im Kleinen denken, trotzdem gründlich, geduldig ja, aber nicht langsam.

Den Anschluss nicht verpassen – Präsent sein, auch als Mutter

Der Wunsch nach Vereinbarkeit von Familie und Karriere wird in verschiedenen Ländern viel diskutiert und in den Medien und Frauennetzwerken gerade in den letzten Jahren in verschiedenen Nationen als Grundvoraussetzung für eine höhere Beteiligung von Frauen an den Führungsspitzen gefordert. Die befragten Topmanager sehen die Herausforderung der Vereinbarung von Familie mit Karriere mehr für Mütter als für Väter gegeben.

Gerade in der jüngeren Generation gibt es veränderte Ansichten über die Balance zwischen Arbeit und Familienleben und darüber, wieviel Anteil die Arbeitszeit im Verhältnis zum Familienleben bei beiden Elternteilen ausmachen sollte. Die Auflösung klassischer Rollen zwischen Müttern und Vätern ist ein Trend, der in Bezug auf die Erreichung hoher Karrierestufen von der Managementforschung weiter beobachtet werden muss. Die Alpha-Männer nehmen diesen Trend wahr. Gleichzeitig denken sie mit ihrer heutigen Perspektive im Kontext internationaler Wirtschaftsunternehmen, dass Frauen, das gleiche zeitliche Engagement aufbringen sollten, welches sie selbst als Männer und Väter in ihre Karrieren investieren. Sie führen Beispiele von Frauen an, bei denen das gelingt. Männer sowohl wie Frauen, die Topmanagementpositionen bereits erreicht haben, zweifeln, dass es diese Balance in einer großen Karriere geben kann.

Holländischer CEO: Ja, ich bin sauer, wenn Frauen im Maternity leave von der Bühne verschwinden. Ja, weil mir die Idee der Flexibilität gefällt. Bei meiner Frau war das gleiche, als die Kinder geboren wurden, war sie nach zwei Wochen wieder arbeiten. Du lässt Dir Zeit, Du schläfst, aber Du verschwindest nicht einfach von der Bildfläche. Zwei, drei Wochen komplett raus, o.k., aber nicht vier oder fünf Monate komplett raus. Natürlich haben sie rein rechtlich Anspruch auf Elternzeit und komplett raus zu sein, aber für die Karriere ist es nicht gut, so ganz weg zu sein. Bei Frauen ist es immer noch anders, da akzeptiere ich es mehr, aber nicht bei Vätern, die abtauchen. Ich persönlich mag es, wenn Menschen verbunden sind, wenn sie da sind. Das heißt nicht, dass sie acht oder zehn Stunden am Tag arbeiten müssen, aber zumindest, dass sie erreichbar sind. Vielleicht kommt meine Sichtweise aus China, weil da die Leute immer greifbar waren. Wenn Frauen hohe Positionen haben und Mütter werden und bleiben wollen, präferiere ich, dass sie greifbar bleiben. Natürlich vorausgesetzt, dass alles bei der Geburt gut verlaufen ist.

Deutscher Regionen Leiter: Ich glaube, dass es schon einen Quotienten gibt, wie sehr man etwas will und wie viel Arbeit man da reinpumpt. Natürlich muss man intelligent sein, aber ich habe hier wirklich super Frauen. Die machen einen super Job, aber sie sagen, ich möchte trotzdem noch ein Eheleben und eine Familie haben. Und das ist denen auch wichtig. Aber ich glaube, die Frauen, die nochmal einen Schritt höher kommen wollen, sind disziplinierter. Ich weiß zum Beispiel von einer, die ist jetzt Europaleiterin oder so, das war so ein Fall, sie kam aus Ostdeutschland und sie hat das irgendwie geschafft. Der Mann hat sich dann um die Kinder gekümmert, sie hat auch versucht den Mann und die Kinder, also eher den Mann so zufrieden zu stellen, damit der nicht flüchtet. Aber wenn die dann um neun alle im Bett waren, dann hat sie bis zwölf den Laptop angemacht und gearbeitet und dann halt nur fünf Stunden geschlafen. Sie ist taff. Es sind auch eine Menge gute Frauen, die in diesem mittleren Management hängenbleiben, weil sie eben diesen extremen Schritt nicht gehen. Qualifiziert wären sie durchaus oder vielleicht sogar besser. Aber denen ist die Familie wichtiger.

Überlegene Stärken der Frauen aus Männersicht: Kommunikation und Beziehungspflege

Die Alpha-Männer sind sich einig bei der Frage, was Frauen Männern im Allgemeinen voraushaben. Frauen überzeugen sie durch ihre Fähigkeit auf Mitarbeiter einzugehen, durch ihre Empathie und durch ihre Kommunikationsfähigkeit.

Akademische Forschung hat viele Unterschiede in den Kommunikationsstilen zwischen Männer und Frauen gezeigt. Insgesamt wird von Frauen erwartet, dass sie die Kommunikation nutzen, um soziale Verbindungen und Beziehungen zu verbessern, während Männer die Sprache verwenden, um die soziale Dominanz zu verstärken (Leaper, 2007; Mulac 2001). Der größte Unterschied zwischen Männern und Frauen und ihrem Kommunikationsstil liegt daran, dass Männer und Frauen den Zweck von Gesprächen unterschiedlich sehen. Männer sehen Gespräche als eine Möglichkeit, sich zu etablieren und Status und Dominanz in Beziehungen aufrechtzuerhalten. Frauen dagegen sehen den Hauptzweck von Gesprächen darin, Bindungen mit der anderen Partei aufzubauen und zu pflegen.

Russischer CEO: Frauen sind in der Lage, sehr talentierten Leute richtig zu führen. Sie finden die richtige Kommunikation und stimmen diese Kommunikationen ab. Sie sprechen die Sprache der IT-Mitarbeiter, die in ihrem Unternehmen mit Firmenkunden arbeiten, die Anfragen an das Unternehmen stellen. Viele Frauen sind brillant in ihrer Kommunikation. Wenn sie nicht mit dem Mann um die Macht kämpfen, sondern für die Männer ein sicheres Umfeld schaffen.

Spanischer CEO: Ich denke, dass diese Art von aggressiver männlicher Haltung sich weiter ändern wird, aufgrund der Bildung, aber auch aufgrund der Governance-Systeme, die die meisten Unternehmen eingeführt haben. Schritt für Schritt wird es viel moderater. Vor ungefähr zehn, fünfzehn Jahren waren diese Elemente des Ausgleichs nicht da und Frauen waren überhaupt nicht geschützt. Solche Verhaltensweisen wurden nicht nur nicht bestraft, sondern sogar als normal angesehen. Nun das ist in vielen Fällen verboten. Diese Haie werden Schritt für Schritt weniger gefährlich und dann wird ihre Umgebung oder ihr Zahn weniger gefährlich sein. In diesem neuen Umfeld werden sich die typischen weiblichen Einstellungen im Wettbewerb um einen Job herausbilden und es geht dann mehr um Fähigkeiten und wie man darüber Erfolge erzielen kann.

Wenn Sie von Haien umgeben sind und versuchen, sie mit sanften Manieren und eleganter Haltung zu besiegen, ist die Überlebenswahrscheinlichkeit nicht so hoch. Es ist aber auch nicht hilfreich, wenn eine Frau versucht ein Hai zu werden? Ich denke nicht, dass die Lösung darin besteht, zu versuchen, so aggressiv oder gewalttätig zu sein, wie manche Männer es sein könnten. Frauen sollten die Beziehungsebene intensivieren, um die Haie weniger Haie zu sein zu lassen und sie vielleicht in Delfine oder so etwas zu verwandeln.

In Grays (1992) Buch „Men are from Mars, Women are from Venus" werden die zugrunde liegenden Unterschiede in den Kommunikationsstilen zwischen Männer und Frauen skizziert. Die Hauptunterschiede, die Gray zwischen Kommunikationsstilen von Männern und Frauen sieht, sind wie folgt: Männer sind zielstrebig, sie definieren ihr Selbstbewusstsein über ihre Fähigkeit, Ergebnisse zu erzielen. Frauen dagegen sind beziehungsorientiert, da sie ihren Selbstzweck über ihre Gefühle und die Qualitäten ihrer Beziehungen definieren. In Stresssituationen reagieren viele Männer, in dem sie sich der Situation entziehen. Frauen dagegen nähern sich, in dem sie über ihren Stress reden. Männer wollen sich gebraucht, geehrt und bewundert fühlen. Frauen dagegen zielen darauf ab sich respektiert, geschätzt und hingegeben zu fühlen. Männer und Frauen unterscheiden sich auch in ihren Beziehungen zu anderen zum Beispiel in Meetings: Während Frauen danach streben, in ihren Interaktionen mit anderen sozialer zu sein, schätzen Männer ihre Unabhängigkeit.

Frauen neigen dazu, weniger zu unterbrechen als Männer. Forscher vermuten dass dies möglicherweise an ihrem wahrgenommenen niedrigeren Status gegenüber Männern liegt (Thorne, 1975). Das ist auch ein Grund, warum Frauen ihre Aussagen oft abschwächen. Eine weitere Erklärung dafür könnte in geringerem Selbstvertrauen und ihrer Angst, Fehler zu machen liegen, was ebenso auf ihre wahrgenommene Unterlegenheit gegenüber Männern zurückgeführt wird. Basow (2003) erläutert in „Trouble talks" die typischen Kommunikationsstile- Frauen sind insgesamt ausdrucksstärker, zurückhaltend und höflich im Gespräch, während Männer durchsetzungsfähiger und machthungriger sind. Viele dieser geschlechtsspezifischen Unterschiede zwischen den Geschlechtern führen dazu, dass Frauen in Management Meetings als untergeordnet und schwächer wahrgenommen werden könnten.

Eine Meta-Analyse zum Vergleich von Beeinflussungstaktiken und Geschlecht fanden heraus, dass männliche Manager die Faktoren persönliche Ansprache, Beratung, Durchsetzungsvermögen und inspirierende Wirkung mehr als weibliche Führungskräfte einsetzen. Frauen beeinflussen über Beratung, inspirierender Anziehungskraft und Einschmeichelung vor allem bei weiblichen Angestellten und dagegen Tausch-Taktiken bei männlichen Angestellten (Carli, 1999). Dieses impliziert das Managerinnen aufgrund ihres ähnlichen Kommunikationsstils engere Bindungen zu anderen Frauen einfacher aufbauen als zu männlichen Mitarbeitern.

Frauen- die bessere Zuhörerinnen, emphatische Führungskräfte mit integrativer Kraft

Aufgrund ihres Kommunikationsstiles, der darauf abzielt mit anderen zu interagieren, sind Frauen tendenziell bessere Zuhörerinnen. Die Alpha-Männer beschreiben zahlreiche Situationen, in denen sie diese Stärke vieler Frauen überzeugend wahrgenommen haben. Die Kraft des ehrlichen Zuhörens ist etwas, was sie an vielen Frauen bewundern. Empathie und Sensibilität für die Bedürfnisse von Mitarbeitern sind weitere Faktoren, die die Topmanager eher bei Frauen als bei Männern beobachten. Frauen gelingt es aufgrund dieser Fähigkeiten eher tragfähige Bindungen zu Mitarbeitern aufzubauen und diese gleichzeitig zu schützen, wenn es notwendig erscheint. Die genannten Stärken von Frauen sind Ausdruck einer stark integrierenden Kraft, die sie aus Sicht der Befragten Männern voraushaben und die für die gemeinsame Arbeit im Unternehmen einen hohen Stellenwert haben.

CEO, UK: Die erste weibliche Führungskraft, die ich hatte, war Anfang der 1990er Jahre. Es war eine ganz andere Zeit. Ich schätze die Belastbarkeit dieser Person sehr, basierend auf den damaligen Herausforderungen für Frauen in Führungspositionen. Eine Sache, die ich bemerkte war, – sie war die Abteilungsleiterin –dass sie zuhörte und den Eindruck erweckte, dass sie tatsächlich auf die Meinungen der Leute hörte. Einige der männlichen Manager in derselben Fabrik hörten zwar zu, aber sie sahen nicht so aus, als würden sie zuhören. Sie sahen aus, als würden sie nur darauf warten, zu sagen, was sie wollten. Während man bei ihr an der Körpersprache, ihren Antworten, ihren Fragen, ihr Sondieren spürte, dass sie zuhört. Darin war sie, würde ich sagen, zu der Zeit den meisten Männer in Führungspositionen überlegen.

Japanischer CEO: Ich denke, was Frauen Männern voraushaben ist die Fähigkeit der Kommunikation. Nicht beschränkt auf Sprache, es sind die zwischenmenschlichen Fähigkeiten. Frauen können sehr gut zwischen den Völkern manövrieren und sich einem anderen Interesse anpassen. Frauen erledigen die Dinge immer sehr effizient. Ich denke, sie können leicht tief in die Köpfe der Menschen tauchen. Sie haben nicht unbedingt große technische Fähigkeiten wie Buchhaltung oder Steuern, aber Atmosphäre. Sie schaffen eine tolle Atmosphäre.

Französischer CEO: Beide Frauen sind sehr gut in Strategie. Sie sind sehr engagiert, Fortschritte zu machen, und nehmen Ratschläge an. Sie nehmen meinen Ratschlag als Geschenk und ich bin erstaunt über das „Wow, okay, das werde ich versuchen", und sie setzen es um. Dann sind sie beide wirklich bereit zu sagen: „Nun, nein, ich bin anderer Meinung." Sobald sie anderer Meinung sind, tun sie es nicht, das ist stärker als bei Männern. Die machen eher mit.

Japanischer CEO: Wir sehen viele der Frauen, ehrgeizige Frauen, die unabhängiger und fähiger sind, für Unternehmen in einem globalen Geschäft zu arbeiten. Sie sprechen sehr viel besser Englisch, heutzutage ist Englisch sprechen ein Pass, um weltweit Geschäfte zu machen. Ohne Englisch zu sprechen, ist es sehr schwierig, ein globales Geschäft zu führen. Es ist eine Tendenz, dass mehr Frauen die Fähigkeit haben, Englisch und andere Sprachen zu sprechen als typische japanische Männer. Sie sind motivierter, besser zu sein als Männer. Verstehst du? Das ist meine persönliche Meinung, ganz persönliche Meinung. Die Kommunikation ist sehr wichtig, um ein Unternehmen zu führen oder eine Organisation zu führen. Mein Gefühl ist, die Kommunikationsfähigkeit von Frauen ist besser als die der Männer. Wenn wir eine Organisation von Männern haben, ist das manchmal eine Art Armeestil, verstehst du? Es ist ein Befehl, ein Marschbefehl, keine Kreativität. Aufgabe, Fertigstellung und Vollendung. Es ist ein einfacher Weg, ein klassischer Organisationsstil. Jetzt ändert es sich die soziale

Atmosphäre. Wir müssen heutzutage viele Ratschläge, Meinungen, Kommentare oder was auch immer dazu einholen, was der richtige Weg ist, aber es gibt keine richtige Antwort. In solchen Situationen denke ich, dass eine Frau im Vergleich zu Männern meiner Meinung nach flexibler ist. Bereit, sich die Meinungen anderer anzuhören.

Deutscher Regionen Leiter: Ich weiß nicht ob das weiblich ist oder auf eine Persönlichkeit zugeschnitten ist, aber ich habe die mal in Peking auf bzw. an der Mauer für 30 Sekunden auf dem Weg zur Toilette getroffen. Dann haben wir uns kurz wegen diesem Russland-Projekt gesprochen und sie hat mir wirklich dieses Gefühl gegeben, dass ich der einzige Mensch auf der Welt bin, in diesen dreißig Sekunden. Und anderes Beispiel, eine Russin, einen ganz Harte. Aber sie war immer für Dich da, dieses Schutzelement, Protektionismus, also dieses für dich da sein, ist vielleicht auch eine weibliche Komponente. Es gibt eine Story, die ich ganz toll fand, die fand irgendwann ihre Sekretärin heulend im Büro, weil die Schwiegermutter, die mit denen zuhause gewohnt hat, hat sie wieder zur Schnecke gemacht. Dann ist diese Chefin schnell mit ihrem Fahrzeug, so schnell kannst Du gar nicht gucken, zur der Schwiegermutter der Mitarbeiterin und hat der erstmal klargemacht, was für eine tolle Schwiegertochter sie hat und hat ihr dann noch einen Kredit gegeben, der Sekretärin, damit sie sich eine eigene Wohnung anzahlen kann.

Holländischer CEO: Was ich bei vielen erfolgreichen Frauen sehe, ist, dass sie sich ihrer Stärke bewusst sind. Sie wollen kein Spiel spielen. Das sind nicht wirklich sie. Ich denke, das ist wirklich wichtig. Sie versuchen nicht, stark zu sein, wenn sie es nicht sind. Bleibe Dir treu, wer immer Du bist. Ich denke, es ist entscheidend. Außerdem haben sie ein starkes Gespür dafür, was die wichtigsten Trends sind, was in der Gesellschaft passiert und wo wir von Nutzen sein können. Sie stehen in engem Kontakt mit unseren Partnern, mit Kunden und es gibt dort viel Kommunikation, also ist es die Sensibilität. Sie sprechen offen darüber, was sie erreichen wollen. Was ist mein Ziel? Sie sagen den Leuten nicht, was sie tun sollen, aber sie geben ihnen Energie für diese Vision. Ich mag, dass Frauen sensibel sind und Empathie haben. Dass sie zuhören. Natürlich muss man unabhängig sein und seinen eigenen Weg gehen, aber diese Verbundenheit ist für mich in dieser vernetzten Gesellschaft entscheidend. Wenn ich mir ansehe, wo wir in der Zeit stehen, dann müssen wir innovativer, kreativer und vernetzter sein. Es gibt viel mehr Vernetzung. Wenn ich mir auch anschaue, wie wir arbeiten, ist diese Sensibilität und Verbundenheit, die eine weiblichere Seite der Führung ist. Diese Eigenschaften, diese Führungsstile sind sehr gefragt und das ist eine Stärke, die viele weibliche Führungskräfte wirklich auf den Tisch bringen. Wenn Sie eine weibliche Führungskraft sind und dass Ihre Qualitäten sind, bleiben Sie dran und machen Sie sie noch größer und nutzen Sie Ihre Stärken, nutzen Sie Ihre Vorteile. Wenn Du schon vorher erwartest, dass du nicht Teil der Führungstruppe sein wirst und es dann auch nicht versuchst, dann wirst Du auch nie dazugehören. Frauen sollen mutig sein, es wagen, aber immer so, wie es zu Ihnen passt.

Frauen führen transformativ und wenig hierarchisch

Der unterschiedliche Umgang mit Hierarchie ist aus Sicht der Männer ein Vorteil, über den es Frauen gelingt, diverse Perspektiven zu einem Thema zusammenzuführen. Während sie ihre Kollegen als teilweise egozentrischer und autoritär erleben, schätzen die Alpha-Männer an den Topmanagerinnen, dass sie Mitarbeiter wertschätzend gegenübertretend und damit ein Umfeld für gute Ideenfindung schaffen. Der transformative Führungsstil, den viele Frauen anwenden, überzeugt die Alpha-Männer, wenn es um die Erarbeitung der besten Lösungen geht.

Spanischer CEO: Männer sind da eher das Gegenteil. Sie sind etwas mehr Basic in den Diskussionen. Sie stimmen dem Chef eher zu. Der Input ist weniger rational und schlechter vorbereitet. In der Umsetzung dann, weil sie größere Egos haben, ist ihr Sinn für Disziplin weniger intensiv, denke ich. Frauen haben da nicht so große Egos. Ob sie gewinnen oder verlieren, ihr Ego leidet weniger. Für einen Mann ist es vernichtend zu verlieren, da sind Frauen anders.

CEO, UK: Dann, noch etwas anderes. Ich fühlte mich früher oft herabgesetzt von Oxford oder Cambridge Absolventen. Das machte die Managerin nie. Ich fühlte nicht, dass sie auf mich herabsah, wie die Männer. Das kann daran gelegen haben, dass sie eine Frau war, oder an ihrer Nationalität, Amerikanerin. Zu dieser Zeit war in Großbritannien Klasse und Klassenstruktur sehr offensichtlich.

Französischer CEO: Was Frauen manchmal anders macht, ist, dass sie besser zuhören. Sie hören anderen Menschen besser zu als Männern. Manchmal sind sie analytischer und schaffen leichter einen Konsens und schaffen die Bedingungen für eine gute Zusammenarbeit, manchmal besser als Männer, die versuchen, ihre Sicht innerhalb des Managements durchzusetzen, weniger basierend auf dem Konsens, sondern mehr auf der starken Führung und Autorität. Die Frauen, mit denen ich Erfahrung habe, waren gut darin, ruhig zu bleiben, ein günstiges Umfeld für Diskussionen und Ideen zu schaffen und stark genug, um zusammenzufassen, zu synthetisieren und das Beste aus dem Brainstorming herauszuholen. Während die Kerle basierend auf Fähigkeiten und Rang sehr gut darin sind, dem Rest der Gruppe eigene Meinungen aufzuzwingen, und deren Verhalten zu beeinflussen. Das habe ich in Frankreich oft beobachtet.

Deutscher Regionen Leiter: Die Welt wird ja so aussehen irgendwann, dass wir wie in so Fischschwärmen unterwegs sind, die dann so ganz schnell die Richtung ändern, aber ohne, dass irgendeiner das Kommando geben muss. Und ich glaube, wir Männer sind noch sehr Hierarchie orientiert. Da ist so eine gewisse Kälte. Ich glaube Männer fühlen sich sehr viel wohler in dieser alten Feldherrenrolle. Das Schlimmste für mich, war wirklich Österreich. Die leben wirklich noch in den fünfziger Jahren. Das sind häufig Männer, die in ihren Schuljahren schon nicht die beliebtesten waren. So ein kleiner Penner, der dann promoviert hat, der wird dann da plötzlich hofiert, auch von Frauen. Herr Doktor, aber selbstverständlich, kann ich noch einen Kaffee bringen? Wo ich echt denke, also lasst doch mal den Doktortitel und den Anzug weg, dann sind das auch alles ganz normale Menschen. Vielleicht haben Männer auch eine andere Symbolik, andere Insignien. Und ich glaube, dieses Vorzimmer, Anzug, Krawatte, hält Leute auch auf Distanz und gibt Männern schon eine gewisse Autorität. Und dann diese Frau, ohne Anzug im Vorstand, aber die war da. Die hatte eine Präsenz. Die konnte auch taff sein, die hat dann hinterher nur leider kein Glück gehabt mit dem Launch, sodass sie dann hinterher gegangen wurde. Aber ich bin brutal dafür, wir brauchen nicht mehr diese Insignien der Macht.

„Ganz Frau bleiben" und Nutzung der integrativen weiblichen Kraft

Etwas, was in den Interviews wieder und wieder auf Ablehnung stößt, ist, wenn Frauen aus der Sicht der Männer „vermännlichen". Damit meinen die Interviewten eine zu starke Adaptation von traditionell männlichen Verhaltensweisen, die sie selbst nicht nur positiv betrachten. Beispiele hierfür sind das Ringen um die Vormachtstellung in Meetings oder besonders aggressives Verhalten. An verschiedenen Stellen der Interviews beschreiben die Männer den „Kampf der Frauen gegen die Männer". Diese Strategie von Frauen, um sich in Meetings oder Zweiergesprächen gegen Männer durchzusetzen, halten sie für wenig erfolgversprechend, ja sogar für unklug. Sie lehnen den Kampf mit

Frauen ab. Die Männer beschreiben, dass dadurch starke innere Widerstände produziert werden, die sie aus ihrer eigentlichen Unterstützerrolle holen und zu Rivalen der Frauen werden lässt. Bei den Männern werden Dissonanzen ausgelöst, also unvereinbare Wahrnehmungen, die auch aus einer traditionellen Rollenerwartung an Frauen rühren, die hartes Wettbewerbsverhalten wie unter Männern nicht beinhaltet. Frauen haben aus Sicht der befragten Männer eine integrative Kraft, die Stärke von Empathie und das Talent soziale Bindungen zu festigen. Sie haben auch das Talent in kulturell diversen Teams das interkulturelle Verständnis zu stärken, indem sie nicht nur ihr sprachliches Talent nutzen, sondern den gesamten Mix an beschriebenen Merkmalen. Gerade asiatische Frauen in multinationalen Konzernen, zeigen in einer Studie die Fähigkeit „zwischen den Welten zu wandern" und ein globales Mindset zur Produktivität ihrer Teams einzusetzen (Al-Sadik-Lowinski, 2017). Frauen haben auf Männergruppen einen positiven Einfluss, der Aggressionsverhalten und Wettbewerb von Männern in eine effizientere Richtung lenken kann. Um diesen Einfluss auszuüben, müssen Frauen aus Sicht der Männer aber *„ganz Frau bleiben"* und anders ausgedrückt *„nicht zu Männern mutieren".*

Deutscher Regionen Leiter: Weil Frauen häufig auch sehr schnell denken, und ich finde diese menschliche Komponente bei Frauen sogar noch stärker. Vielleicht liegt das im weiblichen Wesen, es ist einfach die Sensorik, die Sensibilität. Und wie gesagt, nur wenn eine Frau sich nicht beweisen muss und dann eigentlich schon wieder maskulin wird. Und ich glaube, das war ein Fehler, ich habe so viele erlebt, es waren Prototypen, ich kann dir da zehn Beispiele nennen. Hosenanzug, weiße Bluse, kurze, rot gefärbte Haare und die haben eigentlich versucht nur Mann zu spielen, anstatt mal sie selbst zu sein.

Russischer CEO: Zum Beispiel beim Handelsminister der Russischen Föderation gab auch Frauen in der Regierung auf hoher Ebene. Was ich beobachtete, dass sie schlau war. Sie war eine brillante Fachfrau in ihrem Beruf. Sie konnte mit den Frauen oder Herren auf gleicher Ebene kommunizieren. Sie konnte in ihrer Kommunikation unterscheiden, abhängig von der Denkweise oder der Persönlichkeit, die vor ihr saß. Wenn es einen Minister von der Regionalregierung gab, hat sie sich wie eine Frau verhalten, ihn angelächelt und sich wie eine wirklich nette Person verhalten und gesagt: „Oh, er ist der Mann, er ist blablabla", was auch immer. Weil sie das Ergebnis erreichen wollte. Sie spielte das Spiel, nicht wegen ihres Egos, sondern weil sie Dich manipuliert, wie sie diese Person dazu bringt, das zu tun, was sie will. Daher änderte sie abhängig von Ihrem Gegenüber ihr Verhalten. Wenn es eine Person mit demokratischem Führungsstil ist, handelte sie auf der gleichen Ebene. Sie versuchte nicht, sich selbst zu beweisen so nach dem Motto „Oh, weil ich das und das bin, solltest Du Dich ändern." Nein, sie nutzt ihre Stärke als Frau. Abhängig von ihren Zielen, die sie erreichen wollte.

Deutscher CFO: Ich glaube einfach, wenn Frauen mal wirklich Frau sein würden und Männer mehr Rücksicht nehmen würden, würden wir zu einer besseren Welt kommen. Wir kommen da hin, aber natürlich noch viel zu langsam. Dafür müssen Frauen, aber Frauen bleiben und in Leitungsfunktionen nicht zu Kopien von uns werden.

Männer erkennen die Bedeutung von typisch weiblichen Stärken für ein harmonisiertes diverses Leadership

Bewertungen von Führungskräften im Management orientieren sich weiterhin überwiegend an eher männlichen Normen, Verhaltensweisen und Persönlichkeitsmerkmalen. Hier wird an das „Think-manager, think male" Phänomen von Schein erinnert. Die Männer können einige Dissonanzen nicht auflösen, die einerseits durch ihre Bewunderung für die Stärken der Frauen und andererseits durch die stereotypen Muster und sich unterscheidenden männlichen Verhaltensweisen, die für die Erreichung von Führungspositionen weiterhin die Norm sind, aufgebaut werden. Die Widersprüche entstehen im Spannungsfeld aus den herrschenden Stereotypen im Hinblick auf hohe Führungspositionen und dem Wunsch der Männer nach mehr weiblichen Eigenschaften im Topmanagement. Die gegensätzlichen Stärken lösen mitunter weitere Dissonanzen aus. Den interviewten Männern gelingt es, diese Komplexität zu erfassen. Sie denken, dass sich die Dissonanzen im Zeitablauf immer weiter auflösen, in dem sich eher weibliches und männliches Leadership in der Zukunft als optimale Mischung im Sinne eines diversen Leaderships im Management etablieren wird.

Die Alpha-Männer sehen einen Schlüssel zum Erfolg von Frauen in einem hohen Selbstbewusstsein gepaart mit Ambition und klaren Karrierezielen, die auch kommuniziert werden. Diese Faktoren vermissen sie bei einer Vielzahl von Frauen.

Sie ordnen Entscheidungsstärke, die mit einer Risikobereitschaft einhergeht, eher Männern zu. Dabei ist der Faktor Schnelligkeit in Verbindung mit Entscheidungsfreude für die Spitzenmänner von Bedeutung. Sie beobachten diese Kombination, die aus ihrer Sicht für Führungskräfte besonders wichtig ist, nur bei wenigen Frauen. Diese Frauen verdienen den Aufstieg und werden von Alpha-Männern gesponsert. Die Alpha-Männer belohnen also Entscheidungsverhalten bei Frauen, welches ihrem eigenem ähnelt. In den meisten anderen genannten Punkten sollen Frauen sich jedoch auf eigene Stärken konzentrieren und diese in die gemeinsame Arbeit einbringen.

Die Alpha-Männer wünschen sich, dass Frauen ihr Talent als Zuhörerin, ihre schützende Qualität und ihre Sensibilität stärker nutzen und ihren positiven Einfluss geltend machen. „Ganz Frau bleiben" und „nicht mit den Männern um Macht kämpfen" sind Ratschläge, die häufiger von den Männern in den Interviews genannt werden. Wie bereits in Kapitel drei zu den Konflikten von Alpha-Männern mit Alpha-Frauen ausgeführt wurde, wollen die Männer, dass Frauen Qualitäten einbringen, die auf ursprüngliche Rollenmuster zurückgreifen. Sie schätzen die integrative Kraft von Frauen, ihre Sensibilität und Empathie, sowie ihre Konsensfähigkeit. Frauen, mehr als Männer, besitzen die Fähigkeiten „zwischen den Kulturen zu wandern" und können in internationalen Konzernen damit maßgeblich zum interkulturellen Verständnis beitragen.

Eine gute Strategie für Frauen im Umgang mit Männern, ist aus Sicht der Alpha-Männer, wenn Frauen ihre Kernstärken ausbauen und nicht versuchen, eher männlich geprägtes Verhalten, welches sie in Teilen selbst oftmals kritisch bewerten, zu adaptieren.

Für ein gelungenes Miteinander im Topmanagement ist die Harmonisierung männlicher und weiblicher Stärken ein erfolgsversprechender Weg. Die Dissonanz aus der Erwartung an ein klassisch männlich geprägtes Leadership und typisch weiblicher Stärken kann nur aufgelöst werden, wenn ein neues diverses Leadership zur Normalität aller Beteiligten wird. Dabei müssen zwei Ebenen durchlaufen werden, um eine dritte neue Ebene zu erreichen. Die erste Ebene umfasst das reine Wahrnehmen von Unterschieden im Leadership der Geschlechter und des Verstehens von Ursachen. In der zweiten Ebene sind Führungskräfte bereit mit diesen Unterschieden umzugehen und sich auf die jeweiligen Stärken zu fokussieren. In der dritten Ebene harmonisieren sich männliche und weibliche Leadership Fähigkeiten zu etwas neuem – einem diversen Leadership. Auf dieser Ebene werden Unterschiede nicht mehr trennend wahrgenommen, sondern als integrative Kraft, um Teams gleichermaßen effizienter und beziehungsstärker werden zu lassen.

Topmanagerinnen über Leadership Fähigkeiten und Kompetenzen für den Aufstieg

Die Topmanagerinnen stimmen in vielen der geschilderten Punkte mit den Männern überein. Auch sie beobachten, dass es vielen Frauen an Selbstbewusstsein mangelt. Genau wie die Männer geben die Empfehlung ab, dass Frauen, die Spitzenpositionen erreichen wollen, sich mehr zutrauen müssen und sich der eigenen Leistung sicher sein sollten.

> *Russische CEO: Ich denke, für Männer und Frauen ist es die gleiche Aufgabe, aber Männer haben manchmal den Vorteil, dass am Anfang immer sofort glauben, dass sie es können. Frauen sind manchmal abhängig von der Umgebung, in der sie denken: „Kann sie es tun? Kann sie es nicht tun?"*

Sie selbst verfügen über ein gutes Selbstbewusstsein beziehungsweise haben es sich im Karriereverlauf aufgebaut. Bei der, den berufsbezogenen Dimensionen des Bochumer Inventar zur Persönlichkeitsbeschreibung (BIP) von Hossiep (2003), angelehnten Analyse einer Studie mit über 110 Topmanagerinnen aus verschiedene Nationen konnten die meisten verdichteten Selbstbeschreibungen der Frauen aus allen hier ausgewählten führenden Industrienationen der Dimension Leistungsmotivation zugeordnet werden (Al-Sadik-Lowinski, 2021). Unter Leistungsmotivation wird die Bereitschaft verstanden, sich an einem hohen Gütemaßstab zu orientieren, die eigene Leistung kontinuierlich zu messen, sich mit anderen zu vergleichen und sich gegebenenfalls zu steigern. Die Frauen der Studiengruppe beschreiben sich als ehrgeizig, mit hohen eigenen Zielen und Maßstäben und als sehr am Erfolg orientiert.

> *Chinesische General Managerin: Ambition. Ich denke, dass ich eine sehr ehrgeizige Person bin. Ich möchte jemand sein, weil ich mit vielen klugen Leuten gearbeitet habe. Ich möchte mein Chef sein. Das denke ich immer. Ich wollte am Ende des Tages die Chefposition haben, die Chefin sein.*

Es fällt gerade den befragten Chinesinnen sehr leicht eigene Stärken, Fähigkeiten und Kompetenzen zu benennen. Es wird zu diesem Punkt sehr viel berichtet, die Schilderungen kommen ohne Zögern und sehr ausführlich. Keine der Frauen wirkte zurückhaltend, bescheiden oder schüchtern. Superlativen in den Schilderungen waren keine Ausnahme. Auch die Russinnen und Französinnen sind sehr direkt in der Schilderung ihrer Stärken.

Chinesische HR-Leiterin: Ich bin die beste Personal-Expertin in China.

Die Japanerinnen beschreiben ihre starke professionelle Ambition und ihren inneren professionellen Anker sehr konkret. Es ist das eigene Vertrauen in die beruflichen Fähigkeiten, was ihre Stärke ausmacht. Sie sind unabhängig von der Bewertung durch andere. Sie haben sich von stereotypen Rollenerwartungen an Frauen in ihrer Heimat gelöst. Die innere Begeisterung, aber auch die Unabhängigkeit von Hierarchiedenken und der Frage, wie andere sie bewerten, ist der Antrieb und die Stärke der japanischen Führungsfrauen.

Weibliche CEO, Japan: Ich denke, die wichtigste Entscheidung, die ich in meinem Leben getroffen habe, war, als ich mein erstes Kind hatte. Ich habe beschlossen, meine berufliche Laufbahn ohne Kompromisse fortzusetzen. Ich bat alle um mich herum um Unterstützung, einschließlich meines Mannes, meiner Mutter, meines Chefs und meiner Mitarbeiter. Das war die größte Entscheidung, die ich getroffen habe. Danach tatsächlich in eine japanische Firma eintreten oder den Job wechseln. Das ist nicht so schwierig oder so wichtig, wenn ich zurückblicke. Die Entschlossenheit, dass Sie ein Profi sein wollen und in der Karriereleiter aufsteigen wollen. Diese Motivation und Wahl müssen von den Frauen selbst kommen. Ich wollte der Leiter der Organisation werden. Deshalb habe ich diesen Job als Präsidentin gewählt. Es war mir sehr klar, dass ich irgendwann der Chef sein möchte.

Das Dilemma vieler Frauen auf der Welt, die überzeugt sind, sich zwischen Karriere und Familie entscheiden zu müssen, gilt nicht für die Topmanagerinnen. Sie sind sich früh ihrer Ambitionen bewusst und zeichnen sich durch eine starke berufliche Orientierung aus. Diese bedeutet nicht, dass es für sie keine Herausforderung ist, Familie und Beruf zu vereinbaren. Jede von ihnen hat zur Bewältigung, wie die Frauen aus allen anderen Ländern der Studie, individuelle Lösungen entwickelt.

Alpha-Frauen über ihre Entscheidungsfähigkeit

Die Spitzenmänner wünschen sich von Frauen mehr Entscheidungsfähigkeit. Viele sehen hier die Hauptschwäche von Frauen. Die interviewten Topmanagerinnen beschrieben sich selbst als entscheidungsstark, reflektieren aber auch, dass Frauen oftmals Konsens über Kompromisse anstreben. Sie erfüllen die Anforderung ihrer männlichen Kollegen in puncto Entscheidungsfähigkeit und stimmen in der Bewertung der Bedeutung dieser Fähigkeit den Männern zu.

CFO Deutschland: Also da würde ich auch fast tendenziell den Frauen mehr diesen Kompromiss-Führungsstil zuordnen. Wobei ich aber aus persönlicher Meinung sagen würde, dass da auch wieder nicht das Richtige wäre. Und ich finde, das kommt wirklich dann auch auf die Themen an. Und das ist unheimlich wichtig, dass du als Topführungskraft, als C-Level, Entscheidungen treffen kannst. Das ist für mich ein wichtiges Charakteristikum, was du haben musst. Es gibt aber auch Momente, wo man natürlich auf Kompromiss hinarbeiten muss. Aber nur einen Stil zu haben, ist auch nicht erfolgreich.

GM Deutschland: Also ich bin sehr teamorientiert, ich bin kein großer Freund von Hierarchien, auch wenn ich glaube, dass wir sie brauchen, um Entscheidungen treffen zu können, aber in der täglichen Arbeit ist es mir wichtig, dass wir als Team arbeiten. Ich weiß auch, wann ich eine Entscheidung fällen muss. Und ich gebe sehr viel Vertrauen. Wenn ich aber auch merke, dass es kritisch wird, steige ich sehr intensiv mit ein, was für manche Menschen, die großen Freiheitsgrad gewöhnt waren, dann sehr erstaunlich ist.

Russische CEO: Ich denke, dass ich sehr nett bin, aber ich bin auch sehr hart. Ich verstehe das Geschäft von beiden Seiten, aus dem Front-Office und Back-Office. Sehr oft können Leute aus dem Front-Office ihren Kollegen aus dem Back-Office alles vormachen. Ich verstehe alle Geschäftsprozesse im Verkauf, deshalb kann ich mir erlauben, härter zu werden. Außerdem habe ich sehr, sehr gute technische Ausbildung. Ich glaube, dass die Hauptqualität eines guten CEO darin besteht, Entscheidungen zu treffen und Verantwortung zu übernehmen, und ich weiß, dass ich das kann. Außerdem kann ich das Team inspirieren und dies ist auch die Hauptqualität für den CEO.

Chinesische COO: Vor einem Problem denke ich, wir sollten diskutieren. Vielleicht hat meine Managerin eine Lösung und ich habe meine, wir sollten alles zusammen auf den Tisch legen und diskutieren, um die bessere Lösung zu finden. Die Hierarchie gefällt mir nicht. Ich denke, jeder ist gleich und manchmal ist jemand reifer an Erfahrung für einen bestimmten Aspekt. Jeder sollte wirklich seine eigene Meinung erläutern, dann entscheiden wir gemeinsam.

Schwächenanalyse der Frauen: Geringe Nutzung von Visionsfähigkeit

Anders als die Männer, die die Fähigkeit, schnelle Entscheidungen zu fällen bei der Mehrheit der Frauen vermissen, steht in der Selbstanalyse der Frauen die eigene Visionsfähigkeit an erster Stelle. Visionsfähigkeit schreiben die Frauen eher männlichen Topmanagern zu und sehen hier für sich selbst Aufholbedarf. Die Frauen beschreiben sich als eher praktisch im Vorgehen. Innovationsfähigkeit dagegen und damit verbunden das Interesse an Innovation lässt sich eindeutig als Stärke der Topmanagerinnen ableiten. Obwohl auch bei den Russinnen, wie bei den meisten Frauen dieser globalen Untersuchung, die eigene Visionsfähigkeit hinterfragt wird, schildern die Russinnen hier als einzige der Frauengruppen im Ländervergleich eine Stärke (Al-Sadik-Lowinski, 2020). Mehrheitlich gibt es Russinnen, die gerade in diesem Bereich ihre Kernkompetenz schildern. Sie haben diese für den Aufstieg wichtige Fähigkeit ausgebaut und wenden sie erfolgreich und kontinuierlich an. Die Russinnen verbinden mit Vision die Fähigkeit, Unternehmensziele klar zu formulieren und zu kommunizieren sowie vorausschauend klare Ideen und Strategien zu entwickeln. In den anderen Ländern bleiben Frauen, die sich als Visionsfähig beschreiben, Ausnahmeerscheinungen.

Japanische Vorständin: Ich würde sagen, dass es mir im Allgemeinen wahrscheinlich fehlt. Ich würde wahrscheinlich sagen, dass ich die visionäre Fähigkeit über Leidenschaft ersetzen. Einige Leute sind wirklich gut darin, visionär zu sein. Ich neige dazu, praktisch zu sein. Ich bin immer inspiriert und beeindruckt von den Menschen, die visionär und langfristig fokussiert sind.

Russische CEO: Ich kann das Ziel klar kommunizieren, den anderen Leuten erklären, was das Ziel ist. Wenn ich weiß, was für ein Ziel ich habe, kann ich es sehen, und ich kann klarsehen, was zu tun ist, und ich kann es gut erklären. Ich hatte als Chefs hauptsächlich Männer, manche großartig. Das einzige Problem mit ihnen war, dass sie manchmal nicht wussten, was sie wollten. Obwohl sie talentiert waren. Ich bin kein sehr beliebter Mensch. Nein, ich kann nicht sagen, dass ich es liebe, in der Öffentlichkeit zu sein. Nein, es geht nicht um mich. Ich kenne einige Leute, die einfach Spaß daran haben, in der Öffentlichkeit zu sein, und die von den Leuten Energie bekommen. Ich bin nicht so, aber für mich, ist es einfach zu erklären, was zu tun ist. Ich bin gut ausgebildet, ich recherchiere alles, was neu ist. Deshalb änderte ich alles auf digital, als es gerade angefangen hatte. Ich will immer etwas Neues lernen. Ich hasse es, wenn die Leute darüber reden, erinnerst du dich, wie es damals richtig war, blablabla.

Japanische Präsidentin: Innovativ zu sein, ist nicht wirklich wichtig. Visionär zu sein ist wichtig. Die Menschen müssen ein größeres Bild haben und sich vorstellen, wie Ihre nächsten fünf oder zehn Jahre aussehen sollen. Nicht nur auf Ihrem Karriereweg, sondern auch auf anderen Dingen, die Sie täglich erledigen. Im Unternehmen nicht in zu kleinen Bereichen bleiben.

Russische CFO: Ich denke, im Rahmen meiner Arbeit habe ich die Ideen. Ich habe eine Vision und ein sehr klares Verständnis dafür, wohin wir gehen. Es ist nicht verhandelbar. Ich würde die Leute immer auffordern, Ideen zu entwickeln, die sie haben. Und Fragen dazu stellen. Ich denke in Bezug auf die Vision und das geht auch auf Transparenz und Sichtbarkeit des Geschehens zurück. Also wir machen das zusammen. Wir bereiten tatsächlich eine Menge Dinge zusammen vor. Wir werfen ein paar Ideen herum und diskutieren sie.

Russische CMO: Um über Innovationen informiert zu sein, neue Technologien nicht nur in unserer Branche, sondern im Management im Allgemeinen lade ich oft externe Experten ein. Um nicht auf meine eigene Vision konzentriert zu sein, sondern mehrere verschiedene Visionen zu erhalten, um sie zu kombinieren und ein besseres Bild von der Zukunft zu erhalten, aber es ist nicht meine natürliche Qualität.

Chinesische General Managerin: Meine Fähigkeit zu wissen, wohin das Geschäft geht, es zu antizipieren, meine Handlungen in die entsprechende Richtung zu lenken... die kommenden Veränderungen zu riechen.

Kommunikationsstärke und Führen in schwierigen Zeiten

Die Frauen sehen sich als kommunikationsstark und denken, dass sie diese Stärke in der Führung besser einsetzen als ihre männlichen Kollegen. Hier gibt es Übereinstimmung zu den Interviews mit den Männern. Die Frauen erreichen damit vor allem, dass Mitarbeiter ihnen gerne folgen. Außerdem haben sie eine Stärke Mitarbeiter weiterzuentwickeln und machen dieses anders als viele Männer unabhängig vom eigenen Vorteil. Frauen fördern gleichmäßig alle Mitarbeiter, während die Männer, so die Beobachtung der Frauen, oftmals nur ihre ein bis zwei engsten Vertrauten unter den Mitarbeitern weiterentwickeln. Die Förderung von Mitarbeitern allgemein nimmt einen großen Stellenwert in den Schilderungen der Frauen ein. Förderung und Motivation sind dabei eng miteinander verwoben. Gerade in Zeiten von Umstrukturierungen oder Kostensenkungen sehen Frauen hier einen Schwerpunkt ihrer Führungsaufgabe.

Die Stärke von Frauen gegenüber Männern sehen die Interviewten auch in dem weiblichen Umgang mit Herausforderungen. Frauen sind danach stärker im Umgang mit schwierigen Situationen, auch weil ihre Karriereweg von viele Herausforderungen geprägt ist und sie dadurch „gut trainiert" wurden. Sie leisten gerade in schwierigen Situationen mehr für das Unternehmen, da sich aus ihrer Sicht Männer in dieser Situation als emotional schwächer erweisen. Frauen sind, nach Auffassung der Interviewten, im Vergleich zu ihren männlichen Kollegen, auch bessere Zuhörerinnen und machen deswegen weniger Fehler als Männer.

Japanische CDO: Ich versuche zu erklären, wie die Entscheidung getroffen wurde. Es ist ihnen aber oft egal, also denke ich wirklich über andere Wege nach, um sie wirklich zu motivieren und zu engagieren. Deshalb versuche ich sicherzustellen, dass sie etwas haben, auf das sie sich bei der Arbeit freuen können. Es können Beförderungsmöglichkeiten sein und obwohl meine Organisation schrumpft, kann ich kreativ werden, um Wege zu finden. Ich bin stolz darauf, dass obwohl meine Organisation schrumpft, ich tatsächlich Leute auf die nächste Ebene befördere. Sie haben nicht weniger Chancen als der andere Geschäftsbereich, da wir Talente in andere Geschäftsbereiche exportieren. Ich ermutige sie also in Bezug auf die Anpassung neuer Kanäle, des Internets und all dieser Dinge. Unser Produkt mag alt sein, aber wir haben einen neuen innovativen Ansatz. Deshalb versuche ich, diese anderen Dinge zu finden. Ich stelle sicher, dass sie das Gefühl haben, zu wachsen und sich zu entwickeln.

Deutsche Personal Vorständin: Ich bin in einer Position, in der ich meinen Untergebenen wachsen lassen möchte, um mich eines Tages zu ersetzen. In diesem Sinne denke ich, dass meine Motivation im Moment darin besteht, die nächste Generation schnell auf den neuesten Stand zu bringen, daran arbeite ich. Bin ich wettbewerbsfähig, einen anderen Job anzunehmen? Ich denke schon wegen meiner grundlegenden Führungsfähigkeiten und Kompetenzen.

Chinesische General Managerin: Als Frau glaube ich kann ich gut überzeugen. Frauen können gut reden, gut überzeugen. Ich kann nicht gut logisch reden, aber durch ein paar Beispiele kann ich schon gut überzeugen. Der Nachteil ist, dass sie Frauen manchmal nicht ernst nehmen. Im Board Meeting zum Beispiel, wenn ich Ideen habe, nehmen die das am Anfang nicht ernst. Das scheint verrückt, weil viele innovative Ideen am Anfang schwierig zu akzeptieren sind. Das muss ich dann viel besser vorbereiten. Aber hier in China werde ich sofort akzeptiert.

Deutsche Aufsichtsrätin: Ich versuche mit Menschen zu arbeiten, die unterschiedliche Stärken haben. Ich kenne mich selbst, kenne meine Schwäche und versuche nicht, meine Schwäche zu stärken. Ich versuche jemanden zu finden, der gut in dieser Schwäche ist. In der Vergangenheit war ich viel verkaufsorientierter und nicht unbedingt inklusiv. Jetzt versuche ich, integrativer und diskussionsbasierter oder gruppenbasierter zu sein und Entscheidungen mit der Gruppe zu treffen und Projekte durchzuführen

6 Strategien von Alpha-Männern für mehr Gender Diversität in den Führungsetagen

In Wissenschaft und Praxis werden verschiedene Ansätze diskutiert, die zu einer höheren weltweiten Beteiligung von Frauen an Führungspositionen weltweit führen sollen. Diese sind zumeist komplementär zu betrachten. Dabei kann man generell drei Stoßrichtungen unterscheiden. Einmal geht es darum, gute Frauen beim Aufstieg und bei ihrer Weiterentwicklung in den Bereichen zu unterstützen, die für Frauen mehrheitlich Herausforderungen darstellen, wenn sie sich den von männlichem Leadership geprägten Normen im heutigen Topmanagement positionieren wollen. Weiterhin geht es um strukturelle und kulturelle Veränderungen in den Unternehmen. Daneben spielen langfristige politische Maßnahmen eine Rolle, die es mehr Frauen ermöglichen sollen, gleichberechtigt am Erwerbsleben teilzunehmen und die gesellschaftliche Veränderungsprozesse beeinflussen.

Gefragt nach ihrer Motivation und möglichen Lösungsansätzen, um mehr Alpha-Kolleginnen in den Spitzen der Unternehmen zu positionieren, sind die Antworten der Männer vielfältig. Sie betten ihre konkreten Vorschläge ein in den Kontext, der es für mehr Männer attraktiver machen würde, mehr Frauen an Entscheider-Positionen zu wissen. Und sie sehen sich dabei in der Verantwortung. Ein großer Teil der Vorschläge kommt im Bereich Sponsoring von qualifizierten Frauen, durch die Alpha-Männer selbst.

Schaffung einer gendersensiblen Unternehmenskultur in internationalen Unternehmen

Um der Herausforderung gerecht zu werden, mehr Frauen in die Unternehmensleitungen zu fördern und damit mehr gemischte Führungsteams zu schaffen, sehen die Alpha-Männer verschiedene Kernlösungselemente. Das Sponsoring begabter Frauen durch leitende Führungskräfte, die Füllung der Nachwuchspipeline mit guten Frauen und damit die Schaffung von mehr Rollenvorbildern und die Durchsetzung einer breiten Diversität im Unternehmen waren einige der von den Männern in den vorherigen Kapiteln genannten Maßnahmen, um mehr Frauen in die Leitungsteams von Unternehmen zu bekommen. Viele der befragten Unternehmensleiter haben bereits konkrete Zielvorgaben für die Beteiligung von Frauen in den Führungsebenen, an denen sie sich messen. Ein großer Teil der interviewten Alpha-Männer setzt sich unter anderem deshalb für Gendergleichheit ein, weil sie Väter von aufstrebenden Töchtern sind. Außerdem sind sie überzeugt, dass sie gemeinsam mit Frauen mehr Erfolge erzielen können. Sie sind also intrinsisch motiviert, Frauen zu fördern und das Thema gemischte Führung als ihr Kernthema zu sehen. In den Unternehmen der interviewten Männer wurden bereits viele Maßnahmen im Sinne einer gendersensiblen Organisation umgesetzt.

https://doi.org/10.1515/9783111052182-006

Doch wie kann die Steigerung von Gender Diversität in Unternehmen in den Ländern gelingen, in denen sich der Wert von Gendergleichheit in der Gesellschaft, bei den CEO aber auch bei vielen Mitarbeitenden noch nicht fest verankert hat, sondern im Gegenteil Stereotype und Bias tagtäglich weiterhin die Norm sind? Die Alpha-Männer teilen hierzu ihre Erfahrungen.

Kernstück der Herausforderung ist es, eine Unternehmenskultur zu schaffen, in der die feste Überzeugung von den Vorteilen gemischter Führungsteams bei Unternehmenslenkern und Unternehmenslenkerinnen sowie bei der Mehrheit der Mitarbeitenden verankert ist. Dabei kommt dem CEO oder der CEO eine wichtige Rolle zu. Ist er oder sie nicht wirklich überzeugt, wird es schwieriger eine gendersensible Leitkultur zu implementieren. Es reicht nach Ansicht der Befragten allerdings nicht, dass die Chefs und Cheffinnen vom Prinzip gemischter Führungsteams überzeugt sind, sondern die Organisation muss auf allen Ebenen den Vorteil diverser Teams als zentraler Wert des Unternehmens erkennen, damit es zum tragfähigen Erfolg kommt. Jede Hierarchieebene im Unternehmen muss den Ansatz verstehen, akzeptieren und im besten Fall aus voller Überzeugung bei der Etablierung mitwirken, bis Diversität als Wert der Unternehmenskultur immanent wird. Frauen werden in einem solchen Wertegefüge nicht als Minderheit, sondern Repräsentanz der Hälfte der Gesellschaft einen festen Platz einnehmen.

Ideal wäre in einer gendersensiblen Organisation, dass gendergemischte Führungsteams zwar einen Rollenmodellcharakter bekommen, aber rasch zur Normalität werden. Die gendersensible Organisation wird durch einen guten Mix aus männlichen und weiblichen Führungskräften auf allen Ebenen repräsentiert und lebt von einem inneren Bewusstsein aller Mitarbeitenden heraus, dass diverse Leitungsteams der beste Weg in die Zukunft des Unternehmens sind.

In der Realität vieler Unternehmen, gerade in den Ländern, in denen die Beteiligung von Frauen an gehobenen Führungspositionen noch gering ist, sieht anders aus. Gesellschaft, Sozialisation und das einzelne Individuum wirken einer gendergemischten Führung entgegen. Viele Männer und Frauen haben weiterhin Vorurteile oder befürchten, ihren Platz zu verlieren.

> *CEO Holland: Die machen das nicht mehr mit. Blöde Bemerkungen, fiese Witze oder diese ganze Diskriminierung. Gerade gute Frauen, aber auch junge Talente, die gehen dann einfach. Das wird diesen Unternehmen, die sich nicht ändern wollen, in der Zukunft auf die Beine fallen. Wir haben jetzt schon zu wenige qualifizierte Bewerber. Leute, die auf internationalem Parkett gut agieren können, die gibt es weniger und weniger.*

Der erste Schritt in Richtung gendersensibler Organisation ist also die Schaffung einer gesamtunternehmerischen Leitkultur, der die gendergemischte Führung als Unternehmenswert immanent ist. Hier sind die Unternehmensleitungen gefordert, diese gemeinsam mit ihren Mitarbeitern zu entwickeln.

Die Faktoren für eine gleichwertige Involvierung verschiedenster Gruppierungen werden in einer diverser Unternehmenskultur erfüllt. Damit diese nachhaltig etabliert werden kann, müssen aus Sicht der Alpha-Männer bestimmte Kriterien umgesetzt sein.

Das wichtigste Kriterium ist dabei, dass die höchste Unternehmensebene vom Konzept der Diversität überzeugt ist und dieses im Unternehmen als Leitlinie verankert ist. Ob der Prozess eher still, unternehmensintern und quasi automatisch passieren sollte oder es lauter externer Kommunikation bedarf, darüber gibt es unterschiedliche Meinungen. Das, was in Ländern, wie Deutschland, sehr langsam als gesellschaftlicher Umbruch in Richtung kultureller Diversität stattfindet, muss beschleunigt innerhalb der Unternehmen stattfinden, indem der oder die CEO gemeinsam mit den Mitarbeitenden eine Unternehmenskultur verankern, die Vielfalt als festen Bestandteil lebt. Nur so erhalten qualifizierte Frauen den gleichen Zugang zu Toppositionen und die nötige Unterstützung des Umfeldes. Die Männer beschreiben eine Mischung aus Top-Down und Bottom-Up Verankerung der Diversität.

CEO China: Ich würde sagen, das Wichtigste ist, dass die männliche Führungskraft aufgeschlossener sein muss. Verstehen, dass Vielfalt wichtig ist. Denn wir leben gerade jetzt in der globalen Welt. Wenn Sie nur in Ihrer Komfortzone leben möchten, sind Sie möglicherweise nicht in der Lage, mit der Komplexität dieser neuen Welt umzugehen. Wirklich, wenn Sie in Ihrem Geschäft erfolgreich sein wollen, müssen Sie aufgeschlossener sein. Männer müssen sich ändern, wenn sie ihre Arbeit nicht gut genug gemacht haben, um Vielfalt im Unternehmen zu erreichen und mehr Frauen im Führungsteam zu haben. Männer müssen sich an diese neuen Anforderungen anpassen.

CEO Hong Kong: Ich will es nicht überbetonen. So nach dem Motto „Das Übersehen der Geschlechterfrage ist gleichbedeutend mit einem fatalen Versagen einer Führungskraft". Das zu sagen, ist für mich übertrieben. Aber, wenn männliche Führungskräfte den Beitrag von Frauen zu ihrem Geschäft nicht verstehen, haben sie definitiv den Anschluss verpasst. Wenn dies der Fall ist, ist die Wahrscheinlichkeit, dass sie scheitern, definitiv höher als bei denen, die die Bedeutung von Vielfalt verstehen.

COO Deutschland: Es muss Bottom-Up passieren, glaube ich, dieses Diffundieren eben der Diversität. Das jetzt oben für den Vorstand zu verordnen, ohne dass dann nach unten hin auch ein gewisses Mindset vorherrscht, bringt glaube ich nicht viel. Eine weibliche CEO muss die Chance haben Verbündete zu finden im Unternehmen, eine eigene Seilschaft, auf die sie sich verlassen kann. Das ist extrem schwierig, auch das sich oben halten als Frau. Es sei denn, die Organisation ist darauf vorbereitet. Was beispielsweise gut funktioniert hat, war bei T. (Unternehmen in Deutschland) und das ist auch das Verdienst der beiden CEOs. Wir sind Weggefährten, weil wir eben diese ganzen Sachen am Anfang gemeinsam gemacht haben und auch jetzt noch eng verbunden sind. Das sind alles junge, na ja, inzwischen sind sie nicht mehr jung, inzwischen sind sie auch knapp 60, aber damals gewesen in ihren Dreißigern, die ganz anders gedacht haben und die auch viel, viel liberaler waren. Oder nach wie vor sehr liberal sind in ihrer Einschätzung, dass sich eine C. (weibliche CEO) problemlos halten kann. Die fällt mir jetzt eben ein, als eben eine Vorständin, die sich da schon lange hält und die sich da entsprechend positioniert hat. Sie hatte dadurch die Möglichkeit, sich ihre eigene Hausmacht zu bauen eben über dieses Netzwerk und es wird aber halt auch gefördert durch den CEO. Aber jetzt gehen Sie dann mal zu einer X. (Unternehmensname) oder gehen Sie mal in eine E. (anders Unternehmen). Also ich meine, das ist der Old Boys Club. Zu einer L. (weiteres Unternehmen). Die ganzen Automobilbauer. Ich meine, schauen Sie ...

Holländischer CEO: Wir wollen einen integrativen Arbeitsplatz haben, an dem Menschen unabhängig von ihrem Geschlecht, ihrer sexuellen Vorliebe oder was auch immer ihr Bestes geben können. Ich denke, was Corona uns gebracht hat, ist viel mehr Agilität und Flexibilität bei der Arbeit. Der Nachteil sind die Arbeitszeiten, die auch außer Kontrolle geraten können. Wir sind ein Unternehmen, das sich sehr um die persönlichen Dinge der Mitarbeiter kümmert. Wenn ich mir die Millennials und die jungen Menschen ansehe, die ein sinnstiftendes Umfeld suchen, alle wollen dieses Gleichgewicht haben.

Tabelle 1: 10-Punkte zur Etablierung der gendersensiblen Unternehmensleitkultur

1.	Überzeugung des CEO bzw. der CEO und der Mitglieder des Exekutive Teams Durch Information über die Vorteile von Mixed Leadership
2.	Information aller Mitarbeitenden u. a. über existierende Diskriminierung und Bias, Wege diese zu vermeiden und die nutzenstiftenden Vorteile gendergemischter Unternehmenskulturen.
3.	Schaffung eines Unternehmensleitbildes der gendersensiblen Organisation über Involvierung aller Führungskräfte und Mitarbeitenden durch spezielle Maßnahmen
4.	Zeitlich befristete KPI-Vorgaben zur Erhöhung des Frauenanteiles auf der Leitungsebene und in anderen definierten Bereichen der Organisation
Prozesse und Maßnahmen zur Durchsetzung einer gendersensiblen Unternehmenskultur	
5.	Einsatz von Steuerungsmechanismen wie Equal-Pay und Arbeitszeitgestaltung
6.	Etablierung einer diversen Personalmarketingstrategie und eines möglichst genderneutralen Personalauswahlprozesses
7.	Personalentwicklungsstrategien und neue Karrieremodelle, die spezifische Belange von Frauen und Müttern berücksichtigen
8.	Etablierung von genderneutralen Leistungsbeurteilungen und Beförderungsprozessen unter Berücksichtigung des „Paradox of Meritocracy"
9.	Schaffung einer gendersensiblen Meeting Kultur im Unternehmen
10.	Informationsveranstaltungen und Entwicklungsmaßnahmen, Coaching für Sponsoren und Mentoren und spezialisiertes Coaching für Frauen

Der 10-Punkte Plan zur Etablierung einer genderdiversen Unternehmenskultur umfasst Prozesse und Maßnahmen zur Förderung qualifizierter Frauen und lässt sich, mit dem Ziel einer Verstärkung, in ein breiter gefasstes Diversitätskonzept integrieren. Die verschiedenen Bausteine greifen ineinander und können im Unternehmen helfen, eine solche Leitkultur zu etablieren und umzusetzen. Verschiedene Wissenschaftler wie zum Beispiel Regnet (2017) und Knight (2017) erläutern die Maßnahmen der HR-Prozesse im Detail. Im Folgenden werden die wesentlichen Erkenntnisse der interviewten Männer hierzu dargestellt.

Alpha-Mann ist mit besseren Ergebnissen zu gewinnen

Auf die Frage, wie man ihre bisher inaktiven, nicht von der Wichtigkeit überzeugten Kollegen am besten vom Nutzen einer breiteren Gender Diversität in ihren Unternehmen überzeugen könnte, sind sich die Spitzenmänner einig. Das Argument, dem die meisten ihrer männlichen Kollegen folgen werden, ist, dass geschlechtergemischte

Teams bessere Unternehmensergebnisse erzielen. Das Geschäftsergebnis und der daran gekoppelte persönliche Erfolg von Unternehmensleitern könnte vor allem dort ein Überzeugungsthema sein, wo die eigene wertebasierte Überzeugung noch wachsen muss. Alpha-Männer wollen gewinnen. Unter anderem deshalb sind sie an die Spitzen von Unternehmen aufgestiegen. Ihr persönlicher Gewinn hängt von ihrem Geschäftserfolg ab. Alpha-Männer sind interessiert an Maßnahmen zur Ergebnissteigerung. Die Alpha-Männer vermitteln in ihren Antworten dazu, was gute Überzeugungsargumentationen sein können.

> Spanischer CEO: Ich denke, dass es zwei grundlegende Argumente gibt. Ein Argument betrifft eher die Ethik. Wir wollen eine gerechte Welt haben. Wir brauchen eine Welt, in der Geschlechtervielfalt Realität ist. Es ist nur eine Frage der Fairness, nicht die Hälfte der Menschheit zu einer untergeordneten Rolle zu verurteilen, nur weil sie Frauen sind. Es geht zunächst um Ethik. Dann die Tatsache, dass es bewiesen ist, dass Organisationen, die vielfältig sind, effektiver sind und eine bessere Rentabilität erzielen. Vielleicht glaubst Du nicht an Ethik, vielleicht glaubst Du nicht an diese Idee der Gleichheit, aber Du wirst überzeugt von besseren Geschäftsergebnissen, die vielfältigere Organisationen erzielen.

Verschiedene internationale Forschungen belegen einen positiven Effekt von gendergemischten Teams auf das Ergebnis von Unternehmen. Die von Noland (2016) vom Peterson Institute for International Economics durchgeführte Umfrage in über zwanzig tausend börsennotierten Unternehmen in rund neunzig Ländern ergab, dass ein höherer Anteil weiblicher Führungskräfte in Unternehmen zu einer höheren Rentabilität dieser Unternehmen führt. Weitere bereits zitierte Untersuchungen zeigen, dass höhere Frauenanteile in den Unternehmensleitungen zu höheren Gewinnen und Umsatzrenditen sowie einer besseren allgemeinen Unternehmensperformance führen. Vorreiter-Unternehmen auf der ganzen Welt haben sich davon bereits überzeugen lassen und strukturelle Maßnahmen zur Förderung talentierter Frauen ergriffen. Der richtige Mix von Frauen und Männern in den oberen Führungsetagen bringt messbare Vorteile für Unternehmen, in dem weibliche und männliche Stärken harmonisiert werden und zielgerichtet zur Erreichung von Unternehmenszielen genutzt werden können. Unternehmen, die Frauen fördern, nutzen die beste Mischung aus Erfahrungen von männlichen und weiblichen Führungskräften und erhöhen damit ihr Geschäftsergebnissen. Davon profitieren Alpha-Männer direkt mit ihren Bezügen.

Darüber hinaus profitieren männliche CEO, die Frauen um sich scharen und zu ihren Nachfolgerinnen machen, von weiteren Erfolgen. Sie haben verstanden, dass Frauen das größte Chancensegment der Welt sind. Frauen haben bereits heute eine enorme Wirtschaftsmacht als Konsumentinnen und kontrollieren große Anteile der Konsumausgaben auf der ganzen Welt. In den meisten Industriebereichen, wie zum Beispiel in den Märkten Automobil, Touristik und Wohnen, sind es Frauen, die die Hauptkaufentscheidungen treffen. Die selbstverständliche Einbeziehung von talentierten Frauen in Unternehmensleitungen signalisiert Mitarbeitern und Kunden, dass Frauen gleichwertig behandelt werden. Das führt zu einem zukunftsfähigen Unternehmensimage und letztendlich zu mehr Verkäufen und besseren Ergebnissen. Ein weiterer Effekt ist, dass weibliche Rollenmodelle mehr Frauen in das Unternehmen locken. Schließlich garantiert die Gleichbehandlung von qualifizierten Frauen, dass alle Level der Unternehmenshierarchie mit den besten Führungskräften besetzt werden, was sich wiederum in besseren Ergebnissen niederschlägt. Die Alpha-Männer sind an Lösungsstrategien interessiert, die Vorteile auf diesen verschiedenen Ebenen schaffen.

CEO, USA: Am Ende des Tages kommt es für einen Mann darauf an, zu gewinnen oder zu verlieren. Ich glaube nicht, dass das was tausende von Jahren galt, grundlegend geändert werden kann, weil ich denke, dass es eine evolutionäre Sache ist. Aber ich würde es versuchen. Was hilft dem männlichen CEO, bessere Ergebnisse zu erzielen? Männer lieben es zu gewinnen. Ich weiß, das ist dumm, das zu sagen. Weil Sie denken, dass jeder das will, aber Männer lieben es wirklich zu gewinnen. Ich bin mir nicht sicher, ob Frauen das Gewinnen genauso lieben wie Männer. Ich denke, es kommt darauf an, dafür zu sorgen, dass der CEO tatsächlich versteht, dass gendergemischte Teams mehr gewinnen. Das ist manchmal nicht so leicht zu kommunizieren. Ein Beispiel. Bei der Diskussion um das Arbeiten von zu Hause, interessiert den männlichen CEO, ob es mehr Ergebnis bringt. Es geht ihnen nicht um die Ausgewogenheit der Arbeit von zu Hause oder im Büro, sondern um die Ergebnisse des Geschäfts. Man muss sie also davon überzeugen, dass die Ergebnisse besser sein werden, wenn sie mehr Frauen in Toppositionen haben, indem sie eine andere Perspektive einnehmen. Die meisten Entscheidungen auf dem Planeten werden überwiegend von Frauen getroffen oder beeinflusst. Das wissen immer mehr Unternehmen zu schätzen. Wenn sie aber die weiblichen Entscheidungsträger nicht involvieren, ist das nicht ein Problem? Ich glaube schon.

Holländischer CEO: Jede Veränderung braucht ein Gefühl von Dringlichkeit, um zu gelingen. Was ist ein Gefühl der Dringlichkeit? Es hat mit Ergebnissen zu tun. Wenn zum Beispiel viele Frauen diese Unternehmen verlassen, gibt es kein gutes Ergebnis. Wenn wirklich talentierte Leute und auch erfolgreiche Männer dort nicht arbeiten wollen, weil sie in einem vielfältigeren Umfeld arbeiten wollen, dann stimmt das Ergebnis nicht. Wenn ich in einem Unternehmen arbeiten würde, in dem ich mich nicht zu Hause fühle, wenn die Werte nicht stimmen, würde ich gehen. Wenn ich Frauen gedemütigt sehen würde, so nach dem Motto „Kannst du mir einen Kaffee bringen?" und sich dann nur dem männlichen Ansprechpartner zuwenden. Das muss man sich mal vorstellen. Also, diese Unternehmen werden verlieren. Da will man nicht bleiben. Es geht also nur vorwärts mit der Gender Diversität, wenn auch Männer diese Idee annehmen und ihr gegenüber aufgeschlossen sind.

Männer sind motiviert von einem breiten Diversitäts-Ansatz als Verstärker der Genderdiversität

Wie verhalten sich der Ansatz der breiten Diversität und der der gendersensiblen Organisation zueinander? Die Alpha-Männer sind überzeugt, dass der Ansatz der breiten Diversität, die alle Minderheitsgruppen im Zentrum hat, dem Thema der gendersensiblen Organisation zuträgt und ihre männlichen Kollegen stärker anspricht als die reine Fokussierung auf das Frauenthema.

CEO USA: Ich bin bei dreiunddreißig Prozent. Ich habe kein Ziel. Das Unternehmen hat Ziele, aber ich schlage bereits die zwanzig, fünfundzwanzig Prozent-Ziele. Ich kritisiere mein Unternehmen nicht. Ich denke, es ist insgesamt ein sehr ausgewogenes Unternehmen. Es ist immer etwas langsam. Es ist langsam darin, wirklich anzunehmen, was Vielfalt ist. Wenn Sie heute einen französischen Manager bei uns fragen, was Vielfalt ist. Sie würden männlich-weiblich sagen. Sie verstehen noch nicht, dass es um mehr geht. Es geht um Kulturen, Rassen, sexuelle Orientierung, Behinderungen und so weiter. Das haben sie bisher nicht verstanden. Die wahre Vielfalt entsteht, wenn man nicht mehr darüber nachdenkt.

Diversität wird in der Regel verstanden als kulturelle Vielfalt in Hinblick auf Geschlecht, Herkunft, Alter, Behinderung, sexuelle Orientierung oder andere Identitätsdimensionen. Kulturelle Vielfalt wird dabei definiert als *„die Repräsentation von Menschen mit deutlich unterschiedlichen Gruppenzugehörigkeiten von kultureller Bedeutung in einem sozialen System"* (Cox, 1994). Das Konzept von Diversität in Unternehmen hat zum Ziel diese Identitätsdimensionen für alle Mitarbeitenden positiv zu integrieren. Voraussetzung hierfür ist, Vielfalt im Unternehmen als Kernwert zu begreifen. Der traditionelle Ansatz zum Umgang mit Multikulturalismus in komplexen Organisationen bestand darin, von Mitgliedern der Minderheitskultur zu erwarten, dass sie sich an die kulturellen Anforderungen der Mehrheitsgruppe anpassen. Mehrere Dynamiken tragen dagegen in den letzten Jahren zum Wachstum der Diversity-Perspektive bei, die die Integration von kulturellen Unterschieden im Unternehmen sucht und ihre Vorteile erkennt. Positive Attribute der kulturell diversen Integration in Unternehmensorganisationen haben in den letzten zwei Jahrzehnten eine größere Aufmerksamkeit erfahren. Moralische, ethische und soziale Verantwortlichkeiten gegenüber Minderheitsmitgliedern der Gesellschaft und insbesondere von Wirtschaftsorganisationen haben dabei den Anstoß gegeben, nach neuen und besseren Paradigmen zu suchen, um soziale Gerechtigkeit von Minderheiten zu verbessern. Das Ziel von international agierenden Unternehmen, Wettbewerbsvorteile in der Welt zu erlangen, hat darüber hinaus mehr Druck geschaffen, Diversität anzuerkennen und auf eine anerkennende Weise damit umzugehen (Amaram, 2007).

Australische Führungskraft: Die große Frage ist, ob männlichen Führungskräfte ein echtes Verständnis dafür haben, was Vielfalt wirklich ist? Es ist kein Zahlenspiel mit Männern und Frauen, sondern Vielfalt bedeutet verschiedene Herangehensweisen an Situationen, diverses Denken, unterschiedliche Erfahrungen und verschiedenstes Wissen und es geht vor allem um die Frage, wie man die unterschiedlichsten Gruppen zusammenbringt, um das beste Ergebnis zu erzielen.
Ich denke nicht, dass Sie eine hochrangige Führungskraft sein sollten, wenn Sie nicht glauben, dass nur vielfältige Team Ihnen die besten Ergebnisse liefern, wenn Sie keine Diversität in einem Team haben. Es kann Alter sein, kann Erfahrung sein, es kann Geschlecht sein, es kann ethnische Zugehörigkeit sein. Wenn Sie den Wert nicht sehen, sich mit Menschen zu umgeben, die anders sind, die unterschiedliche Ideen und unterschiedliche Perspektiven und unterschiedliche Arbeitsansätze mitbringen, denke ich, dass Sie wahrscheinlich ein gewisses Maß an Arroganz und Ignoranz haben. Wenn ich mit fünf Leuten in einem Konferenzraum sitzen müsste, die den gleichen Stil wie ich haben und genauso denken wie ich, was würden wir tun? Wir würden darüber reden, wie gut wir sind, und es würde nur mein Ego nähren. Es wäre schrecklich. Es wäre, als würde man den ganzen Tag in den Spiegel schauen und das wäre wie: „Oh mein Gott, das ist schrecklich." Gibt es also im Unternehmen Weiterbildungen und Schulungen über den Vorteil diverser Kulturen und ein Verständnis für den wahren Wert der Vielfalt eines erfolgreichen Teams? Das müssen wir vermitteln.

Die Frage von Geschlechtergleichheit in Bezug auf das Management kann singulär aus der Perspektive von Gender Diversität gesehen werden oder aus der beschriebenen breiteren Perspektive diskutiert werden. Die Alpha-Männer beschreiben den Vorteil, den die Betrachtung von Gender Diversität im Rahmen von kultureller Diversität im Management mit sich bringt. Sie sehen einen komplementierenden Vorteil darin, das Thema in den breiteren Kontext zu stellen und nicht nur die Interessen von Frauen, sondern aller anderen Gruppen gleichermaßen, anzusprechen. Ihr Ziel ist, kulturelle Vielfalt im Unternehmen zu stützen und für die Zukunftsfähigkeit zu nutzen. Frauen, genau wie andere Gruppen, profitieren von einer Unternehmenskultur, die alle Mitarbeitenden in ihrer Verschiedenheit gleich bewertet und akzeptiert.

Diese Erweiterung des Wahrnehmungshorizontes reduziert die Sicht auf die Problematik der Frauen, da die Problematik systemübergreifend wird. Eine Lösung der Gesamtproblematik, so der Ansatz der Männer, würde dann die Genderproblematik im Management automatisch minimieren. Unternehmen, die auf eine breite Vielfalt setzen, werden als fortschrittlicher angesehen und profitieren auf verschiedenen Ebenen. Sie beweisen eine unternehmerische Ethik und Verantwortung für die Gesellschaft, sie schaffen ein inklusives Unternehmensklima und werden fortschrittlicher in ihren Angeboten und Lösungsansätzen. Für die hier interviewten Männer steht fest, dass Kollegen, die auf Diversität setzen, nachhaltig zu den Gewinnern gehören werden.

CFO Deutschland: Und dafür ist es halt auch notwendig, dass die Diversity jetzt nicht nur eindimensional auf Gender gesehen werden muss. Um Gender-Diversity tatsächlich lebbar zu machen und tatsächlich erfolgreich werden zu lassen, ist glaube ich eine Verbreiterung in die anderen Dimensionen der Diversity hilfreich. Und auch da muss man sagen, sind UK und Australien, aus meiner persönlichen Erfahrung, viel, viel weiter als Österreich oder Deutschland, weil da halt ganz einfach ethnische Minderheiten eine ganz andere Bedeutung haben und dadurch automatisch eine größere Toleranz, eine größere Liberalität, eine größere Vielfalt gegeben ist. Man kann es natürlich dann auch negativ aufladen, indem man sagt, dass man Frauen eben mit diesen Randgruppen gleichsetzt. Darum geht es mir gar nicht. Das Prinzip der Diversity kann singulär betrachtet werden und es ist gut, dass es singulär betrachtet wird, dass Sie sich hinstellen und sagen, „Wir schauen uns eben Gender-Diversity an". Ich glaube aber, unter dem Strich, wenn wir über Verstärker reden, dann gibt es eben Verstärker wie die gesetzliche Quote. Es gibt den Verstärker zur Verpflichtung zu einer umfassenden Personal-Entwicklung, mit einer Quote, die weiter unten greift, nicht nur oben an der Spitze. Im Rahmen einer Personal-Entwicklung müssen die Frauen auch entsprechend berücksichtigt sein, sodass eben nicht nur der statische Aspekt eine Rolle spielt, so nach dem Motto „heute müssen von fünf Vorständen eine Frau dabei sein", Das ist eine andere Verstärkungsmethode. Eine dritte Verstärkungsmethode ist, dass das Thema Diversity breiter gefasst wird, über die Gender-Diversity hinaus. Der holistische Ansatz führt am Ende des Tages zu einer erfolgreichen Umsetzung. Wir müssen die Interdependenzen sehen. Was eben zukünftig nicht mehr erfolgreich sein wird, ist Intoleranz. Weiße Männer, die eben ab sechzig die großen Entscheidungen treffen über die Generation der 35-jährigen. Und darum geht es mir, dass man da eben wahrscheinlich eher in diese Richtung argumentiert. Das ist eine weitere Verstärkung das Thema Diversity dahingehend aufzubohren, dass man eben nicht nur das Thema Gender mit reinnimmt. Eine Quote, bei der man ethnische Minderheiten oder ethnische Diversity mit reinnimmt. Oder Leute mit Migrationshintergrund, dass die Leute eben die gleichen Aufstiegschancen haben.

Deutscher Marketingleiter: Gleichheit. Und zwar wirkliche Gleichheit, indem man schon so denkt, dass es völlig egal ist. Und ich glaube, das wird auch noch sehr stark mit beeinflusst durch diese LGBQT Diskussion, da kommen ja noch ganz andere Gruppen, wir reden dann ja gar nicht mehr von Männern oder Frauen, sondern auch dazwischen. Und das hilft aber meines Erachtens auch dieser Debatte mit den Frauen, weil wir plötzlich noch viel mehr nicht nur in binär denken, sondern auch in irgendwas dazwischen und das auch lernen zu akzeptieren.

Französischer CEO: Erstens, um ehrlich zu sein, weigere ich mich ein wenig nur gegen geschlechtsspezifische Vielfalt anzukämpfen, weil sie zu einer Barriere wird. Ich erzähle Ihnen ein paar Beispiele. In meinem Team gibt es einen Schwarzen. Er ist Managing Director und nach einem gemeinsamen Jahr sagte er: „Ich will kein Foto von mir für die Unternehmensbroschüre." Ich fragte ihn, warum nicht. Er sagte mir: „Weil ich der Firma nicht schaden will. Wenn wir ein Bild von mir als Schwarzer als Geschäftsführer der Region Zentralfrankreich zeigen, werden wir Kunden haben, die weggehen." Ich sagte zu ihm: „Okay. Ich sitze hier und spreche jetzt mit zwei verschiedenen Leuten. Es gibt F. (Name) die private Person und F. den Managing Direktor. Die private Person, weiß, was es heißt, einen Laden zu betreten und keinen Kredit angeboten zu bekommen, während einem Weißen ein Kredit angeboten wird. Ich weiß, dass Sie fünfzig Jahre Erfahrung damit haben, was Ihre Aussage rechtfertigen könnte und Wow, ich fühle das Leid, welches dahintersteckt. Aber jetzt muss ich mit dem Managing Direktor sprechen. Akzeptieren Sie als MD die rassistischen Vorurteile in Ihrem Unternehmen, die Sie selbst auferlegen?" Das ist der Punkt, den ich mit Ihnen teilen möchte. Das ist die Vielfalt, die wir schaffen sollten. Wenn wir uns rein auf Gender konzentrieren, fehlt etwas. Ich erzähle ein anderes Beispiel. Als ich G. (Name) im Dezember zum Managing Director für unsere Bergregion ernannt hatte, und mir Mitarbeiter vor ihm sagten, warum sie ihn nicht wollen. Er ist vierundsechzig. Ich war sprachlos. Ich habe ihnen verdeutlicht, dass er in der Vergangenheit mehrfach Regionen zu besten Ergebnissen hochgefahren hat.

Gendersensible Unternehmenskultur mit oder ohne feste Vorgaben

An dem Thema Quoten oder feste KPI für die Beteiligung von Frauen an Topmanagement Funktionen scheiden sich, wie bereits in Kapitel drei dargestellt, bei den interviewten Männern wie auch in der öffentlichen Diskussion, die Geister. Bislang waren neben vielen Männern auch viele Frauen der Meinung, dass man das Ziel der Teilhabe von Frauen im Seniormanagement ohne verpflichtende Vorgaben erreichen könne. Die Alpha-Männer gaben in den Interviews ein teilweise gespaltenes Bild ab. Dahinter stand bei den meisten die Sorge, dass bei einer Quote oder auch einer unternehmensspezifischen Selbstverpflichtung *„krampfhaft"* Stellen mit Frauen besetzt werden, auch wenn es keine qualifizierte Bewerberin gibt. Unternehmensinterne Zielvorgaben sind aus Sicht der Mehrheit der Befragten ein geeignetes Anschubmittel eine breite Diversität zu fördern. Lieber wäre es den Männern allerdings noch, wenn alle männlichen CEO Kollegen vom Ansatz überzeugt wären und einen Automatismus in Gang setzen. Hier kommt die Dissonanz in der viele Männer, aber auch Frauen stecken, zum Ausdruck. Sie wollen Frauen fördern, aber nicht mit Vorgaben oder messbaren Zielen. Einige der Spitzenmänner fürchten bei Quoten, die sie nicht selbst festlegen und die per Gesetz von außen vorgegeben werden, eine Loslösung vom Leistungsansatz. Sie fürchten, dass um die Quoten zu erfüllen auch nicht ausreichend qualifizierte Frauen zwangsweise und in jedem Fall befördert werden. Die Diversitäts-Zielvorgaben müssen aus ihrer Sicht an Qualitäts- und Leistungsparameter gekoppelt sein, die für Frauen genauso gelten wie für ihre männlichen Kollegen und alle anderen Mitarbeitenden im Unternehmen. Im besten

Fall werden sie in den Unternehmen durch überzeugte Unternehmensleitungen auch mit Blick auf industriespezifische Parameter selbst gesteckt.

Frauen, die bereits im Topmanagement angekommen sind, haben andere Sorgen. Sie befürchten als Quotenfrau diskreditiert zu werden und Zweifel an ihrer fachlichen Qualifikation oder ihrer Führungsfähigkeit zu nähren. Allerdings ändern viele Frauen, die bisher gegen Quoten und Vorgaben waren, angesichts des lähmenden Nichtfortschrittes ihre Meinung. Und ein Teil der interviewten Alpha-Männer in dieser Untersuchung spricht sich für Quoten als Teil der Lösung aus.

Japanischer CEO: Quote. Einen bestimmten Prozentsatz, einen bestimmten Schwellenwert. Das ist meiner Meinung nach der effizienteste Weg und der schnellste Schritt. Das betrifft nicht nur das Geschlecht, sondern vielleicht auch die sexuelle Orientierung oder vielleicht die ethnische Zugehörigkeit oder was auch immer. Ich denke, Gender ist nicht allein das Thema, dem wir Aufmerksamkeit schenken müssen. Wir müssen auf alle anderen diskriminierenden Elemente achten, wie ich bereits erwähnt habe. Ich denke, die geschlechtsspezifische Diskriminierung könnte verschwinden, wenn andere Diskriminierungselemente ebenfalls ausgerottet werden.

CEO US: Dann sage ich HR, dass ich nur Lebensläufe geeigneter Frauen sehen will, um mein KPI zu erfüllen. Trotzdem ist es in unserer Branche manchmal schwierig, die geeignete Kandidatin zu finden. Deshalb haben wir Vorgaben für unsere Personaldienstleister gemacht.

Das Prinzip „You cannot manage what you do not measure" gilt auch für die Stellenbesetzungen mit Frauen im Topmanagement. Die Erfahrungen zeigen, dass es in Umfeldern, in denen bisher wenige Frauen in hohen Funktionen der Unternehmen tätig sind, sehr lange dauern kann, bis sich die Zahlen zu den Anteilen von Frauen in den Unternehmensleitungen bewegen. Die Wirksamkeit von konkreten Frauenquoten für die Besetzung von Spitzenpositionen ist seit langem durch die Forschung belegt (Pande, 2012). Man kann zwei Kernelemente, im Hinblick auf die Wirksamkeit von Quoten oder Selbstverpflichtungen festhalten. Erstens bedingt der Erfolg eine Überzeugung der Entscheidungsträger im Unternehmen. Zweitens müssen Vorgaben in klaren Maßnahmen umgesetzt werden und transparent dokumentiert werden.

Verschiedene Forscher sehen in diesem Zusammenhang Vorgaben an Personalberater bei den Rekrutierungen als einen wichtigen Lösungsansatz (Regnet, 2017).

Deutscher CFO: Dieses Wort Quote und Quotenfrau ist natürlich auch negativ besetzt. Klar mit der Wortwahl, nicht, dass ich jetzt ein besseres Wort im Sinne hätte, im Hinterkopf hätte, aber ich finde ganz einfach das Wort jetzt nicht wirklich hilfreich. Aber der Gedanke, der grundsätzliche Gedanke des Gesetzgebers, hier Regelungen einzuführen, die hier das Ganze einfach manifestieren, dass man sich sagt, man muss hier die Sache öffnen, und offensichtlich machen es die Unternehmen nicht von allein, deshalb müssen sie ganz einfach mal eine Handlungsanweisung bekommen, ist auf jeden Fall mal hilfreich. Wir wollen gesellschaftliche Veränderungen haben, die Gesellschaft verändert sich nicht von allein. Insofern, wenn es dann eben so ist, dann muss halt der Gesetzgeber entsprechend eingreifen. Ich denke, das ist schon der richtige Schritt. Ich weiß, dass genügend Frauen sich ganz einfach sagen, „Das brauche ich nicht, das will ich nicht. Ich kann das selbst durch meine eigene Leistung machen." Aber es gibt viel zu viele Fälle, wo eben die eigene Leistung in der Form eben nun nicht ausreicht. Und, dass da halt ganz einfach Barrieren sind, das können im Wesentlichen organisatorische Barrieren sein, da kann man sagen, „Dann musst Du Dir halt einen anderen Arbeitgeber su-

chen". Aber das ist halt auch leicht gesagt, wissen wir beide. Mal von links nach rechts zu gehen, um dann eine neue Aufgabe zu übernehmen und sich dann in dem neuen Unternehmen entsprechend zu positionieren und blablabla, das ist halt alles nicht so einfach. Ich glaube, die Quote ist das Eine und das Andere ist sicherlich eben die Konstellation des Machtgefüges und eben dieser Old-Boys Club. Eben wieder ganz zurück an den Anfang. Das muss sich herauswachsen und das wird sich herauswaschen.

Deutscher Regionen Leiter: Ich glaube, wir müssen das traditionelle Rollendenken umarbeiten. Es gab Könige und Sultane, wo alles nur von oben regiert werden musste, damit ja keine Revolution statt-findet. Im digitalen Zeitalter sind flache Hierarchien, weniger Insignien, weniger klassisches Rollen-denken und mehr Menschlichkeit entscheidend. Es gibt beide Extreme. Eines ist, dass wir künstlich irgendwelche Frauen mitintegrieren. Das andere sind die Frauen, die sich da um jeden Preis rein-drängeln. Wir müssen da dringend die Spielregeln ändern.

Ankersen (2018) rechnet bei gleichbleibendem Fortschritt für Deutschland mit weiteren sechsundzwanzig Jahren bis zur paritätischen Besetzung von Top-Führungspositionen. Für Deutschland muss man also ernüchtert feststellen, dass die freiwillige Selbstver-pflichtung der letzten fünfzehn Jahre nur wenig verändert hat (Regnet, 2017). In Japan wurde das von der Politik geforderte Ziel von dreißig Prozent Frauenanteil im Senior-management, welches Minister Abé 2013 angesichts der Langsamkeit des Fortschrittes verkündet hatte, weit unterschritten Johnson (2021). Am Beispiel von UK oder Frank-reich lassen sich die Erfolge staatlicher Vorgaben und freiwilliger Verhaltenskodexe ablesen. In den größten einhundert Unternehmen am London Stock Exchange stieg der Board Anteil der Frauen innerhalb von vier Jahren von zwölf auf sechsundzwanzig Prozent (Davies, 2015). Eine enorme Veränderung, die auf einem freiwilligen Verhal-tenskodex beruht. In Frankreich zielt die staatliche Quote auf dreißig Prozent Frauen-anteil im Jahr 2027 und vierzig Prozent im Jahre 2030 (Le Monde, 2021) und zeigt bereits beachtliche Erfolge.

Damit die Vorgaben, sei es gesetzliche Quote oder Selbstbestimmung, erfolgreiche Auswirkungen haben, muss an der inneren Dissonanz vieler Entscheider gearbeitet werden, die nun in dem Dilemma feststecken, eigentlich fördern zu wollen, es aber letztendlich aus verschiedenen Gründen nicht tun. Zur eigenen Dissonanz Reduktion werden unbewusst Bias und Vorurteile verstärkt und das Gegenteil erreicht. Mit Hilfe von spezialisiertem Coaching kann das Dilemma bewusst gemacht werden, im besten Fall aufgelöst werden und damit die Tür für die Unterstützung von qualifizierten Frauen geöffnet werden.

Weibliche Rollenvorbilder im Unternehmen schaffen

Ein sehr wichtiger Faktor, um CEO Kollegen zu überzeugen, die bisher keine Verfechter von Gender Diversität sind und um in der Breite des Unternehmens Akzeptanz für mehr Vielfalt in den Leitungsebenen zu schaffen, kommt den weiblichen Rollenvorbildern im Management zu. Damit gemeint sind Frauen, die es bereits erfolgreich in hohe leitende Funktionen in Unternehmen geschafft haben. Es sind unsere Alpha-Frauen. Wissen-schaftliche Studien bestätigen, dass weibliche Vorbilder den Weg für andere Frauen ebenen. Gerade in technischen Bereichen wurde der Zusammenhang gut untersucht (Herrmann, 2016). Wenn mehr erfolgreiche Frauen sichtbar werden, können nach Meinung der Alpha-Männer mehr Zweifler überzeugt werden, sich der Idee und den Vorteilen von Diversität anzuschließen. Gerade die CEO, die zum Beispiel in China tätig sind, beschreiben einen Effekt von „Normalität", den sie dort im Umgang mit Top-Frauen beobachten. Die große Anzahl Frauen in gehobenen Führungspositionen schafft eine Norm und breitere Akzeptanz, die beispielsweise in den USA oder Deutschland aber auch in Frankreich bisher nicht im gleichen Ausmaß erlebt wird. In Umfeldern, in denen der Anteil von Frauen an gehobenen Führungspositionen noch gering ist, sind Alpha-Frauen weiterhin Ausnahmeerscheinungen, wie zum Beispiel in Japan, wo Frauen bisher sogar kaum im mittleren Management anzutreffen sind.

> *Japanischer CEO: Ich glaube, viele dieser männlichen Führungskräfte hatten nie die Chance, selbst für weibliche Führungskräfte zu arbeiten. Wenn sie diese Erfahrung, wie ich, machen würden, würde die Welt meiner Meinung nach völlig anders aussehen. Sie würden dann erkennen, dass sie in Bezug auf Frauen im Geschäftsumfeld voreingenommen sind. Sobald sie echte Erfahrung für einen weiblichen Chef haben, können sie es verstehen. Es gibt überhaupt keinen Unterschied mehr, ob man für einen männlichen Chef oder eine Chefin arbeitet. Dann erst, und dass ist meine Erfahrung, könnte sich diese Person dafür einsetzen, dass mehr Frauen befördert werden.*

Wenn durch die geringe Zahl von Frauen im Management oder versteckte Diskriminierungen vermittelt wird, dass Frauen *„nicht dazugehören"*, sinkt auch das Interesse von Frauen an bestimmten Positionen, Branchen oder Studienfächern. Auch andauernde Stereotype bezüglich einzelner Studiengänge und Berufe bilden eine Hürde, die Frauen von bestimmten Karrieren abhält (Steffens, 2016).

Rollenmodelle sind wichtig für Motivationsprozesse, weil sie helfen, bestimmte Ziele aufzuzeigen und den Weg vorzuzeichnen, um diese Ziele zu erreichen (Herrmann, 2016). Wirksame Vorbilder müssen als kompetent angesehen werden und vom gleichen Geschlecht oder der gleichen ethnischen Gruppe stammen (Lockwood, 2006). In „Superstars like me" führt Marx (2012) dazu aus, dass ein direkter Kontakt mit einem Vorbild nicht notwendig ist, sondern das Bewusstsein über die Leistung des Rollenvorbild ausschlaggebend ist.

Wenn jedoch die Leistungen eines Vorbilds unerreichbar erscheinen, kann dies zu einem negativen sozialen Vergleich führen (Collins, 2013). Lockwood und Kunda (1999) haben gezeigt, dass Vorbilder dann effektiv sind, wenn Forschungsteilnehmer mit neutralen Informationen versorgt wurden und gebeten werden, über ihr derzeitiges „Berufliches-Selbst" nachzudenken. Rollenvorbild-Interventionen verringern Bedenken hinsichtlich der Repräsentation der eigenen Gruppe in einem eher männlich assoziierten Bereich und schützen die Teilnehmerinnen vor stereotypen Bedrohungen. Die Begegnung mit einem weiblichen Rollenmodell erhöht die Karrieremotivation und -ziele, die Identifikation mit hohen Managementrollen, stärkt die eigene Leistung und reduziert eingrenzende Eigen-Stereotype. Diese Faktoren gelten für Frauen im Management bei weiblichen Rollenvorbildern. Männliche Rollenvorbilder senken das Interesse von Frauen tendenziell und schmälern das Gefühl einer Zugehörigkeit. Forschungen zur identitätsbasierten Motivation haben gezeigt, dass die Wahrnehmung einer starken Verbindung mit dem eigenen zukünftigen Selbst die Motivation steigern kann. Vorbilder können dabei auch Beispiele setzen für Durchhaltevermögen in schwierigen Zeiten (Oyserman, 2006).

Französischer CEO in Asien: Wenn Sie alle KPIs nehmen, haben wir sechs Strategiesäulen, von denen vier von Frauen geleitet werden. Meine Nachfolgerin, denn wir wissen bereits, wer meine Nachfolgerin wird, ist eine Frau. Das ist zwar noch selten, war aber war schon bei meinem Vorgänger so. Aus irgendeinem Grund musste er seine Organisation umgestalten und er stellte fest, dass die besten verfügbaren Kandidaten zu dieser Zeit Frauen waren, und er wählte sie aus. Außerdem sieht es so aus, als wären sie dem Unternehmen treuer, sie bleiben etwas länger als Männer, also hatten wir nach einer Weile immer mehr Frauen. Sie performen, ich will nicht besser sagen, aber genauso gut wie Männer. Sie haben mehr Loyalität, wahrscheinlich mehr Geduld, weniger externe Jobsuche und vielleicht mehr Engagement für das Unternehmen. Das Schwierigste ist, am Anfang die Schmiede mit genügend jungen weiblichen Führungskräften zu füllen, dann lässt man sie mehr Verantwortung auf hoher Ebene im Unternehmen übernehmen. Eines Tages, zwanzig Jahre später, haben sie automatisch Zugang zu den Top-Management-Rollen. Wenn man nichts in der Pipeline hat, ist es schwierig. Dann heißt es von außen zu rekrutieren. Manchmal ist es schwierig, mit der Unternehmenskultur. Hier bei uns haben wir eine Mischung aus Frauen in den Spitzen, die vor fünf, sechs, sieben Jahren in das Unternehmen eingetreten sind, und Frauen, die vor fünfzehn, zwanzig Jahren hier angefangen haben.

Australischer CEO: Ich bin mit einer sehr starken weiblichen Präsenz um mich herum aufgewachsen und der Gedanke ist in mir verwurzelt, dass Frauen mächtig sind, fähig, kompetent sind. Sie können Dir überlegen sein. Ich konnte zu den Frauen in meinem Umfeld gehen und Rat suchen und mich ihnen anvertrauen. Das war so in meiner Jungend und hat mich definitiv beeinflusst. Ich habe noch nie gesehen, dass Frauen um mich herum unfähig oder inkompetent sind oder nicht jemand sein können, zu dem ich aufschaue und den ich respektiere. Ich denke, wenn man von Frauen umgeben ist, die man respektiert, beeinflusst es die eigene Einstellung zu dem Thema.

Ein Großteil der Forschung zu weiblicher Führung basiert auf der Annahme von Schwesternschaft und Solidarität zwischen Frauen (Mavin, 2006). Frauen betrachten andere Frauen als ihre natürlichen Verbündeten. Die Erwartung, dass Frauen sich anderen Frauen anschließen, wird jedoch möglicherweise nicht erfüllt, und in diesen Fällen wird das Etikett „Verbündete" durch das Etikett „Bienenkönigin" ersetzt. Einige behaupten sogar, dass Frauen eher „böse Stiefmütter" als „gute Feen" sind und daher ewig dafür bestraft werden, dass sie andere Frauen nicht unterstützen. Zum Beispiel erhielt Margaret Thatcher, die erste britische Premierministerin, von der Weltpresse das „Bienenkönigin-Label", weil sie angeblich die Karrieren anderer Frauen in ihrem Kabinett nicht förderte. Das Bienenkönigin-Label wird an Frauen vergeben, die sich von anderen Frauen in Organisationen distanzieren, in denen die Mehrheit der Führungspositionen von Männern besetzt ist. Die Frauen streben nach individuellem Erfolg, indem sie sich an die überwiegend männliche Kultur in der Organisation anpassen (Kanter, 1987; Staines, 1974). Negative Beziehungen zwischen Frauen in Organisationen, die keine Solidarität aufzubauen, werden seit mehreren Jahrzehnten in der Literatur hervorgehoben. Frauen in männerdominierten Organisationen unterstützen den Status quo, indem sie sich gegen andere Frauen wenden, abfällige Bemerkungen über sie ignorieren und zur Abwertung dieser anderen Frauen beitragen, indem sie ihnen gegenüber illoyal sind (Nieva, 1981).

Das „Queen-Bee-Phänomen" ist jedoch ein fragwürdiges Phänomen, da es schwierig ist, einen kausalen Zusammenhang zwischen weiblichem Verhalten und der geringen Beteiligung von Frauen in Top-Management-Positionen herzustellen. Deloitte (2017) diskutiert, ob das Phänomen *„seinen Stachel verloren haben könnte"*. Diese Studie belegt, dass in Organisationen mit Frauen in Spitzenpositionen, die Anzahl der Vorstandssitze von Frauen fast doppelt so hoch ist, wie in Organisationen mit Männern an der Spitze.

Viele Autoren argumentieren, dass die Prävalenz von Frauen in Toppositionen davon abhängt, wie Frauen selbst auf die weiterhin in vielen Ländern gesellschaftlich akzeptierten Vorstellungen reagieren, nach denen Männer besser für Führungsrollen geeignet seien. Diese Stereotype implizieren, dass eher weibliche Eigenschaften nicht kompatibel sind mit den für Führungsrollen notwendigen Qualitäten. Gelangen mehr Frauen an die Unternehmensspitzen, werden dadurch Stereotype reduziert und die Normen im Management verändert (Arvate, 2018). Anders formuliert, je mehr Frauen in Machtpositionen gesehen werden, desto weniger dominieren rein männlich orientierte Führungsstereotype in Organisationen. Dann brechen die kognitiven Strukturen am globalen stereotypen Phänomen „Think Manager Think Male" (Schein, 1996). Die Beobachtung weiblicher Rollenvorbilder führt bei anderen Frauen zu einer Steigerung der Selbstwirksamkeit, dem Glauben an die eigene Kompetenz zur Bewältigung bestimmter Aufgaben. Eine hohe Anzahl von Frauen im Management führt bei Männern und Frauen gleichermaßen zum Abbau negativer Stereotype. (Hoyt, 2011).

Holländischer CEO: Wenn wir mehr Rollenvorbilder haben, mehr Frauen in den Unternehmensleitungen, die in die wichtigen Entscheidungen involviert sind, dann könnte es sich ändern. Ich habe über das Unternehmen mit der Sache am Suezkanal gelesen, als dieses Boot feststeckte. Sie bekamen das Boot irgendwann heraus und die Führung war komplett männlich und einer von ihnen sagte tatsächlich: „Das ist unsere Kultur, dass wir nicht sensorisch sind". All diese Vorurteile gegenüber Frauen! Er sollte verstehen, dass er mit einem vielfältigeren Team viel besser und viel innovativer sein könnte. Die hatten einige Übernahmen und kulturelle Konflikte und es klappte nicht wirklich gut. Ich konnte mir sehr gut vorstellen, warum diese Fusionen so schlecht gelaufen sind. Es gab ein Interview mit einem CEO einer der übernommenen Firmen. Ihm wurde gesagt, es sei eine Bulldozer-Firma, die hereinkommt. Er konnte nichts tun. Er ging. Und dann beschwerte sie sich in einem anderen Interview darüber, dass einige ihrer Fusionen nicht funktionierten. Wenn hier mehr weibliche Führungselemente mit mehr Zuhören, Verständnis für kulturelle Muster, mehr Blick aus einer systematischen oder systemischen Perspektive dabei gewesen wäre, was wäre dann möglich gewesen. Stellen Sie sich vor, was dann die Ergebnisse dieses Unternehmens wären und wie viel Shareholder Value jetzt durch diese Macho-Führung verloren gegangen ist. Es hat zwar funktioniert, auf diese Art ein Schiff in ein paar Tagen aus dem Suezkanal herauszuholen, aber es hilft Ihnen nicht, wenn Sie Ihr Unternehmen ausbauen, ein Unternehmen kaufen oder mit anderen Unternehmen zusammenarbeiten möchten. Dann knallt das Ganze gegen eine Wand.

Alpha-Männer wollen Sponsoren von Spitzenfrauen sein

Sponsoring ist auch vor dem Hintergrund, dass Frauen im Management immer noch in der Minderheit sind und auf geschlechtsspezifischen Herausforderungen treffen, eine besonders erfolgsversprechende Strategie der Karriereentwicklung (Rastetter, 2012). Aufgrund der Barrieren für Frauen im Management gilt Sponsoring als ein essenzieller Faktor für die Karriereentwicklung speziell von Frauen (Tharenou, 2007).

Auch für die hier interviewten Alpha-Männer kommt vor allem dem Sponsoring unter den verschiedenen möglichen Maßnahmen zur Unterstützung qualifizierter Frauen eine zentrale Bedeutung zu. Sie sehen genau hier ihre Rolle, in der Unterstützung und Begleitung begabter Frauen im Management.

Beide Begriffe, Sponsoring und Mentoring, werden im Management und in der Literatur oft überlappend genutzt, obwohl sie für unterschiedliche Ansätze stehen, die jedoch von einer erfahrenden Führungskraft synergistisch eingesetzt werden können. Sponsoring und Mentoring verhelfen Frauen zu mehr Netzwerk und nachhaltigen, karrierefördernden Beziehungen. Dabei spielen konstruktives Feedback und der Erfahrungsaustausch mit einer gehobenen Führungskraft eine zentrale Rolle.

Der wichtige Unterschied zwischen beiden Unterstützungsmechanismen ist vereinfacht gesagt, dass Mentoring sich vor allem auf die Vermittlung von Expertise durch die erfahrenere Führungskraft konzentriert. Es geht also um den Aufbau bzw. die Verfeinerung von Führungsfähigkeiten und Fachwissen. Ragins (1997) verdeutlicht die Bedeutung von Mentoring für Frauen wie folgt: *„Mentoring relationships, while important form men, may be essential for women"*. Sponsoring dagegen sorgt dafür, dass Frauen in den wesentlichen Entscheidungsforen sichtbar werden und verhilft ihnen zu Schlüsselprojekten. Ein Sponsor oder eine Sponsorin sorgt dafür, dass der Name der Frau bei Beförderungsentscheidungen gut platziert wird und sie Chancen für den Aufstieg im Unternehmen erhält.

> *Spanischer CEO: Es ist ein bisschen gefährlich. Lassen Sie mich das erklären. Ich finde es gut, dass wir Frauen unterstützen sollten, aber da gibt es eine Art Bevormundung. „Es ist okay. Meine Damen, keine Sorge. Der Superheld ist hier und dieser Superheld wird die Bedingungen für Ihren Erfolg schaffen."* *Der Respekt gegenüber Frauen ist dabei etwas paternalistisch. Wir befinden uns immer noch in der gleichen Kultur von, sagen wir mal, sie sind zerbrechliche Objekte, die wir beschützen müssen, denn ohne den Schutz des Superführers, ohne den Schutz des Supermanns werden sie nicht überleben. Gleichzeitig stimmt es, dass der Wettbewerb um eine Beförderung nicht ausgewogen ist, wenn man nicht die richtigen Mechanismen einführt, um die Art von Verhaltensweisen zu vermeiden, die ich zuvor beschrieben habe. Wir müssen beides schaffen, echte Schutzhaltung ohne Paternalismus.*

Sponsoren führen die Frauen in ihr eigenes Netzwerk ein. Ein Mentor dagegen unterstützt sie ihr eigenes Netzwerk aufzubauen. Somit kommt Mentoring dem Ansatz des Coachings näher. Sponsoren arbeiten in der Regel in derselben Organisation, Mentoren dagegen nicht zwangsläufig. Definitionen, die Mentoring und Sponsoring vernetzen, beschreiben zwei zentralen Schlüsselfaktoren: Die Karriereentwicklung und die psychologisch-soziale Unterstützung. Die Karrierefunktion umfasst verschiedene Facetten zu denen Coaching und Protektion des Mentees gehören. Darüber hinaus sorgt die erfahrene Führungskraft dafür, dass die Chancen auf Sichtbarkeit unter anderem durch die Vergabe wichtiger, herausfordernder Projekte erhöht wird. Mit psycho-sozialer Unterstützung sind Faktoren wie Mut machen, Rat und Feedback gemeint, um Selbstbewusstsein zu stärken, Kompetenz auszubauen und eine hohe Effektivität zu erzielen. Die Benefits von Mentoring und Sponsoring werden in zwei Arten von Kategorien unterteilt. Der objektive Karriere Erfolge, wie Beförderungen und Gehälter einerseits und subjektive Kriterien, wie Zufriedenheit mit der Arbeit und dem Karriereverlauf und einem stärkeren Engagement und einer Verpflichtung der eigenen Karriere gegenüber.

In der Wissenschaft wird primär die Bedeutung von Mentoring auf Frauenkarrieren untersucht. Aus den Schilderungen der Alpha-Männer wird deutlich, dass sie ihre Rolle eher als Sponsor begreifen und mit einigen Aspekten des Mentoring anreichern.

> *Australischer CEO: Wir brauchen mehr Kerle, die Frauen die Tür öffnen. Frauen sind gut genug, aber wir brauchen das leider, weil all die Leute hinter der Tür, die die Tür zuhalten, meistens Männer sind. Diejenigen, die bereits im Raum sind, wo wir mehr Vielfalt brauchen, sollten Frauen die Tür öffnen. Es macht es einfacher. Es ist natürlich einfacher, wenn in einem Raum von hundert Leuten und achtzig davon Männer sind, einen Typen zu finden, der die Tür öffnet, als sich auf die wenigen Frauen zu konzentrieren.*

Die wissenschaftlichen Studien, in denen die Effekte von Mentoren und Sponsoren auf die Karriere von Frauen im Vergleich zu Männern untersuchen, zeigen in der Summe, dass Frauen vor allem in ihrem Karrierefortkommen profitieren. Weniger ausgeprägt sind die psychologischen Effekte (Lyness, 2000). Sponsoren zielen weniger auf psychologische Aspekte der Karrierebildung von Frauen, sondern auf machtstrategische und systemrelevante Schützenhilfe, die oft auch mit eigenen Zielen der Sponsoren verknüpft ist (Allen, 2004).

Tabelle 2: Aufgaben des Sponsors von weiblichen Führungskräften

Vor der Beförderung*	*1. Ambitionen klären*
	2. Selbstbewusstsein stärken
Für die Beförderung	**3. Sichtbarkeit ermöglichen**
	4. Netzwerke öffnen
	5. Vermittlung wichtiger Projekte
Nach der Beförderung	**6. Schutz in kritischen Situationen**

*auch mit Hilfe von spezialisiertem Coaching

Die Spitzenmänner sind ambivalent im Hinblick auf formelle Mentoring Programme und möchten Frauen aus der ihnen im Rahmen von Unternehmensprogrammen oftmals unabsichtlich zugeordneten Opferrolle herauslösen. Sie sehen ihre eigene Rolle als Sponsoren als essenziell an und halten es für notwendig, dass Männer in hohen Führungsfunktionen qualifizierten Frauen mit klarem Karrierewunsch die Türen öffnen. Einige der Alpha-Männer sehen ihre Rolle auch hinsichtlich des psychologischen Aspektes des Sponsorings in der Klärung der Karriereorientierung. Gute Frauen, die noch hadern sich für den nächsten Schritt zu bewerben, werden durch ihr Sponsoring angespornt und positive bestärkt. Sie sehen es als ihre Aufgabe an, zu helfen, Ambitionen zu klären, dort wo das Selbstbewusstsein von Frauen nicht ausreicht. Andere lassen erkennen, dass Frauen diese „Hausaufgabe" selbst oder mit Unterstützung zum Beispiel eines Coaches erledigen sollten. Ihren Job sehen sie dann primär darin, guten Frauen, die für die höchsten Jobs geeignet sind, Türen zu öffnen, die ihnen sonst verschlossen bleiben.

Bezogen auf das Sponsoring von Frauen durch männliche Entscheider ist zu beachten, dass Männer wiederum Dissonanzen aufzulösen haben, wenn sie sich entscheiden, Sponsor für eine Frau zu werden. Sie wollen Frauen fördern, aber einige reflektieren, dass ein Misserfolg der Frau für sie selbst stärkere Konsequenzen haben könnte. Frauen im Topmanagement sind in den meisten Umfeldern weiterhin Ausnahmefälle und stehen unter starker Beobachtung und Bewertung. Mitunter müssen die Männer sich in sehr traditionellen Umfeldern mit den kritischen Reaktionen anderer Männer, aber auch Frauen auseinandersetzen, die Frauen im gehobenen Management gegenüber Vorurteile haben. Dazu kommt der Bereich der „feinen Linien" und männliche Sponsoren von Frauen laufen Gefahr, Opfer von bösartigen Gerüchten über die Intention des Sponsorings zu werden. Andererseits führt ein erfolgreiches Sponsoring zu persönlichem Erfolg der CEOs, da es in vielen globalen Unternehmen ein Teil der individuellen Zielvereinbarungen ist. Ein spezialisierte Sponsoren-Coaching kann wiederum unterstützen, die Dissonanzen aufzulösen.

Französischer CEO: Sie war Strategiedirektorin und arbeitete für mich, den CEO, und sie hatte keine Erfahrung mit dieser Rolle. Die Leute sagten mir: „Du schaffst eine Ausnahme", und ich sagte: „Ich war eine Ausnahme und sie ist eine zweite." Interessant ist, dass mir irgendwann klar wurde, dass ich sie sehr stark verteidigen musste, vor der Beförderung und auch danach. Andernfalls wäre sie geschlachtet worden und ich auch. Würde sie scheitern, würde auch ich scheitern. Als ich meine Rede hielt, um sie in der Pariser Region vorzustellen, sagte dem Team: „Leute, das ist meine Entscheidung. Ihr werdet mich nach dieser Entscheidung beurteilen. Wenn es eine falsche Entscheidung ist, dann bin ich nicht der richtige Leiter des Unternehmens." Ich erinnere mich, dass ich das Gefühl hatte: „Wow, ich hoffe, sie wird erfolgreich sein." Ich erinnere mich, dass mir in einer Leadership Schulung mal eine Auswahl von berühmten Führern vorgestellt wurde, darunter Elizabeth die Erste aus England. Es gibt viele Bilder von ihr, Gemälde und einige aus ihrer frühen Regierungszeit und einige aus ihrer späten Regierungszeit, und eines nennen wir auf Französisch „Tamis, Samen, Samenkorn". Es geht darum, den guten Samen vom schlechten Samen zu trennen. Sie wurde gemalt mit diesem Samen und mit vielen Männern hinter ihr. Wir wurden gefragt: „Was ist die Bedeutung von diesem Gemälde?" Wir alle antworteten: „Nichts", und es wurde uns gesagt sagte: „Der Samen und die Männer dahinter, ihr werdet alle danach beurteilen werden, wie ihr die richtigen Führungskräfte ausgewählt habt." Ich wähle gut die richtigen Personen aus. Ich erinnere mich immer an dieses Gemälde.

Australischer CEO: Wenn Sie männliche Führungskräfte haben und diese weibliche Teammitglieder nicht unterstützen, dann werden Frauen benachteiligt. Wenn Sie männliche Führungskräfte haben, die nur Männer fördern, wird dies zu einer Voreingenommenheit führen. Es ist genau so, als hätte ich eine weibliche Führungskraft und sie würde Frauen bevorzugen, es wäre eine Herausforderung für Männer. Männer neigen dazu, sich für höhere Funktionen zu bewerben, ohne zu zweifeln. Frauen sind zurückhaltender bei der Bewerbung für etwas, das sie noch nicht getan haben oder für das sie ihrer Meinung nach nur zu fünfzig Prozent bereit sind. Wenn ich mit einer meiner Kolleginnen spreche, würde sie sagen: „Nun, ich bin mir nicht sicher, ob ich dafür bereit bin." Ich sage dann: „Was? Sie und ich haben die gleiche Arbeit geleistet und wir machen es von der gleichen Stelle aus, und Sie sind genauso fähig, wenn nicht sogar fähiger als ich. Warum würden Sie es nicht versuchen?" Das ist eine der Rollen der männlichen Führungskräfte: Geben wir dieses Selbstvertrauen, stimulieren wir die Ambition und reden wir über das vermeintliche Risiko mit den qualifizierten Frauen.

Die Männer sehen auch, dass Frauen für andere Frauen wichtige Sponsoren sein können. Erfolgreiche Frauen selbst können anderen Frauen die Fallstricke und Gegenrezepte vermitteln, die eher Frauen im Management betreffen. Bisher scheitern diese Ansätze oftmals an der geringen zur Verfügung stehenden Frauen in Toppositionen. Deshalb empfehlen die interviewten Männer die Aktivierung von Sponsoring durch erfolgreiche Männer im Unternehmen. Dieses kann auch durch gesteuerte Unternehmensmaßnahmen geschehen bei gleichzeitiger Bewusstmachung der Kernherausforderungen qualifizierter Frauen. Sie selbst sehen sich als Multiplikatoren, die die Rolle starker Unterstützer bei den leitenden Männern im Unternehmen kommunizieren.

US-CEO: Ich denke, dass Frauen hoffentlich eines Tages primär die Unterstützung von weiblichen Führungskräften nutzen werden, um aufzusteigen. Aber jetzt, so wie die Welt im Moment aufgebaut ist, wo die C-Suite noch männlich dominiert ist, muss man diese Unterstützung und Verbindung mit männlichen Führungskräften schaffen. Wenn es bei uns Frauen gab, die in die C-Suite aufsteigen wollten, habe ich versucht, Sponsor-Beziehungen zwischen ihnen und meinen C-Suite-Frauen aufzubauen. Sponsoring von Frauen für Frauen ist wichtig, damit die Frauen, die höher wollen, einen Einblick zu bekommen, wie sie sich durch die Unternehmenskultur navigieren können. Aber wenn achtzig Prozent der Entscheidungsträger bei Beförderungen Männer sind, müssen Frauen erst einmal die Unterstützung durch einflussreiche männliche Kollegen sicherstellen.

Etablierung einer diversen Personalmarketing- und Auswahl Strategie

Führungskräfte, die mit Einstellungen betreut sind, sind wie alle anderen Menschen nicht frei von Gender Stereotypen und Bias (Bonet, 2020). Ziel von Organisationen muss daher sein, Prozesse zu implementieren, die es erschweren, dass Vorurteile gegenüber Frauen zu Fehleinschätzungen ihrer Potentiale und darauf aufbauend Fehlentscheidungen bei Einstellungen und Beförderungsmaßnahmen im Management führen. Dazu gehört, eine Kultur zu etablieren, die auch nach außen signalisiert, dass das Gender Diversität einer der Kernwerte des jeweiligen Unternehmens ist. Die dafür empfohlenen Strategien können sowohl global als auch lokal kommuniziert werden. Romero (2015) empfiehlt die Strategie eines sich entwickelnden Mindsets in Organisationen, dem eines festgesetzten, unveränderbaren Mindsets zu bevorzugen. In Organisationen mit „growth mindset" steht lebenslanges Lernen im Fokus der Wertehierarchie und Unternehmen tragen dazu bei, das Mitarbeitende sich weiter entwickeln können. Demgegenüber stehen Organisationen, die primär bereits „fertige" Kandidaten mit entsprechend ausgebildeten Managementfähigkeiten suchen. Lebenslanges Lernen ist einer der wichtigen Faktoren, der in sich veränderten Umweltbedingungen zu zukünftigen Unternehmenserfolgen beiträgt, da Agilität und Flexibilität dem Ansatz immanent sind. Forschungen zu Folge vertrauen Frauen Unternehmen eher, die ein Wertesystem der lernenden Organisation nach außen kommunizieren.

In diesem Zusammenhang ist wichtig, nicht nur die Zielerreichung als Messlatte für Erfolge zu werten, sondern darüber hinaus weitere Parameter mit in die Bewertungen von Führungskräften aufzunehmen, wie die Fähigkeit zum Wandel und das Eingehen kalkulierter Risiken. Unternehmen, die Führungskräfte überwiegend danach bewerten, wie brillant sie sind, haben, so die Forschungen von Romero (2015), weniger Frauen in ihren Spitzen. Unternehmen, die divers rekrutieren wollen, haben mehr Erfolg, wenn sie Talente ansprechen, die begeistert sind zu lernen. Damit werden sie Kandidatinnen und Kandidaten ansprechen, die eher Risiken eingehen, resistenter gegen Niederschläge sind und aus Fehlern lernen können, alles Fähigkeiten, die für Innovation erforderlich sind.

HR-Experten müssen dazu sicherstellen, dass Maßnahmen der Personalauswahl gendersensibel umgesetzt werden. Knight (2017) stellt dazu sieben praktische Tipps vor, die HR-Experten eine Transformation hin zur gendersensiblen Organisation über die Personalauswahl möglich machen. Einen guten Überblick über die Schritte und Anforderungen bei der Personalauswahl, um Urteilsverzerrungen aufgrund von stereotypen Rollenerwartungen effektiv zu verhindern, gibt Regnet (2017).

Deutsche Führungskraft: Was kann man selbst als Mann in einer solchen Führungsverantwortung tun? Beispielsweise, ich habe ganz bewusst meinem Headhunter gesagt, „Ich will eine Frau als Direct Report. Ich schaue mir keinen Lebenslauf eines Mannes an." Was ist denn eigentlich der individuelle Beitrag einer Führungspersönlichkeit, damit dem Thema Diversity Rechnung getragen wird? Also sagen wir es mal so, wenn Du es schon unterschreibst, lieber Herr Vorstand, was tust Du denn dafür, dass das dann wirklich Frauen eingestellt oder befördert werden? Und was tust du dafür, dass es nicht nur ein Lippenbekenntnis bleibt? Ich habe da das eine oder andere Beispiel vorgegeben, indem ich versucht habe, etwas zu tun, im praktischen Tagesgeschäft.

Holländischer CEO in Asien: Übrigens, wenn ich ernsthaft im Wettbewerb mit einer Frau um eine Position gewesen wäre, ich würde wahrscheinlich aus zwei Gründen von der Stelle Abstand nehmen. Ich bin wirklich ein starker Verfechter von Vielfalt. Ich würde sagen: „Wenn es eine weibliche Kandidatin gibt, und da bin ich, dann nimm bitte auf jeden Fall die Frau", denn für mich ist es eindeutig einfacher, diese Situation zu überwinden und weiterzumachen als es für sie sein wird, weil sie immer erklären muss, warum sie diesen fantastischen Job nicht bekommen hat. Das wäre immer die erste Frage in ihrem nächsten Vorstellungsgespräch, nicht aber für mich. Was auch immer sie sagen würde, würde an ihrer Qualifikation zweifeln lassen, mehr als das bei mir als Mann der Fall wäre.

Umgang mit dem „Paradox of Meritocracy"

Um dem Ziel einer mixed leadership Kultur in den Unternehmen näher zu kommen, verfolgen Unternehmen heute verschiedene Strategien.

Eine davon ist, die von den Alpha Männern vorgeschlagene Strategie, bei den Teamaufstellungen eine breite Diversität zu verfolgen, die neben Gender, Alter, Ethnie, Landesangehörigkeit, Orientierung und weitere Aspekte umfasst. Durch die gesamten Interviews zieht sich die Forderung der Alpha-Männer, dass qualifizierte Frauen nach gleichen Maßstäben wie Männer im Unternehmen gefördert werden, vorausgesetzt ihr Einsatz und ihre Ergebnisse sind gleich.

Die meisten Unternehmensleitungen heute sind überzeugt, dass sie, um den langfristigen Erfolg zu sichern und wettbewerbsfähig zu sein, die besten Talente rekrutieren und halten müssen. Diese Human-Ressource-Strategie wird lokal wie international verfolgt. Damit dieses nachhaltig gelingt, verfolgen viele einen leistungsorientierten Ansatz, bei dem die besten Mitarbeiter gesucht, belohnt und befördert werden. Damit stellt sich die Frage, wie Frauen in rein leistungsorientierten Personalentwicklungsprozessen abschneiden.

Frauen werden in 360 Grad Feedbacks als signifikant besser in ihrer „Leadership Effectiveness" beurteilt (Sherwin, 2014). Die Studie erfolgte mit 16.000 Führungskräften. Männer werden hier bei der technischen Erfahrung als überlegen eingestuft. Auch eine INSEAD-Studie von Petriglieri (2020) mit Führungskräften aus 149 Ländern zeigt, dass weibliche Führungskräfte ausgesprochen positiv beurteilt werden. Die Ergebnisse sprechen dafür, dass Frauen von einem längeren Beobachtungszeitraum profitieren. Doch trotz der positiven Leistungsbewertungen können Frauen diesen Effekt nicht für ihren Aufstieg nutzen. Frauen steigen nicht nur langsamer, sondern auch signifikant seltener auf und das trotz guter Potenzialeinschätzung (Wippermann, 2010). Ein Grund hierfür ist, dass die Karriereambition von Frauen signifikant schneller sinkt als die von Männern. Bereits nach wenigen Berufsjahren haben sich die Karriereambitionen von Frauen mehr als halbiert, während Männer gleich karriereorientiert bleiben. Das zeigen Daten aus den USA (Gadiesh, 2015). Eine leistungsorientierte Personalentwicklungsstrategie scheint nicht gegen demografische Bias zu schützen. In den Forschungen wurde beobachtet, dass sich gerade in stark leistungsorientierten Unternehmenskulturen bestimmte Gender Vorurteile halten, die auch für Minderheiten beobachtet wurden. Das Phänomen „The paradox of meritocracy" von Castilla (2020) beschreibt, dass gerade dort, wo leistungsorientierte formelle Prozesse in den Ergebnis- und Gehaltsbewertungen unbegleitet eingesetzt werden, tendenziell mehr Ungleichheit gegenüber Frauen beobachtet wurde. Das Phänomen kann geglättet werden durch die Einführung von Mechanismen, die leitende Führungskräfte zu direkter Rechenschaft verpflichten und offene Transparenz des Prozesses in allen Ebenen sicherstellen.

CEO Frankreich: Sie übernehmen die gleiche Verantwortung und tragen das gleiche Risiko. Bitte. Alles klar. Er oder sie ist mir egal. Aber was ich hasse, ist, wenn dann die Zielvorgaben diskutiert werden, so nach dem Motto, das geht aber für mich nicht.

Französischer CEO: Nein, es ist jetzt das kulturelle, politische, soziale Umfeld in Europa. Es gibt den Trend, der Minderheiten in die Opferrolle stellt, über welche Minderheit auch immer Sie sprechen wollen. Sie haben Ihre Diskussion gerade auf Diskriminierung konzentriert, auf Viktimisierung. Dann diskutiert man nur über Opfer. In China gibt es jetzt so viele Frauen, die Zugang zu Top-Management-

Positionen haben, dass sie aufhören darüber zu reden. Vielleicht auch wegen der Kulturrevolution in China und der Kommunistischen Partei und so, ich weiß es nicht. Wahrscheinlich ist es trotzdem so, dass Männer in China gegenüber Frauen immer noch eine dominierende Stellung einnehmen. Aber da diskutiert man nicht den ganzen Tag, man macht es einfach. Also diskutieren Sie nicht darüber, geben Sie den Frauen den Job, aber wenn sie nicht gut abschneiden, feuern Sie sie genauso, wie Sie einen Mann feuern würden. Keinen Schutz bei schlechter Leistung. Keine Sonderbehandlung. Wenn Frauen den gleichen Zugang zu der gleichen Verantwortung haben wollen, dann müssen sie die Verantwortung für die Arbeit, für das Risiko, das sie eingegangen sind, akzeptieren. Akzeptieren beurteilt, bewertet zu werden. Ich denke, dann ist es weniger verpestend. Es geht dann nur darum: „Sind Sie gut oder nicht? Akzeptieren Sie KPIs zur Bewertung?" Dann diskutieren wir über „Ist es der relevante KPI? Ist es der richtige KPI, um meinen Job zu bewerten?" Sie haben nicht diese falsche Diskussion über das Verhältnis Männer zu Frauen, bei der Sie ohne eine Wahl zu haben einer Frau einen Job geben müssen. Dann gibt es da dieses Gefühl, dass sie den Job bekommen haben, weil sie Frauen sind, nicht weil sie die Besten für den Job sind. Das „verpestet die Luft", wie wir in Frankreich sagen.

Tabelle 3: Schritte zu einer gendersensiblen Leistungsorientierung im Unternehmen

- Implementierung von organisationsbezogener Transparenz und Verantwortlichkeit
- Formalisierte Prozesse für die Vergabe Gehaltserhöhungen basierend auf Leistung
- Implementierung von gendersensibler Leistungsbewertung
- Etablierung von Komitees, die die Macht haben, Entscheidungen des Senior Management zu revidieren
- Sichtbarmachung der Prozesse und Entscheidungen für definierte Verantwortliche

Quelle: Adaptiert nach Castilla, 2020

Bewusstmachung von Vorurteilen Managerinnen gegenüber

Die sogenannten Bias, unbewusste Vorurteile, haben einen kritischen und problematischen Effekt auf die Fähigkeit der Beurteilung von Menschen im Rahmen von Bewerbungs- und Beförderungsauswahlprozessen. Sie führen dazu, dass Entscheidungen für eine Gruppe und gegen eine andere gemacht werden. Häufig werden Frauen bei Beförderungen für Top-Management-Aufgaben gerade wegen dieser Vorurteile ausgeschlossen bzw. zu Gunsten eines männlichen Bewerbers nicht ausgewählt. Diese stereotypen Vorurteile können die gesamte Kette der Einstellungsentscheidungen beeinflussen, von der Stellenanzeige über den Auswahl- und Einstellungsprozess bis hin zu Gehaltsverhandlungen. Sie haben auch Einfluss bei der Personalentwicklung, vor allem wenn es um gehobene Führungspositionen geht. Damit erklärt sich unter anderem die Diskrepanz der Beteiligung von Frauen am mittleren Management hin zu den Toppositionen. Eine wirksame Maßnahme, die Unternehmen helfen kann, unbewusste Vorurteile für die Beteiligten erkennbar zu machen und dann im nächsten Schritt zu vermeiden, sind spezialisierte Trainings. Darüber zeigen Untersuchungen (Regnet 2017) die positiven Effekte der Implementierung einer gendersensiblen Strategie für alle Auswahl- und Einstellungsprozesse.

Jüngere Generationen fordern Unterstützung durch neue Karrieremodelle

Die meisten Unternehmen haben noch keine Strategie, um mit dem Wandel der jüngeren Generationen und ihren Anforderungen an Arbeitgeber umzugehen. Aufstrebende „high performing"-Talente sind oftmals nicht nur der eigenen Karriere verpflichtet, sondern auch der ihres Partners. Frauen folgen nicht mehr nur ihrem Partner, sondern verfolgen eigenständige Karrieren. Und jüngere Paare suchen nach Angeboten auf Arbeitgeberseite, die einen Aufstieg beider möglich machen und eine Vereinbarkeit mit dem Familienleben bieten. Die interviewten Topmanager beobachten diese Veränderungen und verweisen darauf, dass diese Trends im Zeitablauf automatisch für die Frauen arbeiten werden.

Unternehmen setzen aktuell weiter auf die Förderung von Talenten für Führungsaufgaben über traditionelle Karrierewege und stehen vor der Herausforderung, dass jüngere Talente und vor allem auch Frauen kündigen, wenn sie mit Flexibilitäts- und Mobilitätsanforderungen seitens des globalen Unternehmens konfrontiert werden. Von zukünftigen Führungskräften wird weiterhin erwartet, auf eher traditionellen Pfaden über Versetzungen rund um den Globus, Stationen in einer Vielzahl von Bereichen und dem Durchlaufen unterschiedlicher Funktionen ihre Karrieren aufzubauen. (Petriglieri, 2020). Diese klassischen internationalen Karrieremodelle mit ihren starren Vorgaben hinsichtlich Arbeitszeiten und Anwesenheitskultur bedingen multiple Umzüge. Dieses Model gelingt Frauen nur, wenn ihre Familien bereit sind, sich ihrer Karriere anzupassen. Internationale Unternehmen können die Barrieren für den Aufstieg gerade im Hinblick auf Frauen und auch die jüngere Generation abbauen, indem sie Karrierewege ermöglichen, die neue Modelle beschreiben. Dazu gehören Job Rotationen, Job Sharing und ein neuer Umgang mit Karrierebrüchen oder lateralen Phasen, die vor allem bei Müttern im mittleren Management beobachtet werden und einen Aufstieg in traditionellen Modellen für sie nahezu unmöglich macht. Faktoren, die in den neuen Modellen Karrieren stützen, sind Flexibilität, Vertrauen und Eigenverantwortung auf Seiten der Unternehmen. Flexibilität ist hierbei ein Wert, der sich auf verschiedenen Ebenen zeigt, zum Beispiel bei der freieren Gestaltung der eigenen Arbeitszeit, der teilweisen oder ganz selbständigen Wahl des Arbeitsortes. Dieses ist gerade bei globalen Führungsanforderungen, die größtenteils virtuelles Führen nötig machen, ein Vorteil aus Sicht vieler Führungskräfte und kann gegebenenfalls die Vereinbarungen zweier Karrieren bei Paaren fördern. Unternehmen benötigen dazu ein Umdenken von der Frage, wie Aufgaben ausgeübt werden hin zur Frage der Inhalte von Aufgaben und wie vielfältige Lösungen erreicht werden können. Der Fokus auf Eigenverantwortlichkeit von Mitarbeitern macht Kontrolle weitestgehend unnötig und stärkt das gegenseitige Vertrauen. Gemeinsam erarbeitete Ziele ersetzen Vorgaben.

Daneben kommt der Beachtung der psychologischen Anforderungen von engagierten Frauen bei der Etablierung neuer Karrieremodelle eine Rolle zu. Für die meisten Frauen im Management sind anspruchsvolle Arbeitsinhalte, Abwechslung und positive Herausforderungen durch ihre Arbeit wichtige Aspekte, die zur Motivation oder aber, wenn nicht gegeben, zum drop-out führen können. Neue Karrieremodelle können diesen Aspekten Rechnung tragen, wenn die Übernahme anspruchsvoller Projekte mit einem Fortkommen in der Organisation verbunden werden.

In der internationalen Typologie der Karrierewege von Topmanagerinnen aus fünf Nationen zeigt sich, dass Frauen ihre Karrieren über verschiedene Pfade und Muster aufbauen (Al-Sadik-Lowinski, 2020). Von den fünf definierten Typen bildet nur einer die klassische Kaminkarriere ab. Nur sieben Prozent aller befragten Frauen bleiben im Laufe ihres Aufstieges einem einzigen Unternehmen treu. Das bedeutet umgekehrt, dass dreiundneunzig Prozent der Topmanagerinnen ihre Karriere durch Wechsel aufbauen. Der überwiegende Teil steigt über lokale Wechsel auf (44 Prozent), gefolgt von internationale Karrierewegen mit mehrfachen Wechseln des Arbeitgebers (28 Prozent). Die deutlich stärkeren Anteile von lokalen Karrierewegen bei Frauen verdeutlichen auch das Dilemma der Expat-Karrieren für Frauen, die neben Vorteilen, die internationale Laufbahnen bieten, wie etwas das Arbeiten in einem neuen Kulturkreis, natürlich auch Ortswechseln von Ehepartner und Kindern oft ohne Rücksicht auf deren Belange bedeuten. Diese gilt auch für Männer. Jedoch werden Frauen bereits beim Auswahlprozess wegen Genderbias oft nicht in Betracht gezogen bzw. verzichten selbst, da diese Auslandskarrieren heute immer noch eine enorm hohe Flexibilität hinsichtlich der Mobilität von Familien bedeuten. Viele Frauen fürchten nicht zum Heimatsitz zurück befördert zu werden, befürchten langfristige Nachteile bei der Reintegration von Partner oder Kindern und entscheiden sich für eher lokale Karrieren.

Internationale Unternehmen können aus den Möglichkeiten neuer Karrieremodelle schöpfen, um die besten zukünftigen Talente anzuziehen und Führungskräfte zu halten. Vor allem im Hinblick auf weibliche Potentiale und jüngere Führungskräfte-Generationen ist dieses Vorgehen erfolgsversprechend. Es trägt zur Etablierung einer gendersensiblen Unternehmenskultur bei.

Als Vater im Unternehmen Vorbildfunktion übernehmen

Auch wegen eventuell negativer Folgen für die eigene Karriere, gibt es immer noch zu wenige positive Beispiele von Vätern in Führungspositionen, die eine Art Rollenbildfunktion für alle Eltern im Unternehmen übernehmen. Einer der Gründe hierfür mag auch darin zu sehen sein, dass erfolgreiche Männer aber auch Frauen in Spitzenfunktionen in der Mehrheit eine Partnerin (oder einen Partner) an ihrer Seite haben, die den Alltag und die Kindererziehung übernimmt und ihnen den Rücken freihält. Mit dieser traditionellen Aufgabentrennung ist es für die männliche Führungskraft leichter als für die weibliche Führungskraft, die auch Mutter ist, ein enormes Zeitpensum am Arbeitsplatz zu verbringen. Meetings in den Abendstunden sind in den meisten Unternehmen weiterhin keine Ausnahme.

Männliche Führungskräfte, die als Vorgesetzte aktiv eine Rolle in ihrer Familie einnehmen und diese pflegen, senden Signale an die gesamte Organisation, die die Vereinbarung von Karriere und Elternschaft einfacher werden lassen (Gaida, 2022).

Das folgende lange Zitat eines der Alpha-Männer verdeutlicht die Herausforderungen für Väter in Leitungsfunktionen. Es zeigt die enorme Wirkung von männlichen Rollenvorbildern im Unternehmen.

Französischer CEO: Als ich mich scheiden ließ, fühlte ich, dass ich ein Mann wurde. Lassen Sie mich aus professioneller Sicht erklären, warum. Ich hatte eine Position, es ist eine Position, die viele Leute wollten. Meine Frau und ich entschieden uns in dieser Zeit für die Scheidung, was für mich sehr destabilisierend war. Wir lebten zusammen mit der Familie in Asien. Sie kam im Wesentlichen für ihren Job nach Frankreich zurück. Ich ermutigte sie, für ihren Job zurückzukommen. An diesem Punkt waren wir einig. Tut mir leid, es wird privat, aber ich denke, Sie müssen das verstehen. Viele Monate bin ich von Europa nach Asien hin und her gereist, was für mich ziemlich hart war, weil ich bei meinen Kindern sein wollte. Wissen Sie, mein Vater starb, als ich elf war. Ich denke, als Konsequenz daraus stehe ich meinen Kindern sehr, sehr nahe. Ich weiß, was es bedeutet, keinen Vater zu haben. Als sie mit den Kindern wieder in Europa war, bin ich hin und her gereist. Wir trafen diese Entscheidung. Dann muss ich die Entscheidung treffen, ob ich eine andere Position annehme. Ich hatte ein Treffen mit meinem jetzigen Chef. Er schlug mir den Job vor und ich sagte: „Es ist ein Traumjob." Ich wollte diesen Job, weil ich mich für Minderheiten einsetzen konnte und weil ich das gesamte Unternehmen leiten konnte. Ich wollte wieder lernen eine ganze Einheit zu führen. Ich wollte diesen Job, weil ich jetzt in einem einzigen Land ohne Überseeflüge arbeiten konnte. Ich konnte maximal drei Stunden von zu Hause entfernt sein, wenn ich reise, und nicht mehr. Ich weiß was es bedeutet. In Asien gab es drei Pässe in zweieinhalb Jahren, die größte Version, die mit zweiundfünfzig Seiten.

Ich sagte meinem Chef: „Deshalb will ich diesen Job. Die Sache ist, ich lasse mich scheiden." Ich wusste, dass er ist ziemlich traditionell eingestellt. Ich sagte: „Ich habe meine Kinder jede zweite Woche. Ich werde morgens kein einziges Mal verpassen, sie zur Schule zu fahren und um maximal sieben Uhr abends wieder zu Hause sein." Er sah mich an und sagte: „Nun, du kannst den Job nicht haben und das machen." Nein, das hat er nicht gesagt. Das ist nicht ehrlich. Er sagte: „Glaubst du, Du kannst den Job machen und das?" Ich sagte: „Ja, ich denke, ich kann das. Ich denke, es kann einen enormen Beispielscharakter haben." Wir hatten folgende alte Werte. Der Chef ist da, wenn die Filiale öffnet, und sie öffnet sehr früh. Die Guten sind sehr früh hier und gehen sehr spät. Ich habe schon 2013 in Asien eingeführt, dass man früh gehen konnte, Leistung vorausgesetzt. Die Leute hatten mehr Zeit mit ihren Familien. Und sie haben trotzdem viel gearbeitet.

Er sagte zu mir: „Richtig, ich verstehe das am Abend, aber können Sie morgens nicht ein Kindermädchen nehmen, das ihre Kinder zur Schule bringt?" Ich sagte: „Natürlich kann ich das nicht. Wenn ich ein Kindermädchen nehme, um die Kinder zur Schule zu bringen, sehe ich die Kinder nicht." Er sagte: „Okay" Aber ich entgegnete „Wenn du okay sagst, aber es ist kein volles Okay. Zum Beispiel machst Du um sieben Uhr dreißig oder acht Uhr morgens den Exekutivausschuss. Das kann ich nicht. Ich kann das erst ab neun Uhr tun." An dieser Stelle sagte er: „Okay. Für ein Jahr beginnen wir mit dem Vorstandsmeeting um neun Uhr." In unserem Geschäft, das wegen seiner Struktur sehr früh beginnt, ist neun Uhr mitten am Tag für ihn. Unsere Kunden betreten das Werk schon um sechs Uhr. Dann sagte er: „Okay, bring Ergebnisse, leg los. Du hast ein Jahr." Jetzt ist es schon das zweite Jahr und wir beginnen unser Exekutivkomitee immer noch erst um neun Uhr.

Ich hatte ein bisschen Angst, weil ich sicher war, dass er sagen würde: „Du kannst den Job nicht haben." Er war aber schlau genug und sagte: „Okay, das machen wir."

Es ist ein bisschen persönlich, aber ich hatte die Kinder eine Woche von zwei. In der anderen Woche war ich von Montagmorgen bis Freitagabend weg und sah Filialen, Filialen, Filialen, Filialen von sechs Uhr morgens bis zum späten Abend, aß mit Leuten zu Abend, stellte mich vor. Meine Botschaft war, das mache ich so nur in jeder zweiten Woche, weil ich mich scheiden lasse und meine Kinder sehen möchte. Ich merkte, dass ich beim ersten Mal etwas verlegen war. Ich sah Erleichterung bei vielen Menschen, die geschieden waren. Ich sah den Wert meiner Vorbildfunktion. Und noch was. Der Leiter einer anderen Region hatte beschlossen, zurückzutreten, weil er meinen Job haben wollte, also ist er gegangen. Dieser Typ hat Exekutivkomitee für die Region nicht um acht Uhr, sondern um sieben Uhr morgens gemacht. Um sieben Uhr morgens, das bedeutet Sie müssen um sechs Uhr das Haus verlassen. Weil er ging, hatten wir keinen Ersatz. Ich mache den Job sechs Monaten dort, und meine erste Entscheidung war, das Exekutive Meeting auf neun Uhr zu legen, da wir sonst nie eine junge Mutter in das Komitee bekommen hätten, wenn es bei sieben Uhr geblieben wäre.

Heute ist die sehr erfolgreiche Geschäftsführerin dieser Region, die eine Region mit vierhundert Millionen Euro ist, vierzig Millionen Euro Betriebseinnahmen hat, also eine große Region, eine Frau mit zwei Kindern, darunter eines, das zwei Jahre alt ist. Ich habe diese talentierte weibliche Führungskraft rekrutiert in dem ich sagte: „Schauen Sie mich nur an. Ich mache es jede zweite Woche. Ich weiß nicht, was es für Ihre persönliche Organisation bedeuten wird, aber Sie können es tun." Dies ist sehr hilfreich für mich, um Mitarbeiter nicht nur hinsichtlich von Geschlechtervielfalt, sondern auch mit Blick auf die berufliche geografische Mobilität zu rekrutieren. Ich rekrutiere viele Leute für nationale Jobs, die sagten: „Ich kann nicht umziehen", und ich sagte: „Ist egal, lass uns reden, was du brauchst." Ich teile immer meine Erfahrung. Ich sage: „Wenn ich die Kinder habe, dann bringe ich sie um halb neun Uhr zur Schule. Ich bin heute mit dem Auto um fünf nach halb neun Uhr los und drei Stunden gefahren, um Filialen in Burgund zu besuchen. Jetzt bin ich in Burgund, und das war's." Weil die Werte oft noch die alten sind, mache ich immer den Witz: „Ich bin wie eine Mama." Ich sollte aber nicht sagen, ich bin wie eine Mama, ich sollte sagen: „Das gilt für alle Mütter und Väter, und wir haben damit einen riesigen Vorteil bei der Rekrutierung von Leuten." Ich werde mich nicht zwischen Familie und Beruf entscheiden. Natürlich gilt das heute ein bisschen mehr für Mütter, weil die Gesellschaft so geprägt ist, aber ich bin mir nicht sicher, ob es wirklich eine Frage der Geschlechter Diversität ist. Es ist eine Frage, die für alle gilt.

Die Öffnung der Unternehmenskultur für eine Vereinbarung von Karriere und Familie aller Geschlechter ist Voraussetzung dafür, Unternehmen für die Zukunft tragfähig zu machen. In Zeiten vom globalen Fachkräftemangel und Wettbewerb um die besten Talente ist eine Etablierung von Arbeitszeiten und Arbeitsmodellen für alle Eltern ein Wettbewerbsvorteil. In vielen Ländern und internationalen Konzernen sind diese elternfreundlichen Ansätze bereits etabliert, in anderen noch in weiter Ferne.

Schaffung einer Meeting Kultur, in der alle Stimmen gehört werden

Die Topmanager hatten in den vorherigen Kapiteln berichtet, dass Frauen sich in Meetings mit hohem Männeranteil oftmals zurückhaltend verhalten. Dies ist besonders der Fall in traditionellen Umfeldern, in denen Männer bisher unter sich waren und Frauen in der Minderheit sind. Wenn sie allerdings von diesem Verhalten abweichen und viel und selbstischer in Meetings sprechen, werden sie in Leistungsbeurteilungen dafür abgestraft. Die Forscherinnen von INSEAD (Petriglieri, 2020) weisen darauf hin, dass Frauen häufiger keine Anerkennung dafür bekommen, wenn sie auf Probleme hinweisen oder Lösungen vorschlagen. Außerdem werden Frauen häufiger in Meetings unterbrochen. Gleichzeitig sind Meetings in allen Unternehmen die Plattform, um sich über Sichtbarkeit und ein überzeugendes Auftreten für höhere Aufgaben des Managements zu empfehlen. Gerade auch in virtuellen Meetings, die in globalen Unternehmen immer stärkeren Raum einnehmen, ist es wichtig, dass regelmäßig alle Stimmen zu einem Thema oder einem Projekt gehört werden und dabei nicht einzelne Mitarbeitende, darunter oft viele Frauen, stumm bleiben. Einfach zu etablierende Mechanismen können helfen, die Stimmen aller Teilnehmer und Teilnehmerinnen eines Meetings zu hören und damit sicherzustellen, dass alle Perspektiven und Lösungsansätze einfließen.

> *CEO UK: Wissen Sie, wie ich das mache? Ich schreibe auf meinen Zettel alle Namen und hacke ab, wer schon was gesagt hat. Und ich schaue auf die Uhr. Dann bitte ich die, die nichts sagen, ihre Perspektive zu schildern. Das funktioniert ganz gut. Mit den Frauen. Auch mit den Asiaten, die zu höflich sind, sich zu Wort zu melden.*

Dafür muss die Leitung des Meetings zuallererst ein Problembewusstsein haben und die Absicht, das volle Potenzial eines Meetings auszuschöpfen. Dann kann über Redezeitvorgaben, Ermunterungen und Aufforderungen sich zu beteiligen und weitere Maßnahmen eine gendersensible Meeting Kultur erfolgreich etabliert werden. Diese Maßnahmen tragen auch dazu bei, dass in interkulturellen Meetings das Gefälle der Selbstdarstellung zwischen Kulturen geglättet wird und es zu einer Balance von extrovertierten und eher introvertierten Führungskräften kommt. Kombiniert mit Meeting Zeiten, die auf die Belange von Eltern abgestimmt sind, ist die Veränderung der Meeting Kultur ein zentraler Baustein einer gendersensiblen Unternehmenskultur.

Das Unternehmen als Mikrokosmus für mehr Gender Diversität

Der Unternehmenskultur kommt bei der Frage, ob und wie mehr Frauen in Top-Leitungsfunktionen gefördert werden können, eine bedeutende Rolle zu. Das Unternehmen kann als Mikrokosmus auch in sozio-kulturellen Umfeldern mit eher schlechten Rahmenbedingungen für aufstrebende Frauen, viel tun, um dem Ziel gendergemischter Führungsspitzen näher zu kommen. Zentrales Element, welches es Unternehmensleitungen ermöglicht, spezielle Maßnahmen zur Rekrutierung und Entwicklung von Frauen langfristig umzusetzen, ist die Schaffung einer gendersensiblen, diversen Unternehmenskultur. Hauptbestandteil einer gendersensiblen Unternehmenskultur ist eine Leitvision, die Frauen neben allen anderen Gruppierungen im Unternehmen einen festen Platz einräumt. Dabei ist es wichtig, bei allen Unternehmensangehörigen ein Bewusstsein über existierende Bias und Stereotypen zu schaffen und diese nach und nach abzubauen. An der Spitze der Kaskade der gendersensiblen Unternehmenskultur steht der oder die CEO. Daneben ist jedoch eine Involvierung aller Mitarbeitenden notwendig. Eine wesentliche Maßnahme ist die Information aller Beteiligten über die Vorteile gemischter Führungsspitzen. Hauptvoraussetzung ist die Überzeugung aller, die Vorteile für die eigene Organisation zu nutzen. Erst dann kann eine nachhaltige Implementierung gelingen.

Die internationalen Alpha-Männer, die an der Forschung zu diesem Buch teilnehmen, sind alle Unterstützer und Verfechter der Idee, dass qualifizierte Frauen die gleichen Chancen wie ihre männlichen Kollegen erhalten sollten. Kernmotivation, um ihre noch nicht überzeugten Kollegen für das Thema zu gewinnen, ist die Steigerung der Unternehmensergebnisse und damit verbunden der persönliche Vorteil für männlicher Entscheider. Nicht alle ihrer männlichen Kollegen sind bisher von den Vorteilen Gender gemischter Führungsteams überzeugt bzw. haben die notwendigen Informationen zu den Chancen, die die Förderung guter Frauen im Hinblick auf ihre persönliche Zielerreichung haben. Die Spitzenmänner halten die Information über harte Fakten zu den Gewinnen, die Gender gemischte Führungsteams Unternehmen langfristig bringen werden, für das schlagfähigste Argument. Sie möchten das Thema breiter anlegen, indem über die Vorteile von Diversität insgesamt berichtet wird. Chancengleichheit für alle Gruppierungen im Unternehmen anzustreben, ist aus Sicht der internationalen Topmanager der richtige Weg, um den Herausforderungen der Gender Diversität zu begegnen. Diese Erweiterung des Wahrnehmungshorizontes reduziert die Sicht auf die Problematik der Frauen, da die Problematik systemübergreifend wird. Eine Lösung der Gesamtproblematik, minimiert dann, so die Männer, die Genderproblematik im Management automatisch. Die Männer stehen selbstgesteckten Zielvorgaben positiv gegenüber, unterstützen aber zeitlich begrenzt auch gesetzliche Quoten, um das Thema zu forcieren. Allerdings betonen sie die Notwendigkeit diese an eindeutige Qualitätsanforderungen und Leistungskriterien zu binden, damit die Ziele und Quoten nicht in einen Selbstzweck mit negativen Auswirkungen für die Gesamtsache führen. Befragt nach konkreten Maßnahmen fokussieren die Alpha-Männer hauptsächlich in zwei Bereichen, dem Schaffen von Rollenvorbildern und einem gezielten Sponsoring durch machtvolle Männer. Die Männer sind sich einig, dass mehr erfolgreiche weibliche Rollenvorbilder andere Frauen im Unternehmen nach sich ziehen werden. Je mehr sichtbare Erfolgskarrieren es in einem Unternehmen oder Industriezweig gibt, umso leichter fällt Frauen die Identifizierung mit machtvollen Positionen. In Japan sollen mehr Männer Frauen als Vorgesetze erleben, damit sie sich von der Qualität und den Vorteilen weiblicher Führung überzeugen können. Vor allem in China und einigen anderen asiatischen Ländern sehen die Führungskräfte bereits eine ausreichende Anzahl von Frauen in Entscheider Funktionen. Es fällt auf, dass je höher der Anteil von Frauen im Senior Management in einem Land ist, desto verhaltener werden von den Interviewten konkrete Vorschläge gemacht. Hier sind die Männer bereits überzeugt, dass es in der Hand der Frauen selbst liegt, ob sie aufsteigen oder nicht, da sie genügend positive Beispiele vor Augen haben. Vor allem in STEM Industrien ist die „Talente-Pipeline" mit qualifizierten Frauen nur unzureichend gefüllt. Hier sehen die Männer Chancen mehr Frauen anzuwerben und zu fördern. Gezieltes Sponsoring weiblicher Talente ist aus Sicht der Alpha-Männer die wohl effizienteste Maßnahme, von deren Wirkung sie überzeugt sind. Sie sind dabei selbst am Steuer und wollen ihren Einfluss geltend machen. Durch geschickte Positionierung von qualifizierten Frauen in den entscheidenden Gremien, wollen die Männer zum Aufstieg der Frauen beitragen. Das ist bisher in einigen Unternehmen noch mit persönlichen Risiken verbunden, die die Männer jedoch kalkuliert eingehen, da sie von der Führungsqualität und Loyalität der Frauen überzeugt sind.

Männer empfehlen, Brücken zu bauen damit Mixed Leadership kein Schlagwort bleibt

Immer mehr Unternehmensleitungen entscheiden sich, ein Umfeld zu schaffen, in dem diverse Stärken von Mitarbeitenden genutzt werden. Sie sehen es als Beitrag, um die Wettbewerbsfähigkeit und langfristige Zukunft des Unternehmens zu sichern. Dazu gehört, dass Frauen, die die Hälfte der Gesellschaften weltweit repräsentieren, in den oberen Führungsetagen fester Bestandteil werden.

Es braucht eine Vision von Gender Diversität, auf allen Unternehmensebenen, und Überzeugungskraft, bis Frauen in den Executive Teams und als Vorständinnen Normalität werden.

Männliche und weibliche Entscheider müssen zuerst selbst überzeugt sein von den Vorteilen gendergemischter Führungsteams für das Unternehmen. Sie müssen sich mit inneren Dissonanzen auseinandersetzen, die persönliche und managementspezifische Rollenstereotype hervorbringen können. Sie müssen verstehen, dass der Wunsch nach Identität auf beiden Seiten gegeben ist und Einstellungen und Handlungen im Management beeinflusst. Erst wenn beide Seiten, Männer und Frauen, einen partnerschaftlichen Weg finden, ihre Stärken zu harmonisieren und Schwächen zu tolerieren, kann eine gemischte Führung entstehen, die alle erfolgreicher werden lässt. Hierbei kann ein spezialisiertes Coaching für Topentscheider in Unternehmen Unterstützung leisten.

> *Deutscher Regionen Leiter: Ich glaube einfach, wenn Frauen mal wirklich Frau sein würden und Männer mehr Rücksicht nehmen würden, würden wir zu einer besseren Welt kommen. Wir kommen da hin, aber natürlich noch viel zu langsam. Dafür müssen Frauen, aber Frauen bleiben und in Leitungsfunktionen nicht zu Kopien von uns werden.*

Die Hauptvorteile, die Forscher mit gemischten Führungsteams verbinden, sind vielfältig. Zur Erinnerung: Gendergemischte Teams sind nicht nur effektiver als homogen besetzte Teams, sondern sie sind auch innovativer und entwickeln für die Herausforderungen der Zukunft die besseren Lösungen, da sie zahlreiche Perspektiven vereinen. Mixed Leadership führt darüber hinaus zu mehr Akzeptanz bei Kunden und Dienstleistern gleichermaßen, da diese sich in ihnen gleichermaßen repräsentiert fühlen. Außerdem ziehen gemischte Leitungsteams die besseren Talente an, da aufstrebenden Führungsgenerationen neue Vorstellungen von Gleichstellung haben, als die, die sich momentan noch in vielen internationalen Konzernen überall auf der Welt halten.

> *Holländischer CDO, China: Ich denke, das größte Problem sitzt wirklich auf zwei Seiten. Es sitzt auf der männlichen Seite, aber auch auf der weiblichen Seite. Die beiden treffen sich anscheinend nicht in der Mitte, denn wahrscheinlich bedeutet es auf der Männerseite, wenn sie an Vielfalt denken, dass sie mehr Frauen in ihre Ecke holen und die Frauen auf der anderen Seite des Spektrums vielleicht denken: „Ich brauche mehr Möglichkeiten auf meiner Seite." Beide, gewollt oder unwillig, bewusst oder unbewusst, halten die Kluft aufrecht. Anstatt zu sagen: „Wie schlagen wir eine Brücke von Dir zu mir?" Vielleicht brauchen wir mit dieser Brücke auch einen Treffpunkt, der sich in der Mitte dieser Brücke befindet. Niemand scheint über diesen Treffpunkt nachzudenken: „Wenn wir diese Brücke bauen, wo treffen wir uns dann? Treffen wir uns auf Ihrer Seite oder treffen wir uns auf meiner Seite?" Das*

scheint die Einstellung zu sein. Lass uns eine Brücke bauen und dann vereinbaren, dass wir uns auf meiner Seite treffen. „Ich bin im Vorstand, aber du bist es nicht, also warum kommst Du nicht in den Vorstand?" Umgekehrt geht es nicht. „Warum verlasse ich nicht den Vorstand und komme zu Ihnen in die Mitte?"

Frauen besitzen verschiedenen Untersuchungen zur Folge zwar eine gleichhohe Motivation zu führen wie ihre männlichen Kollegen. Diese schwindet aber im Zeitablauf, wenn die Unternehmenskultur nicht darauf eingestellt ist, Frauen als eine primäre Ressource guter Ergebnisse im Unternehmen zu sehen und Strategien zu entwickeln, um sie zu halten. Obwohl die Performance von Frauen gleich hoch, und manchmal sogar besser ist wie die der Männer, erreichen weniger von ihnen die Unternehmensspitzen. Bezogen auf CEO-Rollen hält sich dieses Bild weltweit. Die Zahl der Frauen, die es vor allem aus eigenem Antrieb in die Vorstandsetagen schafft, ist weiterhin gering. Frauen fühlen sich oft erdrückt, wenn sie ihrem Streben nach Leistung nicht Ausdruck geben können und wenn überprotektive Vorgesetzte ihnen Entscheidungen abnehmen wollen. Diskriminierungen werden heute subtiler als in früheren Jahren, in denen sie von den meisten Beteiligten als normal akzeptiert wurden. Obwohl Frauen über eine hohe Anpassungsfähigkeit verfügen, entscheiden sich viele zu gehen und sich nicht zu adaptieren. So kommt es, dass viele qualifizierte Frauen überall auf der Welt ihren Weg eher über den Wechsel von Unternehmen gehen, sich ab einem bestimmten Punkt selbständig machen und ihr eigenen Unternehmen eröffnen (Reynolds, 2010). Unternehmensleitungen, die weibliches und männliches Potential harmonisieren wollen, müssen diese Faktoren verstehen und eine Kultur schaffen, die nicht nur auf männlichen Normen basiert, sondern weibliche Stärken vorurteilsfrei integriert. Dabei ist es wichtig, Männer nicht per se als Verhinderer oder Verursacher zu beschuldigen. Und, Frauen aus der Opferecke zu holen.

In einigen Ländern ist man dem Ziel gleichwertig besetzter Führungsspritzen bereits näher, in anderen ist der Weg noch weit. Für alle gilt, dass es einer Vision einer diversen, gendersensiblen Unternehmenskultur bedarf, die allen Mitarbeitenden den Weg zum Ziel und die Vorteile vor Augen führt. Jedes Unternehmen sollte in eigenen Worten und unter Mitwirkung aller Mitarbeitenden seine eigene Vision zur Teilhabe von Frauen an der zukünftigen Unternehmenslenkung erarbeiten. Diese wird in einen breiteren Rahmen einer Gesamtstrategie von Diversität und Inklusion integriert und von geeigneten Maßnahmen flankiert zu Mixed Leadership im Unternehmen führen.

In diesem Buch haben vor allem männliche Entscheider gesprochen. Es ist Zeit, ihre Perspektive mit der Perspektive starker Frauen zu vereinen und gemeinsam, die Noch-Zweifler aber auch die Unwilligen beider Geschlechter zu überzeugen. Erst wenn letztere eine Minderheit darstellen, kann davon ausgegangen werden, dass sich eine neue geschlechtergemischte Führungskultur etabliert hat. Dafür braucht es weitere starke Männer, die Frauen Türen öffnen, und ambitionierte Frauen, die eintreten und gemeinsam mit ihren Kollegen einen gemischten Führungsstil mit dem besten aller Seiten kreieren.

Danksagungen

Ich danke allen an der Studie zum Buch beteiligten männlichen und weiblichen Führungskräften aus den verschiedenen Ländern, die mir ihre Zeit und ihr Vertrauen geschenkt haben. Ich danke meinen Freundinnen und Unterstützern dafür, dass sie mich auf dem Weg begleitet haben.

Ich danke Gundula Fichtler. Ohne sie wäre dieses Buch nicht entstanden.

7 Über die globale Forschung zum Buch

Die wissenschaftliche qualitative Untersuchung zum Buch mit ausgewählten Topmanagern fließt ein in die Forschungen des Global Women Career Lab, in denen seit 2014 weltweit Fragen der Gender Diversität und die Karrieremuster und -wege von erfolgreichen Frauen im Topmanagement untersucht werden. Das Global Women Career Lab bietet Unternehmensleitungen Beratung bei ihren internationalen Diversitätsstrategien sowie spezialisiertes Executive Coaching für Frauen im Management an.

In qualitativen, teilstrukturierten Tiefeninterviews wurden für die Forschung achtundzwanzig männliche CEO, Geschäftsführer und Exekutives aus dem Topmanagement aus elf Wirtschaftsnationen befragt, nämlich die USA, Frankreich, UK, China, die Niederlande, Russland, Hong Kong, Japan, Thailand, Australien und Deutschland. In ihren Karriereverläufen decken die ausgewählten männlichen Führungskräfte berufliche Stationen in weiteren Nationen ab. Die Studienteilnehmer wurden nach einem theoretischen Sample rekrutiert, bei dem unter anderem Hierarchiestufe, Nationalität sowie eine internationale Karrierelaufbahn Auswahlkriterien waren. Die Männer waren in verschiedenen Wirtschaftszweigen tätig, wie zum Beispiel der eher männlich besetzten verarbeitenden Industrie und dem IT-Sektor, aber auch in Branchen mit höheren Frauenanteilen, wie zum Beispiel der Mode- oder Pharmaindustrie. Im Durchschnitt waren die Studienteilnehmer 45–60 Jahre alt und verheiratet. Vom ethnischen Hintergrund betrachtet, waren überwiegend weiße Männer sowie Männer aus dem asiatischen Raum in die Studie involviert. Ein Großteil der teilnehmenden männlichen Führungskräfte sind Väter von Töchtern. Bis auf zwei geschiedene Teilnehmer, lebten die Interviewten zum Zeitpunkt der Befragung in Ehebeziehungen mit Frauen. Die verheirateten Führungskräfte werden durch ihre Ehepartnerinnen unterstützt, die ihre eigene Berufslaufbahnen auf die Karrieren ihrer Männer abgestimmt haben oder nicht arbeiten.

Die Topmanager signalisieren durch ihre Zusage zu dem vertraulichen Interview Interesse an dem Thema Diversität und Mixed Leadership. Männer, die dem Thema Frauen in Führungsspitzen ablehnend gegenüberstehen, werden somit in der Studie nicht abgebildet.

Die teilstrukturierten Tiefeninterviews waren im Durchschnitt anderthalb bis zwei Stunden lang, wurden in den Sprachen Englisch, Deutsch oder Französisch von der Wissenschaftlerin geführt. Die Interviews orientierten sich an einem strukturierten Leitfaden, der situativ vertieft wurde oder um neue Aspekte, die sich aus dem Gespräch ergaben, ergänzt wurde. Die Auswertung der Transkripte erfolgte durch Anwendung der strukturierten Inhaltsanalyse (Content Analysis).

Die Studie mit den männlichen Topmanagern wurde ergänzt um kürzere, qualitative Interviews mit Topmanagerinnen. Dabei wurde ein Fragebogen entwickelt, der gezielt auf die sich aus dem ersten Teil der Untersuchung ergebenden Erkenntnisse aufbaute. Die Topmanagerinnen wurden ebenfalls über ein Sampling ausgewählt, welches sicherstellt, dass sie Vorstandsfunktionen bzw. C-Level Funktionen einnehmen.

https://doi.org/10.1515/9783111052182-007

Darüber hinaus wurden im Buch Erkenntnisse aus dem Befragungspool einer im Jahr 2020 veröffentlichten Untersuchung mit 110 Topmanagerinnen genutzt (Al-Sadik-Lowinski, 2020).

Die Landkarte zu mehr Frauen in den Führungsspitzen: FemCareer-Model

Die Analyse greift zurück auf das FemCareer-Model, welches die Einflussgrößen auf Frauenkarrieren und weibliche Führung strukturiert (Al-Sadik-Lowinski, 2017). Es gibt viele verschiedene Einflussfaktoren auf die Karrieren von Frauen im Management, die sich sehr unterschiedlich auf den Karriereerfolg und die Ausgestaltung von Karrierewegen auswirken.

Das Modell diente richtungsweisend als Leitfaden für die qualitative Befragung und deren Auswertung und zeigt die Perspektive, mit der hier auf dieses komplexe Thema geschaut wird. Frauen Karrieren entstehen im Spannungsfeld der wechselseitigen Beeinflussung von gesellschaftlicher Auffassung davon, welche Rollen Frauen spielen sollten, den Möglichkeiten für Frauen in Unternehmen und den Zielen und Ansprüchen der Frauen selbst. Kontext auf verschiedenen Ebenen beeinflusst die Entwicklung ihrer Karrieren im Management. Forscher stehen vor der Herausforderung, die Komplexität von Frauenkarrieren unter Betrachtung verschiedener Einflussgrößen gerecht zu werden.

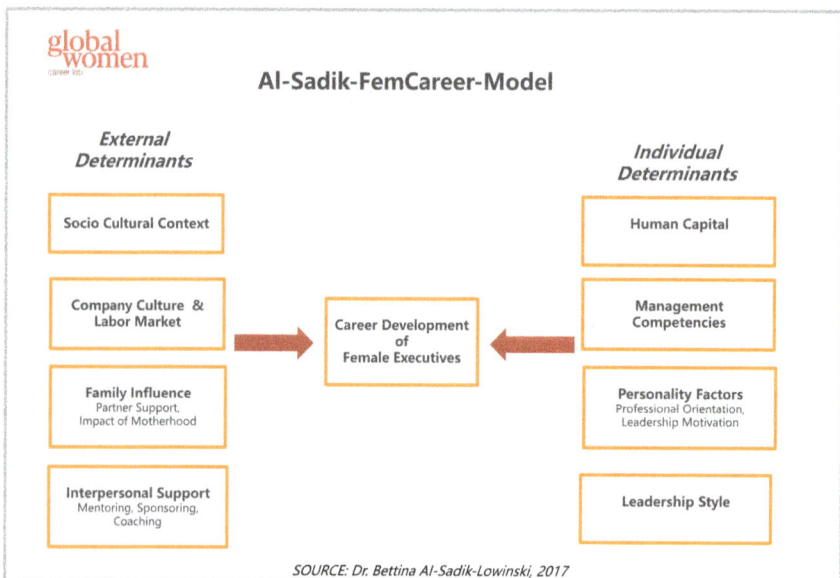

Abbildung 1: Das FemCareer-Model.
(Quelle: Al-Sadik-Lowinski, 2018)

Im Zentrum des Modells steht die Karriereentwicklung von Frauen im Management. Dabei werden Karrierewege und -muster analysiert. Daneben geht aber auch um die Frage von Karriereverständnis und -motivation. Weibliche Karrieren unterscheiden sich von männlichen Karrieren hinsichtlich der Karriereentscheidungen aufgrund früher Sozialisationserfahrungen und struktureller Möglichkeiten. Diese sind im kulturellen Kontext zu bewerten. Die Karriereentwicklung von Frauen, obwohl sie sich nicht grundlegend von der der Männer unterscheidet, ist aufgrund eines Sozialisationsprozesses, der in weiten Teilen der Welt die Dichotomie von Beruf und Familie betont hat, nachweislich komplexer. Karrierewege von Frauen zeigen deshalb eine größere Bandbreite und Vielfalt an Mustern und eine größere Vielfalt von Laufbahnen als die von Männern.

Im Rahmen des Modells wurde unterschieden, welche Faktoren von außen auf die Karrieren der Frauen wirken und welche Faktoren individuell, den Frauen selbst zu zuordnen sind. Externe Determinanten für die Karrieren der Frauen sind hier die Gesellschaft und Kultur und damit verbunden die genderspezifische Situation im Land. Es gibt auf der Weltkarte große Unterschiede im Hinblick auf die soziokulturellen Einflüsse und Prägungen, die einen großen Einfluss auf die unterschiedliche Beteiligung von Frauen am Topmanagement in einzelnen Nationen haben. Dazu gehören eigene Sozialisationserfahrungen der Frauen, genau wie politische und gesellschaftliche Rahmenbedingungen in Bezug auf Frauenkarrieren. Diese führen bei Frauen, je nach Ursprungsland, zu unterschiedlichen inneren Annahmen und Meinungen über ihr Bild von Karriere, den zu erreichenden Möglichkeiten und von dem, was weibliche Führung ausmacht. Kulturelle Stereotype werden oft als Ursache dafür benannt, dass Frauen im oberen Management immer noch weniger vertreten sind. Umgekehrt können Umfelder mit weniger Stereotypen zu einer positiven Öffnung und mehr Chancen für Frauen führen. Der Arbeitsmarkt bestimmt als weitere Einflussgröße die Chancenvielfalt für Frauen im jeweiligen Land. Die jeweilige Unternehmenskultur bietet den organisatorischen Rahmen für gleiche oder eher ungleiche Karrierechancen von Frauen. Die Einflussgröße Familie und damit verbunden Familienorganisation und Partnerwahl sind Faktoren, die die Karrieren von Frauen im Management stärker beeinflussen als die von Männern. Die sogenannte „motherhood penalty" ist in vielen wissenschaftlichen Arbeiten untersucht und stellt einen negativen Zusammenhang zwischen Mutterschaft und Karriereerfolg im Management da. Karriere Erfolg ist in traditionellen Unternehmenskulturen nur dann erreichbar, wenn Manager in ihre Karriere Rolle investieren und sich in dieser Rolle zentralisieren. Für Frauen bedeutet dieses, anders als für Männer, eine stärkere Auseinandersetzung mit der Vereinbarkeit von Rollen. Arbeit und Familie stehen in den bisherigen Arbeitsmodellen eher im Wettbewerb zueinander, wenn es um den Einsatz von Zeit geht. Mentoring, Sponsoring und starke Netzwerke sind weitere wichtige Determinanten im Modell. Im Bereich des Netzwerkens haben Frauen weiterhin Aufholbedarf, da sie dabei nicht nur andere Schwerpunkte als ihre männliche Kollegen setzen, aber auch weniger Zeit für diesen wichtigen Aspekt investieren wollen oder können.

Externen Bestimmungsgrößen des Modells stehen individuelle Faktoren gegenüber. Individuelle Determinanten sind hier definiert als die Faktoren, die spezifisch für erfolgreiche Frauen im Management sind, verwurzelt in ihren persönlichen Eigenschaften und Persönlichkeitsmerkmalen. Die Bedeutung von Ausbildungshintergründen, speziellen Managementkompetenzen und Persönlichkeitsfaktoren im Zusammenhang mit dem Karriereerfolg von Frauen werden beleuchtet.

Es gibt verschiedene Anforderungsprofile, die die benötigten Kompetenzen von erfolgreichen Führungskräften im Management erfassen. Diese gelten für beide Geschlechter. Es können geschlechtsspezifische Stärken wie auch tendenzielle Schwächen in einigen Anforderungsmerkmalen beobachtet werden, die nahelegen, dass eine Harmonisierung männlicher und weiblicher Stärken für Organisationen optimales Ergebnis erbringt. Der Führungsstil von Frauen im Management ist eine weitere Größe des Modells. Da gleiche Funktionen in den Unternehmen gleiche Stile verlangen, ist die Erwartung gegeben, dass Frauen und Männer gleiches Führungsverhalten zeigen. Frauen stehen dabei jedoch im Konflikt unterschiedlichen Rollenerwartungen gerecht zu werden – der Erwartung, an die Frau, die sich eher kümmert und nett sein sollte und dem der Führungskraft, die weiterhin eher dem männlichen Stereotyp entspricht. Frauen, die männliches Führungsverhalten übernehmen, werden eher negativ beurteilt. Führungsverhalten ist also kein geschlechterneutrales Phänomen und Frauen müssen sich mit diesem Aspekt mehr als Männer auseinandersetzen, wenn sie in Organisationen aufsteigen wollen.

Beide, die externen wie auch individuellen Faktoren des Modells, wirken auf im höheren oder geringeren Maße auf die Führungschancen von Frauen aus aller Welt und sind relevant für ihren Aufstieg in die Exekutive Teams globaler Unternehmen.

Literaturverzeichnis

Adams, R. B., & Ferreira, D., (2008), Women in the boardroom and their impact on governance and performance, Journal of Financial Economics.

Adams, R., & Kirchmaier, T., (2011, September), Women in the Boardroom: A Global Perspective? In Board Diversity and Economic Performance.

Allen, T. D., Eby, L. T., Poteet, M. L., Lentz, E., & Lima, L. (2004). Career benefits associated with mentoring for protégés: A meta-analysis, Journal of applied psychology, 89(1), 127.

Ankersen, W., Berg, C., (2018), Schlusslicht Deutschland, Allbright Stiftung

Ankersen, W., Berg, C., (2019), Die Macht hinter den Kulissen: Warum Aufsichtsräte keine Frauen in die Vorstände bringen. AllBright Stiftung.

Ankersen, W., Berg, C. (2021), Aufbruch oder Alibi, Viele Börsenvorstände erstmals mit einer Frau, https://static1.squarespace.com/static/5c7e8528f4755a0bedc3f8f1/t/617ab5a77069070631d64edf/1635431858323/AllBright+Bericht+Herbst+2021_Aufbruch+oder+Alibi_.pdf (zuletzt abgerufen, 2.12.2022)

Al-Sadik-Lowinski, B., (2018), How Chinese women rise: What we can learn from Chinese women with successful careers in top management, Cuvillier Verlag.

Al-Sadik-Lowinski, B., (2020), Women in Top management, De Gruyter.

Al-Sadik-Lowinski, B., (2021), Typology of career paths of international Top Women Managers-Global orientation pattern for qualified women in management: Typologie der Karrierewege von internationalen Topmanagerinnen-Orientierungsmuster für qualifizierte Frauen im Management, Cuvillier.

Amaram, D. I., (2007), Cultural diversity: Implications for workplace management. Journal of Diversity Management (JDM), 2(4), 1–6.

Ardichvili, A. and Gasparishivili, A., (2001), Human resource development in an industry in transition, Human Resource Development International, Vol. 4 No. 1, pp. 47–63.

Arnett, J., (1992), Reckless behavior in adolescence: A developmental perspective. Developmental review, 12(4), 339–373.

Arthur, M. B., Rousseau, D. M., (2001), The boundaryless career. New York: Oxford University Press.

Arvate, P. R., Galilea, G. W., & Todescat, I. (2018), The queen bee: A myth? The effect of top-level female leadership on subordinate females. The Leadership Quarterly, 29(5), 533–548.

Ashwin, S., Yakubovich, V., (2005), Cherchez la Femme: Women as Supporting Actors in the Russian Labour Market, European Sociological Review, Volume 21, Issue 2, April 2005, Pages 149–164

Ashwin, S., (2002), The influence of the Soviet gender order on employment behaviour in contemporary Russia, Sociological Research, Vol. 41 No. 1, pp. 27–37.

Ashwin, S. and Lyktina, T., (2004), Men in crisis in Russia: the role of domestic marginalization, Gender and Society, Vol. 18, April, pp. 189–206.

Assig, D., Echter, D. (2012). Ambition: wie große Karrieren gelingen. Campus Verlag.

Athanasopoulou, A., Moss-Cowan, A., Smets, M., & Morris, T. (2018). Claiming the corner office: Female CEO careers and implications for leadership development. Human Resource Management, 57(2), 617–639.

Astin, H. S. (1984). The meaning of work in women's lives a sociopsychological model of career choice and work behavior. The counseling psychologist, 12(4), 117–126.

Ayman, R. & Korabik, K. (2010), Leadership: Why Gender and Culture Matter. American Psychologist. 65: 157–170.

Babcock, L., Laschever, S., Gelfand, M., & Small, D. (2003). Nice girls don't ask. Harvard Business Review, 81(10), 14–14.

Baines, D. (2010). Gender mainstreaming in a development project: intersectionality in a post-colonial un-doing? Gender, Work & Organization, 17(2), 119–149.

https://doi.org/10.1515/9783111052182-008

Ballakrishnen, S., Fielding-Singh, P., & Magliozzi, D. (2019). Intentional invisibility: Professional women and the navigation of workplace constraints. Sociological Perspectives, 62(1), 23–41.

Barsh, J., Cranston, S., & Craske, R. A. (2008), Centered leadership: How talented women thrive. The McKinsey Quarterly, 4, 35–48.

Basow, S. A., & Rubenfeld, K. (2003). „Troubles talk": Effects of gender and gender-typing. Sex roles, 48(3), 183–187.

Berger, L., Benschop, Y., & van den Brink, M. (2015), Practising gender when networking: The case of university–industry innovation projects. Gender, Work & Organization, 22(6), 556–578.

Betz, N. E., & Fitzgerald, L. F. (1987), The career psychology of women. Academic Press.

Bianchi, S. M., Milkie, M. A., Sayer, L. C., & Robinson, J. P. (2000), Is anyone doing the housework? Trends in the gender division of household labor. Social forces, 79(1), 191–228.

Bierach, B. (2011). Das dämliche Geschlecht: Warum es noch immer kaum Frauen im Management gibt. John Wiley & Sons.

Bischof-Köhler, D. (1993), Self object and interpersonal emotions. Identification of own mirror image, empathy and prosocial behavior in the 2nd year of life. Zeitschrift für Psychologie mit Zeitschrift für angewandte Psychologie. 202(4). pp. 349–377.

Boll-Pailevskaya, D., (2009), Russische Frauen, Innen und Außenansichten, Books on Demand

Bonet, R., Cappelli, P., & Hamori, M. (2020), Gender differences in speed of advancement: An empirical examination of top executives in the Fortune 100 firms. Strategic Management Journal, 41(4), 708–737.

Borkenau, P., Ostendorf, F. (1993), NEO-Fünf-Faktoren-Inventar (NEO-FFI) nach Costa und McCrae: Handanweisung.

Bosak, J., & Sczesny, S. (2008), Am I the right candidate? Self-ascribed fit of women and men to a leadership position. Sex roles, 58(9), 682–688.

Boston Consulting (2021), https://www.bcg.com/publications/2021/impact-of-skill-building-opportunities-women-in-stem, zuletzt abgerufen am 19.12.2022)

Bourdieu P., (1982), Die feinen Unterschiede, Kritik der gesellschaftlichen Urteilsfähigkeit, Frankfurt aM, Surkamp, p. 164

Budig, M. J., Misra, J., & Boeckmann, I. (2012), The motherhood penalty in cross national perspective: The importance of work-family policies and cultural attitudes. Social Politics: International Studies in Gender, State & Society, 19(2), 163–193.

Burke, R., & Richardsen, A. (2017), Women in management worldwide. Signs of Progress. Londres/Nueva York: Routledge.

Burke, R. J. &McKeen, W. (1990), Mentoring in organizations: Implications for women. Journal of Business Ethics, 9: 317–332.

Carli, L. L. (1999). Gender, interpersonal power, and social influence. Journal of social issues, 55(1), 81–99.

Catalyst (2004) The bottom line: connecting corporate performance and gender diversity

Castilla, E. J., & Ranganathan, A. (2020). The production of merit: How managers understand and apply merit in the workplace. Organization Science, 31(4), 909–935.

Cejka, M. A., & Eagly, A. H. (1999), Gender-stereotypic images of occupations correspond to the sex segregation of employment. Personality and social psychology bulletin, 25(4), 413–423.

China Daily, Xinhuet, (2001), March 6, chinadaily.com.cn (zuletzt abgerufen 20.04.2018)

Chirikova, A.E. and Krichevaskai, O.N. , (2002), The woman manager, Sociological Research, Vol. 41 No. 1, pp. 38–54.

Coler, R., & Giersberg, S. (2009), Das Paradies ist weiblich: eine faszinierende Reise ins Matriarchat, Berlin, Kiepenheuer.

Collins, K. M. (2013). Ability profiling and school failure: One child's struggle to be seen as competent. Routledge.

Cornils, D., Rastetter, D. (2020) … und schon gar nicht Tränen einsetzen, https://www.worldcat.org/title/7390808024?oclcNum=7390808024 (zuletzt abgerufen am 2.12.2022)

Correll, S., & Mackenzie, L. (2016). To succeed in tech, women need more visibility. Harvard Business Review, 2–6.

Cox, T. (1994). Cultural diversity in organizations: Theory, research and practice. Berrett-Koehler Publishers.

Credit Suisse Research Institute, (2014), Table 1: Percentage of women on boards by country. The CS Gender 3000: Women in senior leadership: p.8

Davidson, M. J., & Barrett, M. (2016). Gender and communication at work. Routledge.

Davies (2015) Women on Boards, Davies Review annual Report, Cranfield University

Deloitte, R. (2017). Women in the boardroom: A global perspective. Global Center for Corporate Governance.

Devillard, S., Graven, W., Lawson, E., Paradise, R., & Sancier-Sultan, S. (2012). Women matter 2012: Making the breakthrough. McKinsey & Company.

Doppler, D. (2007). Männerbund Management. Geschlechtsspezifische Ungleichheit im Spiegel soziobiologischer, psychologischer, soziologischer und ethnologischer Konzepte. German Journal of Human Resource Management, 21(4), 482–486.

Duranton, S., Erlebach, J., Brégé, C., Danziger, J., Gallego, A., & Pauly, M. (2020). What's keeping women out of data science. Boston Consulting Group.

Eagly, A. & Carli, L. (2007). Through the labyrinth – the truth about how women become leaders. Boston, MA: Harvard Business School Press.

Eagly, A. H., & Wood, W. (2012). Social role theory. Handbook of theories of social psychology, 2.

Elgar, E. (2004). Handbook of research on international entrepreneurship. Cheltenham: Edward Elgar Publishing Limited.

Eklund, K. E., Barry, E. S., & Grunberg, N. E. (2017), Gender and leadership. Gender differences in different contexts, 129–150.

Fernandez, R. M., & Fernandez-Mateo, I. (2006), Networks, race, and hiring. American sociological review, 71(1), 42–71.

Fietze, S., Holst, E., & Tobsch, V. (2011), Germany's next top manager: Does personality explain the gender career gap? Management revue, 240–273.

Fitzgerald, L. F., & Weitzman, L. M. (1992), Women's career development: Theory and practice from a feminist perspective. Adult career development: Concepts, issues and practices, 44, 125–157.

Flynn, J., Heath, K., & Holt, M. D. (2011). Four ways women stunt their careers unintentionally. Harvard Business Review, 19.

Flynn, C. B., Smither, J. W., & Walker, A. G. (2016). Exploring the relationship between leaders' core self-evaluations and subordinates' perceptions of servant leadership: A field study. Journal of Leadership & Organizational Studies, 23(3), 260–271.

Fondas, N. (1996), Feminization at work: Career implications. The boundaryless career: A new employment principle for a new organizational era, 282–293.

Forsa (2017), Gesellschaft für Sozialforschung und statistische Analysen mbH, https://www.presseportal.de/pm/75733/3666228, (zuletzt eingesehen am 25.18.2022)

Gadiesh, O., & Coffman, J. (2015). Companies drain women's ambition after only 2 years. Harvard Business Review.

Gaida, R. (2022), Working Dad: Vereinbarkeit von aktiver Vaterrolle und Karriere leben, Campus

Gamson, W. A. (1968). Stable unrepresentation in American society. American Behavioral Scientist, 12(2), 15–21.

Ganrose, C. S. (2007), Gender difference in career perception in the People's Republic of China. Career Development International, 12: 9–27.

Ganrose, C. S. (Ed.), (2005), Employment of women in Chinese cultures: Half the sky.

Geisler, K., (2009), https://edoc.ub.uni-muenchen.de/13850/1/Geisler_Kerstin.pdf (zuletzt abgerufen am 17.12.2022)

Gill, R., & Orgad, S. (2015). The confidence cult. Australian Feminist Studies, 30(86), 324–344.

Gorbatschow, M., (1987), Perestroika: New thinking for Our Country and the World, Collins Publishing, London.

Goskomstat, (2006), Statistikamt der Russischen Föderation,www.gks.ru/free_doc/2006/b06_13/04 – 01.htm; www.gks.ru/free_doc/2007/b07_11/05 – 01.htm; www.gks.ru/bgd/free/b07_00/IssWWW.exe/Stg/d06/80.htm; www.gks.ru/bgd/free/b07_00/IssWWW.exe/Stg/d100/8 – 0.htm, (zuletzt abgerufen 27.10.2019)

Gray, J., & Gray, J. (1993). Men are from Mars, women are from Venus. Harper Audio.

Greguletz, E., Diehl, M. R., & Kreutzer, K. (2019). Why women build less effective networks than men: The role of structural exclusion and personal hesitation. Human Relations, 72(7), 1234 – 1261.

Griffin, C. (2000) „Girls Just Wanna Have Funds," Entrepreneur, Vol. 28, p.38.

Guillén, L., Mayo, M., & Karelaia, N. (2018). Appearing self-confident and getting credit for it: Why it may be easier for men than for women to gain influence at work. Human Resource Management, 57(4), 839 – 854.

Gvozdeva, E.S. and Gerchikov, V.L., (2002), Sketches for a portrait of women managers, Sociological Research, Vol. 41 No. 1, pp. 55 – 68.

Hakim, C. (2011). Erotic capital. Basic Books.

Hakim, C. (2010). Erotic capital. European sociological review, 26(5), 499 – 518.

Hall, D. T., & Hall, F. S. (1976). What's new in career management. Organizational Dynamics, 5(1), 17 – 33.

Hays, (2016), https://www.haysplc.com/media/press-releases/2016/pr-2016-03-08 (zuletzt abgerufen am 01.11.2022)

Heinemann, I. (2011). „Concepts of Motherhood „. Öffentliche Debatten, Expertendiskurse und die Veränderung von Familienwerten in den USA (1890 – 1970). Zeithistorische Forschungen–Studies in Contemporary History, 8(1), 60 – 87.

Henn, M., (2012), Die Kunst des Aufstieges: Was Frauen in Führungspositionen kennzeichnet. Frankfurt: Campus.

Henning, F. (1987). Edith Ennen, Frauen im Mittelalter. Institut für Österreichische Geschichtsforschung, Mitteilungen, 95, 136.

Herrmann, S. D., Adelman, R. M., Bodford, J. E., Graudejus, O., Okun, M. A., & Kwan, V. S. (2016). The effects of a female role model on academic performance and persistence of women in STEM courses. Basic and Applied Social Psychology, 38(5), 258 – 268.

Herve, F., (1995), Französische Frauen, Via Regia, Blätter für internationale kulturelle Kommunikation, H 24

Hinchlife, E., (2021), The female CEOs on this year's Fortune 500 just broke three all time records, Fortune, 2.6.2021 https://fortune.com/2021/06/02/female-ceos-fortune-500-2021-women-ceo-list-roz-brewer-walgreens-karen-lynch-cvs-thasunda-brown-duckett-tiaa/ zuletzt abgerufen am 24.8.2022

Hogan, R., Perrucci, C.C., Behringer, A., (2005), Enduring inequality: gender and employment income in late career. Sociological Spectrum 25, 53 – 77.

Hogan, B. (2008). Analyzing social networks. The Sage handbook of online research methods, 141 – 160.

Hollstein, W. (2004). Geschlechterdemokratie. Opladen: Budrich.

Hollstein, W. (2004), Die Angst der Männer vor der Weiblichkeit in: Geschlechterdemokratie, Springer

Hollstein, W. (2011). Der entwertete Mann. Neue Männer–muss das sein, 35 – 54.

Hollstein, W. (2011), in: Financial Times Deutschland, http://www.ftd.de/politik/deutschland/: gleichberechtigung-frauenquote-auf-kosten-der-maenner/60014280.html (zuletzt abgerufen am 26.3.2022)

Holst, E., Busch-Heizmann, A., & Wieber, A. (2001), Führungskräfte-Monitor 2015. Update, 2013.

Holst, E., & Friedrich, M. (2017). Führungskräfte-Monitor 2017: Update 1995 – 2015 (No. 121). DIW Berlin: Politikberatung kompakt.

Hossiep, R., Paschen, M. (2003), Das Bochumer Inventar zur berufsbezogenen Persönlichkeitsbeschreibung: BIP. Hogrefe, Verlag für Psychologie.

Hoyt, C. L., & Simon, S. (2011). Female leaders: Injurious or inspiring role models for women? Psychology of Women Quarterly, 35(1), 143 – 157.

Hunt, CM, Crozier, SE, (2011),Women in Management Worldwide

Ibarra, H., Ely, R., & Kolb, D. (2013). Women rising: The unseen barriers. Harvard business review, 91(9), 60 – 66.

IFAK, (2018), https://www.ifak.com/neuigkeiten/umfrage-kontaktboerse-arbeitsplatz/ (zuletzt abgerufen am 6.11.2022)

Iwao, S. (1998). Japanese woman. Simon and Schuster.

Jeffries, J. W. (2018). Wartime America: The World War II Home Front. Rowman & Littlefield.

Johnson, A. C. (2021). Abenomics' Effect on Gender Inequality in Japanese Society and the Workplace.

Jüngling, C., & Rastetter, D. (2009). Machtpolitik oder Männerbund? Widerstände in Organisationen gegenüber Frauen in Führungspositionen. Mixed Leadership: Mit Frauen in die Führung, 131 – 146.

Kanter, R.M., (1977), Men and Women of the Corporation. Basic Books, New York.

Karl, A.L., Schwidder, S., Weingarten, J. Weckes, M. (2020) : Ambition oder Symbolpolitik: Europäische Geschlechterquoten für Führungspositionen im Vergleich, Mitbestimmungsreport, No. 59, Hans-Böckler-Stiftung, Institut für Mitbestimmung und Unternehmensführung (I.M.U.), Düsseldorf

Kay, K., & Shipman, C. (2014). The confidence gap. The Atlantic, 14(1), 1 – 18.

Kay, K., & Shipman, C. (2014). The confidence code. The science and art of self.

Kierski, W., & Blazina, C. (2010). The male fear of the feminine and its effects on counseling and psychotherapy. The Journal of Men's Studies, 17(2), 155 – 172.

King, M. M., Bergstrom, C. T., Correll, S. J., Jacquet, J., & West, J. D. (2017). Men set their own cites high: Gender and self-citation across fields and over time. Socius

Kim, E. J., & Parish, S. L. (2020). Family-supportive workplace policies and South Korean mothers' perceived work-family conflict: Accessibility matters. Asian Population Studies, 16(2), 167 – 182.

Kipnis, D., & Lane, W. P. (1962). Self-confidence and leadership. Journal of Applied Psychology, 46(4), 291.

Kirchmeyer, C. (1998). Determinants of managerial career success: Evidence and explanation of male-female differences. Journal of Management, 24: 673 – 692.

Kite, M. E. (2001). Changing times, changing gender roles: Who do we want women and men to be?

Knight, C., Patterson, M., Dawson, J. (2017). Building work engagement: A systematic review and meta-analysis investigating the effectiveness of work engagement interventions. Journal of organizational behavior, 38(6), 792 – 812.

Kong, D., Zhao, Y., & Liu, S. (2021). Trust and innovation: Evidence from CEOs' early-life experience. Journal of Corporate Finance, 69, 101984.

KrASIA, (2020), Does China's tech ecosystem present a level playing field for all?, https://kr-asia.com/does-chinas-tech-ecosystem-present-a-level-playing-field-for-all, (zuletzt abgerufen am 24.8.2022)

Krasilnikova, O., (2013), Fokus Russland: „Gesellschaftliche Gleichstellung der Geschlechter ist eine Utopie": Interview mit Dr. Oxana Krasilnikova, Dozentin am Lehrstuhl für Politikwissenschaft der Kazan Federal University, Zur Situation von Frauen in Russland.

Kray, L. J., Howland, L., Russell, A. G., & Jackman, L. M. (2017). The effects of implicit gender role theories on gender system justification: Fixed beliefs strengthen masculinity to preserve the status quo. Journal of personality and social psychology, 112(1), 98.

Krishnan, G. V., & Parsons, L. M. (2008). Getting to the bottom line: An exploration of gender and earnings quality. Journal of business ethics, 78(1), 65 – 76.

Krishnan, H. A., & Park, D. (2005). A few good women—on top management teams. Journal of business research, 58(12), 1712-1720.

Krone-Schmalz, G., (1992), In Wahrheit sind wir stärker, Frauenalltag in der Sowjetunion, Fischer

Kröll, J., Szlusnus, T., Hüttermann, H., & Boerner, S. (2014). Sind gemischt-geschlechtliche Führungsteams erfolgreicher? Der Zusammenhang zwischen Mixed Leadership und Unternehmenserfolg. Betriebswirtschaftliche Forschung und Praxis, 66(6), 602 – 625

Laible, M. C. (2013), Gender diversity in top management and firm performance: An analysis with the IAB-Establishment panel. In CAED Conference Paper, Atlanta: Institute for Employment Research.:

https://www.atlantafed.org/-/media/documents/news/conferences/2013/caed/G1Laible.pdf (zuletzt abgerufen am 24.8.2022)

Lalanne, M., & Seabright, P. (2022). The old boy network: are the professional networks of female executives less effective than men's for advancing their careers? Journal of Institutional Economics, 1–20.

Leaper, C., & Ayres, M. M. (2007). A meta-analytic review of gender variations in adults' language use: Talkativeness, affiliative speech, and assertive speech. Personality and Social Psychology Review, 11(4), 328–363.

Lenney, E. (1977). Women's self-confidence in achievement settings. Psychological bulletin, 84(1), 1.

Le Monde (2021) Parité femmes-hommes: le Sénat vote pour l'établissement de quotas aux postes de direction des grandes entreprises https://www.lemonde.fr/politique/article/2021/10/28/parite-homme-femme-le-senat-vote-pour-l-etablissement-de-quotas-aux-postes-de-direction-des-grandes-entreprises_6100145_823448.html (zuletzt abgerufen 26.8.2022)

Leung, A. S. (2000). Gender differences in guanxi behaviours: An examination of People's Republic of China state-owned enterprises. International Review of Women and Leadership, 6(1), 48–59.

Lewis, L., (2015), Japan: Women in the workforce, Financial Times, https://www.ft.com/content/60729d68-20bb-11e5-aa5a-398b2169cf79 (zuletzt abgerufen am 22.04.2020) Li, C., (2000), Confucianism and feminist concerns: Overcoming the confucian „gender complex". Journal of Chinese Philosophy, 27: 187–199.

Lockwood, P., & Kunda, Z. (1999). Increasing the salience of one's best selves can undermine inspiration by outstanding role models Journal of personality and social psychology, 76(2), 214.

Lyness, K. S. & Thompson, D. E., (2000), Climbing the corporate ladder: Do female and male executives follow the same route? Journal of Applied Psychology, 85: 86–101.

Mainiero, L. A., & Sullivan, S. E. (2005), Kaleidoscope careers: An alternate explanation for the „opt-out „revolution. The Academy of Management Executive, 19(1), 106–123.

Maltz, D. N., & Borker, R. A. (2018). A cultural approach to male-female miscommunication. In The matrix of language (pp. 81–98). Routledge.

Marion, H. (1880). Le nouveau programme de philosophie. Revue Philosophique de la France et de l'Étranger, 414–427.

Marx, D. M., & Ko, S. J. (2012). Superstars „like" me: The effect of role model similarity on performance under threat. European Journal of Social Psychology, 42(7), 807–812.

Mathe, K., Michie, S., & Nelson, D. L. (2016). Women in management in the USA. In Women in management worldwide(pp. 223–240). Gower.

Matter, W. (2012), Making the Breakthrough. McKinsey & Company.

Maurer, M. (2016). Nonverbale politische Kommunikation. Springer-Verlag.

Mavin, S. (2006). Venus envy: problematizing solidarity behaviour and queen bees. Women in Management Review, 21(4), 264–276.

Maxfield, S., Shapiro, M., Gupta, V., & Hass, S. (2010). Gender and risk: women, risk taking and risk aversion. Gender in Management: An International Journal, 25(7), 586–604.

Mayrhofer, W., Meyer, M. & Steyrer, J. (2005), Macht? Erfolg? Reich? Glücklich? Einflussfaktoren auf Karrieren. Wien: Linde Verlag.

McDonald, S. (2011). What's in the „old boys" network? Accessing social capital in gendered and racialized networks. Social networks, 33(4), 317–330.

McClain, L. C. (2018). Male Chauvinism Is under Attack from All Sides at Present: Roberts v. United States Jaycees, Sex Discrimination, and the First Amendment. Fordham L. Rev., 87, 2385.

McGrath, J. E. (1964). A social psychological approach to the study of negotiation. Illinois Univ Urbana.

McKinsey, (2012), Women matter, https://www.mckinsey.com/~/media/McKinsey/Business%20Functions/Organization/Our%20Insights/Women%20matter/Women_matter_mar2012_english%20(1).ashx (zuletzt abgerufen 13.01.2019)

McKinsey, (2020), Women in the workplace, https://wiw-report.s3.amazonaws.com/Women_in_the_Workplace_2020.pdf (zuletzt abgerufen am 24.8.2022)

Merchant, K. (2012). How men and women differ: Gender differences in communication styles, influence tactics, and leadership styles.

Metcalfe, D., Afanassieva, M. (2005), The woman question? Gender and management in the Russian Federation, Women in Management, Vol. 20, pp.429–445

Metcalfe, B.D. and Linstead, A. , (2003), Gendering teamwork: rewriting the feminine, Gender Work and Organization, Vol. 19 No. 1, pp. 94–119.

Meuser, M. (2008), Ernste Spiele. Zur Konstruktion von Männlichkeit im Wettbewerb der Männer. In N. Baur & J. Luedtke (Hrsg.), Die soziale Konstruktion von Männlichkeit: Hegemoniale und marginalisierte Männlichkeiten in Deutschland (S. 33–44). Opla

Miller, C. C. (2017). Unintended consequences of sexual harassment scandals. The New York Times.

Miller, P. (2019). #MeToo in surgery: Narratives by women surgeons. Narrative Inquiry in Bioethics, 9(3), 179–183.

Miner, J. B. (1978). Twenty years of research on role-motivation theory of managerial effectiveness. Personnel Psychology, 31(4), 739–760.

Mischke, R. (2011) Sex-Appeal hilft auf dem Weg zum beruflichen Erfolg, Welt, https://www.welt.de/partnerschaft/article13676658/Sex-Appeal-hilft-auf-dem-Weg-zu-beruflichem-Erfolg.html (zuletzt abgerufen am 25.8.2022)

Mulac, A., Bradac, J. J., & Gibbons, P. (2001). Empirical support for the gender-as-culture hypothesis: An intercultural analysis of male/female language differences. Human Communication Research, 27(1), 121–152.

Murphy, M. P. (2010), Women in China, between Confucius and the market.

Neubauer, W., & Rosemann, B. (2006). Führung, Macht und Vertrauen in Organisationen. W. Kohlhammer Verlag.

Nieva, V. F., & Gutek, B. A. (1981). Women and work: A psychological perspective. Greenwood.

Noland, M., Moran, T. & Kotschwar, B., (2016), Is Gender Diversity Profitable? Evidence from a Global Survey, Petersen Institut for International Economy Opora rusii, https://mdz-moskau.eu/warum-russland-keine-frauenquotebraucht/zuletzt abgerufen 27.05.2020

Oakley, J. G. (2000). Gender-based barriers to senior management positions: Understanding the scarcity of female CEOs. Journal of business ethics, 27(4), 321–334.

O'Neill, D. A. & Hopkins, M. M. (2013), Patterns and paradoxes in women's careers. In: W.Patton (Ed.): Conceptualising women's working lives: Moving the boundaries of discourse: 63–79. Rotterdam et al.: Sense Publishers.

Ortmann, G., & Sydow, J. (2003). Grenzmanagement in Unternehmungsnetzwerken: Theoretische Zugänge. In Kooperationen, Allianzen und Netzwerke (pp. 895–920). Gabler Verlag, Wiesbaden.

Oyserman, D., Bybee, D., & Terry, K. (2006). Possible selves and academic outcomes: How and when possible selves impel action. Journal of personality and social psychology, 91(1), 188.

Paglia, C. (1992), Die Masken der Sexualität, Byblos-Verlag.

Palmer, Caroline (2000). „A job, old boy? The school ties that still bind". the Guardian. Retrieved 27 January 2022.

Pande, R., Ford, D. (2012). Gender quotas and female leadership.

Paustian-Underdahl, S. C., Walker, L. S., & Woehr, D. J. (2014). Gender and perceptions of leadership effectiveness: A meta-analysis of contextual moderators. Journal of applied psychology, 99(6), 1129.

Paustian-Underdahl, S. C., Eaton, A. A., Mandeville, A., & Little, L. M. (2019). Pushed out or opting out? Integrating perspectives on gender differences in withdrawal attitudes during pregnancy. Journal of Applied Psychology, 104(8), 985.

Peñaloza, A. (2020). Leadership, risk taking, and social gender roles among Colombian female undergraduate language learners. Profile issues in teachers professional Development, 22(2), 33–47.

Penz, O. (2021). Spektakuläre Schönheit und profane Erotik. In Cultural Studies revisited (pp. 237–252). Springer VS, Wiesbaden.

Penz, O., & Sauer, B. (2016). Affektives Kapital: Die Ökonomisierung der Gefühle im Arbeitsleben. Campus Verlag.

Petriglieri, G., (2020) INSEAD, OEP IGDP conference, March 2020

Petriglieri, G. (2020). The psychology behind effective crisis leadership. Harvard Business Review, 22.

Pinker, S. (2009). The sexual paradox: Men, women and the real gender gap. Simon and Schuster.

PWC, (2013), Spotlight on Russia – Women leaders in Russian businesses https://pwc.blogs.com/gender_agenda/2013/08/spotlight-on-russia-women-leaders-in-russian-business.html (zuletzt abgerufen am 11.03. 20202)

Pleck, J. H. (1975). Masculinity—Femininity. Sex roles, 1(2), 161–178.

Pohl, W., & Theiss, L. (2009). Die schmutzige Emanzipation: wie Frauen über Männer an die Macht kommen. Ed. A.

Powell, G. N. (2011), Women and men in management. (4th ed.). Los Angeles: Sage.

Ragins, B. R. (1997), Diversified, mentoring relationships in organizations: A power perspective. The Academy of Management Review, 22: 482–521.

Rastetter, D., Cornils, D. (2012), „Networking: Aufstiegsförderliche Strategien für Frauen in Führungspositionen." Gruppendynamik und Organisationsberatung 43.1 (2012): 43–60.

Regnet, R., (2017), Frauen ins Management – Chancen, Stolpersteine und Erfolgsfaktoren. Göttingen, Hogrefe

Reiners, F. (2008). Networking in Organisationen. I n O. Neuberger (Hrsg.), Schriftenreihe Organisation & Personal, Bd. 19. München: Hampp Verlag

Reiners, M. (2012). Gescheiterte Übersteuerung: Verflechtungen, Netzwerke und Mikropolitik bei der Neuen Steuerung. Springer-Verlag.

Reinwald, M., Hüttermann, H., Kröll, J., & Boerner, S. (2015). Gender diversity in Führungsteams und Unternehmensperformanz: Eine Metaanalyse. Schmalenbachs Zeitschrift Für Betriebswirtschaftliche Forschung, 67(3), 262–296.

Reischauer, E. O. (2020). Japan: The story of a nation. Knopf.

Ren, X., (2010), https://core.ac.uk/download/pdf/40001644.pdf (zuletzt abgerufen am 17.12.2022)

Reynolds, K. J., Eggins, R. A., & Haslam, S. A. (2010). Uncovering diverse identities in organisations: AIRing versus auditing approaches to diversity management. Asia Pacific Journal of Human Resources, 48(1), 45–57.

Richardson, M. S. (1974). The dimensions of career and work orientation in college women. Journal of Vocational Behavior, 5(1), 161–172.

Romero, C. (2015). What we know about growth mindset from scientific research. Mindset Scholars Network, 1–4.

Rothbath, N. P. (2001), Enriching or depleting? The dynamics of engagement in work and family roles. Administrative science quarterly, 46: 655–684.

Rzhanitsyna, L. , (2000), Working women in Russia at the end of the 90s, Problems of Economic Transition, Vol. 43 No. 7, pp. 68–86.

Sander, G., & Keller, N. J. (2021). McKinsey Gender Parity Report. In Handbook on Diversity and Inclusion Indices (pp. 164–175). Edward Elgar Publishing.

Schein, V.E., Mueller, R., Lituchy, T.& Liu, J. (1996). Think manager – Think male: A global phenomenon? Journal of Organizational Behavior, 1996, 17: 33–41.

Schmitt, D. P., Jonason, P. K., Byerley, G. J., Flores, S. D., Illbeck, B. E., O'Leary, K. N., & Qudrat, A. (2012). A reexamination of sex differences in sexuality: New studies reveal old truths. Current Directions in Psychological Science, 21(2), 135–139.

Sherwin, B. (2014). How Companies Can Get More Women In Leadership Roles. Business Insider.

Shrauger, J. S., & Schohn, M. (1995). Self-confidence in college students: Conceptualization, measurement, and behavioral implications. Assessment, 2(3), 255–278.

Soklaridis, S., Zahn, C., Kuper, A., Gillis, D., Taylor, V. H., & Whitehead, C. (2018). Men's fear of mentoring in the #MeToo era—what's at stake for academic medicine. N Engl J Med, 379(23), 2270–2274.

Spiegel (2013) Jeder zehnte unter 30-jährige würde sich hochschlafen, https://www.spiegel.de/karriere/sex-mit-dem-chef-jeder-zehnte-wuerde-sich-hochschlafen-a-913031.html (zuletzt abgerufen 25.1.8.2022)

Sperling, V., (1999), Organising Women in Contemporary Russia: Engendering Transition, Cambridge University Press, Cambridge.

Staines, G., Tavris, C., & Jayaratne, T. E. (1974). The queen bee syndrome.

Steffens, M. C., & Roth, J. (2016). Diversity Kompetenz in Bezug auf Gender: Sozialpsychologisches Wissen über Geschlechterstereotype und Geschlechterrollen. In Handbuch Diversity Kompetenz (pp. 273–283). Springer, Wiesbaden.

Stockmann, N., Bonney, N., Sheng, X.W., (1995), Women's work in the east and West: The dual burden of Employment and Family Life, London: UCL Press Ltd.

Strunk, G. (2009). Eine Frau muss ein Mann sein, um Karriere zu machen. Frauen für die Stärkung von Wissenschaft und Forschung, 38.

Sturges, J. (1999),What it means to succeed: Personal conceptions of career success held by male and female managers at different ages. British Journal of Management, 10: 239–252.

Süssmuth-Dyckerhoff, C.,Wang, J. & Chen, J. (2012), Women matter: An Asian perspective – harnessing female talent to raise corporate performance. McKinsey.

Swope, A. J. (2012). Under the influence: An examination of men's fears of women leaders. Journal of Psychological Issues in Organizational Culture, 3(2), 6–16.

Tannen, D. (Ed.). (1993). Gender and conversational interaction. Oxford University Press.

Tannen, D. (1991). Du kannst mich einfach nicht verstehen. Warum Männer und Frauen aneinander vorbeireden. Hamburg.

Tharenou, P., Latimer, S. & Conroy, D. (1994), How do you make it to the top? An examination of influences on women's and men's managerial advancement. The Academy of Management Journal, 37: 899–931.

Tharenou, P., Saks, A. M., & Moore, C. (2007). A review and critique of research on training and organizational-level outcomes. Human resource management review, 17(3), 251–273.

The World Economic Forum. (2017), The global gender gap report 2017: p. 140–141

Thompson, C. A., Beauvais, L. L., & Lyness, K. S. (1999). When work–family benefits are not enough: The influence of work–family culture on benefit utilization, organizational attachment, and work–family conflict. Journal of Vocational behavior, 54(3), 392–415.

Thorne, B., & Henley, N. (1975). Language and sex: Difference and dominance.

Thornton, G., (2014), Women in Business: From classroom to boardroom. Grant Thornton International Business Report.

Thornton, G. (2017), Women in Business: New perspectives on risks and rewards. Grant Thornton International Business Report.

Thornton, G. (2021), Women in business: A window of opportunity. Grant Thornton International Business Report.

Tokar, D. M., Fischer, A. R., & Subich, L. M. (1998), Personality and vocational behavior: A selective review of the literature, 1993–1997. Journal of Vocational Behavior, 53(2), 115–153.

Tucker, M. F., Bonial, R., Vanhove, A., & Kedharnath, U. (2014), Leading across cultures in the human age: an empirical investigation of intercultural competency among global leaders. SpringerPlus, 3(1), 1.

Türk, K. (1995). Zur Kritik der politischen Ökonomie der Organisation. In „Die Organisation der Welt „ (pp. 37–92). VS Verlag für Sozialwissenschaften, Wiesbaden.

Wagner, W., & Brandstätter, H. (1994). Doppelte Erwerbsarbeit in Familien und innerfamiliäre Arbeitsteilung. na.

Warnecke, T., Blanchard, A., (2010), Women in China, Between Confucius and the Market, Faculty Publications, 225, https://scholarship.rollins.edu/as_facpub/225 (zuletzt abgerufen am 17.12.2022)

Weber, M. (1972). Macht, Herrschaft. Wirtschaft und Gesellschaft, Tübingen, 32f.

Webster, M. (2022), Dictionairy, M.W., On-line at http://www.mw.com/home.htm, 8, 2.

Williams, S. J. (1997). Emotions in social life. G. Bendelow (Ed.). Taylor & Francis.

Wirtschaftswoche, 29.4.2008, https://www.wiwo.de/erfolg/trends/tatsachen-sex-am-arbeitsplatz/5433392. html (zuletzt abgerufen am 05.11.2022)

Wottawa, H., Montel, C., Mette, C., Zimmer, B., & Hiltmann, M. (2011). Eligo-Studie. Berufliche Lebensziele und Leistungspotenziale junger Hochschulabsolventinnen und Hochschulabsolventen. Wirtschaftspsychologie, 13(3), 85–111.

Wilson, M., & Daly, M. (1985). Competitiveness, risk taking, and violence: The young male syndrome. Ethology and sociobiology, 6(1), 59–73.

Wippermann, C. (2010). Frauen in Führungspositionen. Barrieren und Brücken. BMFSFJ, Sinus Sociovision: Heidelberg.

Wittenberg-Cox, A. (2010). How women mean business: A step by step guide to profiting from gender balanced business. John Wiley & Sons.

Xing, (2017), Forsa Studie, https://www.new-work.se/de/newsroom/pressemitteilungen/flirt-und-affaere-ja-feste-partnerschaft-nein-xing-studie-zeigt-was-deutsche-arbeitnehmer-von-der-liebe-am-arbeitsplatz-halten, (zuletzt abgerufen 05.11.2022)

Yan, N. & Chan, C. C. (2000), Sources of work- family conflict: A Sino-US comparison of the effects of work and family demands. Academy of Management Journal, 43: 113–123.

Yang, K. S. (1986). Chinese personality and its change.

Zahidi, S. & Ibarra, H. (2010), The corporate gender gap report 2010, Geneva: The World Economic Forum.

Zenger, J., & Folkman, J. (2012). Are you sure you're not a bad boss. Harvard Business Review.

Ziegler, Y., (1999), Japanische Frauen in Führungspositionen: Untersuchung des Karriereweges und der Motivation zum Aufstieg

Ziegler, H. (2011), Soziale Arbeit und das gute Leben – Capabilities als sozialpädagogische Kategorie. Der Capability-Approach in sozialwissenschaftlichen Kontexten (pp. 117–137). VS Verlag für Sozialwissenschaften.

Zweigenhaft, R. (2021), Who rules Amercia?, https://whorulesamerica.ucsc.edu/power/diversity_update_2020.html (zuletzt abgerufen am 2.12.2022)

Abbildungs- und Tabellenverzeichnis

Tabelle 1: 10-Punkte zur Etablierung der gendersensiblen Unternehmensleitkultur —— **132**

Tabelle 2: Aufgaben des Sponsors von weiblichen Führungskräften —— **144**

Tabelle 3: Schritte zu einer gendersensiblen Leistungsorientierung im Unternehmen —— **149**

Abbildung 1: Das FemCareer-Model —— **161**

www.ingramcontent.com/pod-product-compliance
Lightning Source LLC
Chambersburg PA
CBHW080646270326
41928CB00017B/3206